中国石油大学（华东）远程与继续教育系列教材

U0864035

税收理论与实务

THEORY AND PRACTICE OF TAXATION

徐梅　杨坤　编著

中国石油大学出版社
CHINA UNIVERSITY OF PETROLEUM PRESS

图书在版编目(CIP)数据

税收理论与实务 / 徐梅,杨坤编著 . —东营:中国石油大学出版社,2016. 6
ISBN 978-7-5636-5286-0

Ⅰ. ①税… Ⅱ. ①徐… ②杨… Ⅲ. ①税收理论－中国 ②税收管理－中国 Ⅳ. ①F812. 42

中国版本图书馆 CIP 数据核字(2016)第 140884 号

书　　名:税收理论与实务
作　　者:徐梅　杨坤

责任编辑:隋芳(电话 0532—86983568)
封面设计:悟本设计

出 版 者:中国石油大学出版社(山东 东营　邮编 257061)
网　　址:http://www.uppbook.com.cn
电子信箱:shiyoujiaoyu@126.com
印 刷 者:沂南县汶凤印刷有限公司
发 行 者:中国石油大学出版社(电话 0532—86981531,86983437)
开　　本:185 mm × 260 mm　印张:16. 5　字数:377 千字
版　　次:2016 年 7 月第 1 版第 1 次印刷
定　　价:33. 00 元

中国石油大学(华东)
远程与继续教育系列教材
编审委员会

主　任：王瑞和

副主任：王天虎　冯其红

委　员：刘　华　林英松　刘欣梅　韩　彬
康忠健　黄善波　郑秋梅　孙燕芳
张　军　王新博　刘少伟

总 序

Foreword

从1955年创办函授夜大学至今，中国石油大学成人教育已经走过了从初创、逐步成熟到跨越式发展的60年历程。多年来，我校成人教育紧密结合社会经济发展需求，积极开拓新的服务领域，为石油石化企业培养、培训了20多万名本专科毕业生和管理与技术人才，他们中的大多数已经成为各自工作岗位的骨干和中坚力量。我校成人教育始终坚持“规范管理、质量第一”的办学宗旨，坚持“为石油石化企业和经济建设服务”的办学方向，赢得了良好的社会信誉。

自2001年1月教育部批准我校开展现代远程教育试点工作以来，我校以“创新教育观念”为先导，以“构建终身教育体系”为目标，整合函授夜大学教育、网络教育、继续教育资源，建立了新型的教学模式和管理模式，构建了基于卫星数字宽带和计算机宽带网络的现代远程教育教学体系和个性化的学习支持服务体系，有效地将学校优质教育资源辐射到全国各地，全力打造出中国石油大学现代远程教育的品牌。目前，办学领域已由创办初期的函授夜大学教育发展为今天的集函授夜大学教育、网络教育、继续教育、远程培训、国际合作教育于一体的，在国内具有领先水平、在国外具有一定影响的现代远程开放教育系统，成为学校高等教育体系的重要组成部分和石油石化行业最大的成人教育基地。

为适应现代远程教育发展的需要，学校于2001年9月正式启动了网络课程研制开发和推广应用项目，斥巨资实施“名师名课”教学资源精品战略工程，选拔优秀教师开发网络教学课件。随着流媒体课件、WEB课件到网络课程的不断充实与完善，建构了内容丰富、形式多样的网络教学资源超市，基于网络的教学环境初步形成，远程教育的能力有了显著提高，这些网上教学资源的建设与研发为我校远程教育的顺利发展起到了支撑和保障作用。相应地，作为教学资源建设的一个重要组成部分，与网络教学课件相配套的纸质教材建设就成为一项愈来愈重要的任务。根据学校远程与继续教育发展规划，在“十三五”期间，学校将重点加强教学资源建设工作，选聘石油石化行业和有关石油高校专家、学者参与系列教材的开发和编著工作，计划用5年的时间，组织出版所开设专业的远程与继续教育系列教材。系列教材将充分吸收科学技术发展和成人教育教学改革最新成果，体现现代教育思想和远程教育教学特点，具有先进性、科学性和远程教育教学的适用性，形成纸质教材、多媒体课件、网上教学资料互为补充的立体化课程学习包。

为了保证远程与继续教育系列教材编写出版进度和质量，学校专门成立了远程与继续教育系列教材编审委员会，对系列教材进行严格的审核把关，中国石油大学出版社也对系列教材的编辑出版给予了大力支持和积极配合。远程与继续教育系列教材的建设经过探索阶段，逐步形成了稳定的开发模式，并形成了教材与数字化教学资源一体化设计、内容上以应用为轴心和以能力为本位、形式上适应成人学生自主学习需要的鲜明特色。我们相信，在广大专家、学者们的共同努力下，一定能够创造出体现现代远程教育教学和学习特点的，体系新、水平高的远程与继续教育系列教材。

编委会

2015年7月

前言

Preface

税收问题不但在我国经济和社会发展中变得越来越重要，而且与每个公民的日常生活联系得越来越紧密。了解我国的税收政策，熟悉我国的税收制度，提升我国的税收教育水平，成为现代社会生活的必然要求。本书正是为了适应这一趋势而编写的。

本书作者在广泛参考国内外同类书籍并进行深刻反思的基础上，确定了“精炼理论、突出实务”的编写指导思想。编写过程中，力求突出以下特点：

第一，实用性。本书精简税收理论，重点介绍我国现行的税收政策和税收法规，每章都设计了明确的学习目的及重点，并配以最新的实例和习题，有利于读者自主式学习，提高学习效率。

第二，前沿性。在我国经济持续快速发展、改革日益深化的背景下，税收理论、税收政策和税收法规发展变化很快，本书纳入了我国税收制度改革和税收政策调整的最新动态及最新发展。

第三，专业性。本书作者多年来从事税收领域的教学与研究，拥有丰富的教学经验和突出的研究成果，对内容的设计周密细致，对专业问题的分析深入浅出。

第四，简明性。本书内容简明扼要、详略得当、通俗易懂，有助于加深读者对我国当前税收政策和法规的理解，更有助于读者熟练运用税收政策和税收法规分析并解决税收实践中的具体问题。

本书由徐梅确定编写指导思想，提出编写具体要求，拟订编写内容提纲并最终统稿与总纂。各章具体分工如下：第一、二、三、五、六章由徐梅编写，第四、七、八章由杨坤编写。

本书适合大中专院校相关专业的教师、学生使用，也适合税收实务工作者、企事业单位相关人员和普通公民备查之用。

在编写过程中，本书借鉴及引用了一些学者的研究成果，在此对他们表示诚挚的谢意！

由于我国正处在经济和社会转型期，国家税收的理论研究、政策设计及实务操作错综复杂，加之作者自身水平所限，书中内容难免有疏漏甚至谬误之处，诚请各位读者批评指正！

作　者

2016年6月

目 录

Contents

第一章

税收基础知识

学习目的

通过本章的学习，应理解税收概念及其基本特征的基础知识，掌握税收制度和税收分类的基本理论，从而为后面的学习打好理论基础。

学习重点

本章重点是税收的概念及其基本特征、税收制度的构成要素以及我国现行的税收体系。

第一节　税收概述

小提示

本节内容包括税收的概念、基本特征和作用。税收的概念从税收的目的、凭借的权力、主体、物质内容及其本质几个方面理解；税收具有无偿性、强制性、固定性的基本特征，这也是区别税与非税的主要标志。

我们知道，税收是为实现国家职能而组织财政收入的一种主要形式，但并不是唯一形式。那么，税收与其他财政收入形式有什么不同呢？税收又为什么能成为最主要的财政收入形式呢？这就需要科学界定税收的含义，正确把握税收的本质特征。

一、税收的概念

税收从产生到如今，经历了不同的社会形态，已有几千年的历史。关于什么是税收，古今中外有不少学者给出了自己的定义，这些定义表述不尽一致。随着对税收理论研究的深入，并结合西方税收理论成果，我国学者对税收含义的认识已基本达成共识。所谓税收，是指国家为了实现其职能，以国家为主体、以法律为依据，按照税法预先规定的标准、办法，凭借其政治权力强制地、无偿地向应税的经济单位和个人征收实物或货币，从而取得财政收入的一种分配形式。

我们认为，理解税收的概念可从以下几个方面把握：

1. 征税的目的是满足国家实现其职能的需要

马克思认为，税收是国家的经济基础。国家为了维持其正常活动，行使专政和管理经济的职能，维护国家机器的正常运转，必然要耗用一定的物资和资金，而物资与资金的聚集必须采取适当方式取得，税收正是这种方式。

2. 国家征税凭借的是其政治权力

马克思认为，国家有两种权力，一种是财产权力，另一种是政治权力。国家取得财政收入不是凭借财产权力，而是凭借政治权力，采取多种形式参与社会产品的分配，并运用政治强制手段集中一部分社会产品归其支配。

3. 税收的主体分为征税主体和纳税主体

税收的征税主体是国家，代表国家行使征税职责的机关是税务机关、海关等；纳税主体是应税或负有纳税义务的经济单位和个人。征税与纳税主体在纳税形式上表现为利益分配关系，而实际上主体双方是行政管理者和被管理者的关系，所以双方的权利和义务不对等，这是由税收的法律表现形式所决定的。

4. 税收的物质内容是实物或货币

税收征收形式的发展过程是税收从低级向高级发展的过程，经历了"实物征收—实物和货币二者兼有征收—货币征收"的过程。我国的货币征收形式就经历了从周代的商税、市税征收布钱到如今的全部征收货币这样一个发展过程。

5. 税收是取得财政收入的一种手段

税收就是国家取得财政收入的重要工具和手段。尽管随着国家财政的发展，一些新的财政收入范畴(如企业上缴利润、发行国债和货币、罚款以及国家专卖等)接连出现，但是它们只能是税收收入外的补充或辅助性收入方式。近年来我国税收收入占财政收入的比重一直在 90%以上。

6. 税收在本质上是国家凭借其政治权力实现的特殊分配关系

从直观的角度来看，税收是国家取得财政收入的重要手段。而从本质上来看，税收体现的是一种特殊的分配关系。所说的分配问题就是解决社会产品归谁占有、归谁支配，以及占有多少、支配多少的问题，分配的结果就是发生社会产品所有权或支配权的单方面转移，一方有所得，则另一方会有所失。征税的过程就是国家通过制定法律，凭借其政治权力把一部分国民收入和社会产品以税收的形式转变为国家所有的特殊分配过程。

总之，税收就是国家通过法律体现国家意志，为实现其职能的需要，强制地取得财政收入，从而参与社会产品分配的一种形式。

二、税收的基本特征

税收作为一种凭借国家政治权力进行的特殊分配方式，必然有它自己鲜明的特征。从税收的定义中，我们可以初步地看出税收所具有的基本特征是无偿性、强制性和固定性，这就是人们通常说的“税收三性”。

税收的三个基本特征是任何社会制度下的税收所共有的，它们反映的是税收分配在形式上与其他分配形式的区别，并不反映不同社会制度下税收体现的不同经济关系。税收存在的漫长历史表明，虽然不同社会制度下的税收体现着不同的经济关系，但税收的形式特征并没有改变。因此，鉴别一种分配形式是不是税收，不是看它的名称，也不是看它为哪个阶级服务，而是看它是否同时具有这三个特征。

（一）税收的无偿性

税收的无偿性是就具体的征税过程来说的，表现为国家征税后税款即为国家所有，并不付给纳税人任何报酬，也不再直接返还给纳税人。从这个角度而言，税收对具体的纳税人来说，权利和义务是不对等的，即只有缴纳税款的义务，而没有与之相对应和对等的权利，故有人称税收收入为“无成本的收入”。

但是税收具有“非直接偿还性”。从财政活动的整体来看，税收是对政府提供公共物品和服务成本的补偿，只是对具体的纳税人来说，他所缴纳的税款与他从公共物品或服务的消费中所得到的利益并不是对应和对等的。在社会主义条件下，税收具有“取之于民，用之于民”的性质。

（二）税收的强制性

税收的强制性是指国家依据法律向具有纳税义务的主体征收税款，而非其自愿缴纳，且其必须依法纳税，否则就要受到法律的制裁。国家凭借政治权力，把分散在不同所有者手里的一部分社会产品无偿集中起来，满足国家行使职能的需要。税收的强制性说明，依法纳税是人们不应回避的法律义务，我国宪法就明确规定我国公民“有依法纳税的义务”。

但是税收的强制性不具有惩罚性。这种强制性与国家凭借政治权力对各种违法行为的罚款、没收等分配形式有着严格的区别，因此决不能用税收的形式来解决违法行为。

（三）税收的固定性

税收的固定性是指国家征税以法律形式预先规定征税范围和征收比例。这种固定性主要包括征收范围的稳定性、征收时间的连续性和征收比例的限度性三个方面。征收范围的稳定性是指国家通过制定法律规定征收范围来征税，范围一经制定在一定时期内就要保持它的相对稳定性，纳税人就要依法履行纳税义务，不能“朝令夕改”。征收时间的连续性是指它区别于一次性的临时摊派以及对违法行为的罚款、没收等。征收比例的限度性是指通过法律规定征收比例使其具有限度性，这对纳税人来说比较容易接受，对税务机关来说也有征税的尺度，便于征纳双方共同遵守。

但是税收的固定性并非永久性的，随着社会经济条件的变化，具体的征税标准也是可以改变的。比如，国家可以通过修订税法来调高或调低税率、扩大或缩小征税范围等，但这只是变动征收标准，而不是取消征收标准。

以上所述税收的三个特征是相互联系、不可分割的整体。在三个特征中，无偿性是核心。正因为税收是无偿的，所以需要有强制性，即必须通过法律的形式强制实现，而不能通过交换的方式自愿进行；也正因为税收是无偿的，所以需要有固定性，即必须规范征税的对象、征税的标准，而不能由征纳各方随心所欲地进行。

三、税收的作用

（一）组织财政收入，保证国家实现其职能的资金需要

税收组织财政收入的作用是指通过税收收入的筹集，来满足国家执行其巩固国家政权和组织经济建设等职能对资金的需要。

税收是国家凭借政治权力取得财政收入的重要手段。税收的无偿性能使国家取得永久性的财政收入，不同于国库券等的到期还本付息；税收的固定性能够使国家取得固定可靠的财政收入，不同于罚没在数量上和时间上的捉摸不定；税收的强制性能保证国家财政收入的实现，不同于上缴利润的无法律强制，使得收入没有保障。因此，税收在为国家积累资金方面，无论从量上还是质上来看，都有它的特殊作用。

（二）调节生产与消费，保证资源的有效配置

国家可以通过设定高低不同的税收负担，鼓励第三产业的发展或限制对某些资源的过度开采，鼓励采用新技术开发新产品或限制技术落后、设备陈旧的重复建设，鼓励某些产品的消费或限制某些产品的消费等，实现产业结构、产品结构以及企业组织结构的合理化，达到社会生产与消费的协调发展。

（三）调节企业利润，促进公平竞争

企业利润水平受到主观与客观两方面的影响。客观因素主要是价格、自然资源、技术装备、交通地理位置等给企业形成的级差收入，而这种级差收入并不能全面反映企业的生产经营管理状况。经营好的企业可能因客观条件较差而利润较少，经营差的企业也可能因客观条件较好而利润较多。这种利润水平不合理状况会造成企业之间物质利益的不均，挫伤劳动者的积极性，因此需要国家作为社会经济的组织者和管理者，采用一定的税收手段排除客观因素对企业利润水平的影响。通过征税，可以将客观因素给企业带来的利润收归国有，调节企业的利润水平，达到促进企业公平竞争的目的。

（四）调节个人收入差距，实现社会共同富裕

在现阶段，我国立足于多种经济成分共同发展和由此决定的多种分配形式并存的现实，允许和鼓励一部分人通过诚实劳动和合法经营先富起来。但是，这也会使得居民收入差距不断扩大。税收作为调节个人收入分配最后的手段，建立一个从收入分配到消费再到财产

积累和转移的多环节、多层次的调解机制，可以发挥税收调节个人收入差距、实现社会共同富裕的作用。例如，我国个人所得税中工资薪金所得项目采用了超额累进税率，收入较少的人负担较少的税款，收入较多的人负担更多的税款，从而使两者实际收入差距减少，达到共同富裕的目的。

（五）监督经济活动，促进纳税人改善经营管理

国家征税渗透到国民经济各部门、行业以及企业内部人、财、物、产、供、销各方面，通过企业资金使用、费用列支、成本计算、盈利分配等活动，税务人员不但能监督其经济活动，而且能深入了解企业在管理上存在的问题，通过定期或不定期的辅导与检查予以纠正，并结合揭露出来的问题和发现的薄弱环节协助企业建立健全管理制度和各种形式的经济责任制。由此可见，通过税收监督管理可以督促企业正确贯彻执行税收政策、财务会计制度和财经纪律，促进企业加强经济核算，改善其经营管理。

第二节 税收法律制度

小提示

本节内容包括税收制度的构成要素、税收的分类及我国现行的税收体系与税收管理体制。税收制度的构成要素有纳税人、课税对象、税率、纳税环节、纳税期限、纳税地点及税负调整措施等，其中纳税人、课税对象及税率是最基本的三要素。

一、税收制度的构成要素

在任何一个国家里，不论采用什么样的税收制度，都应当具备必要的因素和内容，解决向谁征收、对什么征收以及征收多少等问题，这些必要因素和内容就是税收制度的构成要素。税收制度的构成要素包括纳税人、课税对象、税率、纳税环节、纳税期限、纳税地点、税负调整措施和违章处理等内容。

（一）纳税人

纳税人又称纳税主体，是税法中规定的直接负有纳税义务的单位和个人，解决向谁征收税款的问题。每一种税都有关于纳税人的规定，通过规定纳税人落实税收任务和法律责任。

纳税人是税收制度最基本的构成要素之一。从法律角度划分，纳税人包括法人、其他组织和自然人。作为纳税人的法人一般指经工商行政管理机关审查批准和登记、具备必要的生产手段和经营条件、实行独立经济核算并能承担经济责任、能够依法行使权利和义务的单位及团体。自然人是指依法享有民事权利并负有纳税义务的公民个人。

与纳税人相关的概念有负税人、代扣代缴人和代收代缴人。

1. 负税人

纳税人与负税人是两个既有联系又有区别的概念。纳税人是直接负有纳税义务的单位

和个人，而负税人是实际负担税款的单位和个人。有时纳税人和负税人是一致的，如果税款无法通过价格转移途径转嫁出去，纳税人就同时是负税人，企业所得税和个人所得税均具有这种特点，所以有人称所得税类为直接税；有时纳税人和负税人是不一致的，如果税款能够通过价格转移途径转嫁或转移出去，负税人就不是纳税人，如化妆品消费税的纳税人是生产化妆品的企业，而负税人是消费者，所以有人称流转税类是间接税。

2. 代扣代缴人

代扣代缴人是指有义务从持有的纳税人收入中扣除其应纳税款并代为缴纳的企业或单位。例如，税法规定个人所得税以所得人为纳税人，以支付所得的单位为代扣代缴人。

3. 代收代缴人

代收代缴人是指有义务通过经济业务往来向纳税人收取其应纳税款并代为缴纳的企业或单位。例如，消费税中规定委托他人加工应税消费品的单位和个人是消费税的纳税人，但委托方应缴纳的消费税由除个体经营者外的受托单位代收代缴。

对税法规定的代扣代缴人或代收代缴人，税务机关应向其颁发代缴证书，明确其代缴义务。代缴人必须严格履行代缴义务。对不履行代缴义务的，税务机关给予相应处罚。

（二）课税对象

课税对象又称征税对象，是税法中规定的征税目的物，是国家据以征税的依据。通过规定课税对象，解决对什么征税的问题。

课税对象是一个税种区别于另一个税种的主要标志，是税收制度的基本要素之一。因为课税对象体现着不同税种的基本界限，决定着不同税种名称的由来，决定着各个税种在性质上的差别，并直接影响着税源、税收负担问题，所以每一个税种首先要选择确定它的课税对象。例如，增值税的课税对象是货物或应税劳务在流转过程中的增值额；企业所得税的课税对象是企业的所得额；房产税的课税对象是房屋价值，等等。不同的税种有着不同的课税对象，不同的课税对象决定着税种的不同性质。

与课税对象相关的概念有计税依据和税目。

1. 计税依据

计税依据又称税基，是指税法中规定的据以计算各种应纳税款的依据或标准。

计税依据的表现形态有两种：一种是价值形态，即以课税对象的价值作为计税依据，如所得税的课税对象是应纳税所得额，计税依据也是应纳税所得额；另一种是实物形态，就是以课税对象的数量、质量、容积、面积等作为计税依据，如我国车船税的课税对象是各种车辆、船舶，而计税依据则是车、船的吨位或数量。

课税对象与计税依据的关系是：课税对象是指征税的目的物，计税依据则是在目的物已经确定的前提下，对目的物据以计算税款的依据或标准；课税对象是从质的方面对征税所做的规定，而计税依据则是从量的方面对征税所做的规定，是课税对象量的表现。

2. 税目

税目是课税对象的具体化，反映具体的征税范围，代表征税的广度。并不是所有的税种都规定税目,有些税种的课税对象简单、明确,没有另行规定税目的必要,如房产税、企业所得税等;有些税种的课税对象比较复杂,且税种内部不同课税对象之间又需要采取不同的税率档次进行调节,这样就需要对课税对象做进一步的划分,做出具体的界限规定,这个规定的界限范围就是税目,如印花税所列举的征税合同类型,消费税所列举的烟、酒、高尔夫球等应税消费品。

(三)税率

税率是应纳税额与课税对象之间的比例,是计算应纳税额的尺度,也是衡量税负轻重与否的重要标志。税率的设计直接反映着国家的有关经济政策,直接关系着国家财政收入的多少和纳税人税负的轻重,是税收制度的中心环节。税率大致可分为三种:

1. 比例税率

比例税率是指对同一计税依据不论其数额大小,都按同一比例计征税款。

比例税率具有计算简单、税负透明度高、有利于纳税人公平竞争等优点,符合税收效率原则,但其在调节纳税人的收入水平方面难以体现税收的公平原则。

2. 累进税率

累进税率是指将计税依据数额划分为若干等级,每个等级由低到高规定相应的税率,计税依据数额越小税率越低,计税依据数额越大税率越高。累进税率因计算方法及计算基数的不同可分为以下几种:

(1)全额累进税率,是以计税依据的全部数额为基础计算应纳税额的累进税率,即对计税依据的全额按照与之相适应等级的税率计算应纳税额。在课税对象提高到另一个更高级距时,对计税依据全额按更高一级的税率征税。我国现行税制中不再采用这种税率。

(2)超额累进税率,是分别以计税依据数额超过前级的部分为基础计算应纳税额的累进税率,即每一等级的计税依据与所属等级税率相乘分别计算该等级的应纳税额,将各等级的应纳税额相加后得出总的应纳税额。我国现行个人所得税中工资薪金所得、个体工商户生产经营所得、个人独资企业生产经营所得等采用这种税率。

(3)超率累进税率,是以计税依据数额的相对率为累进依据,按超率累进方式计算应纳税额的税率。它与超额累进税率的原理相同,只是税率累进的依据不是计税依据的数额而是计税依据的某种比率,如我国的土地增值税采用的就是这种税率。

3. 定额税率

定额税率又称固定税率,是根据课税对象计量单位直接规定固定的征税数额,适用于从量计征的税种。课税对象的计量单位是质量、数量、面积、体积等自然单位,如现行税制中的城镇土地使用税、耕地占用税以“米^2”等自然单位为计量单位。按定额税率征税,税额的多少只同计税依据的数量有关,同价格无关。

(四)纳税环节

纳税环节是指税法上规定的课税对象从生产到消费的流转过程中应当缴纳税款的环

节。按照纳税环节的多少,可将税收课征制度划分为一次课征制和多次课征制两类。

一次课征制是指在商品流转的全过程中同一税种只选择其中某一环节征税的制度,纳税环节大多选择在商品流转的必经环节和税源比较集中的生产环节,以避免重复征税和税款流失,如现行消费税将单一的纳税环节重点选在生产环节。

多次课征制是指在商品流转的全过程中同一税种选择两个或两个以上环节征税的制度,是由税种的特点和取得财政收入的角度来决定的,如增值税采用多次课征制就是由增值税的课税对象是增值额,且商品在各个流转环节都有可能产生增值额的特点决定的。

纳税环节关系到税制结构和税种布局,关系到税款能否及时足额入库,关系到地区间税收收入的分配,关系到企业的经济核算等问题。所以,选择确定纳税环节是征税的重要问题之一。

(五)纳税期限

纳税期限是纳税人向国家缴纳税款的法定期限。合理确定和严格执行纳税期限,对保证财政收入的稳定性和及时性有重要的作用。

1. 纳税期限的形式

我国现行税制的纳税期限有三种形式:

(1)按期纳税。即根据纳税人经营业务的特点确定纳税间隔期,实行按期纳税。例如,增值税按期纳税的纳税间隔期为1日、3日、5日、10日、15日、1个月或1个季度。纳税人的具体纳税间隔期限由主管税务机关根据情况分别核定。

(2)按次纳税。即根据纳税行为的发生次数确定纳税期限。例如,个人所得税及临时经营者大部分采取按次纳税的办法。

(3)按年计征,分期预缴。即按规定的期限预缴税款,年度结束后汇算清缴,多退少补。这是为了及时、均衡地取得财政收入而对按年度计算税款的税种采取的一种纳税期限。分期预缴一般是按月或按季预缴,如企业所得税。

采取哪种形式的纳税期限缴纳税款,同课税对象的性质有着密切的关系。一般来说,商品课税大都采取"按期纳税"形式,所得课税采取"按年计征,分期预缴"形式。

2. 与纳税期限相关的概念

与纳税期限相关的概念有纳税义务发生时间和纳税申报时间。

纳税义务发生时间是指纳税人具有纳税义务的起始时间,是一个时间点;纳税期限是一个时间段,计算某一纳税期限的应纳税额,需要确定纳税人经济业务的纳税义务发生时间在该期限这个时间段中;纳税申报时间是指纳税人在纳税期限满后向税务机关进行申报并缴纳税款的时间。

纳税人要准确地计算应纳税款,首先应确定纳税期限,然后确定每一笔业务的纳税义务发生时间在该纳税期限中并计算该业务的应纳税额,最后在纳税申报时间结束之前完成纳税申报和缴纳税款工作。在实际工作中尤其需要注意厘清纳税义务发生时间、纳税申报时间和纳税期限三者之间的关系,这是确保纳税人准确计算应纳税额并及时足额将税款缴纳入库的关键。

无论采取哪种形式，如果纳税申报期的最后一天遇公休或节假日，都可以顺延。

（六）纳税地点

纳税地点是指纳税人（包括代缴人）具体申报并缴纳税款的地点。税法规定纳税人申报纳税的地点是根据各个税种的纳税环节或便于税款的源泉控制来确定的。纳税地点具体有就地纳税、营业行为所在地纳税、集中纳税、口岸纳税等形式。

1. 就地纳税

就地纳税是指纳税人向自己机构所在地的主管税务机关纳税。我国大多数纳税人采取的是这种形式，如增值税、企业所得税等。

2. 营业行为所在地纳税

营业行为所在地纳税是指纳税人离开主管税务机关管辖的所在地，向营业行为所在地税务机关纳税。这主要适用于跨地区经营和临时经营的纳税人。例如，税法规定，固定业户到外县（市）销售货物的，未持有机构所在地主管税务机关核发的外出经营活动管理证明，应向销售地主管税务机关申报纳税；非固定业户销售货物或者应税劳务的，应当向销售地主管税务机关申报纳税等。

3. 集中纳税

集中纳税是指对少数中央部、局实行统一核算的生产经营单位，由主管部、局直接纳税，这些单位必须是经国家税务总局或其授权的税务机关批准的。

4. 口岸纳税

口岸纳税是指缴纳进出口关税的纳税人向进出口口岸地海关纳税，主要适用于关税。在商品进出口口岸，由收、发货人或其代理人向口岸地海关纳税。

国家为了简化征纳手续，加强对税款的源泉控制，除上述纳税地点外，还规定了代收代缴（包括海关代缴）、代扣代缴的纳税地点。例如，海关代缴就是由海关在其口岸所在地对进口的应税货物征收关税，同时代理税务机关征纳增值税、消费税等其他税种。

（七）税负调整措施

1. 减免税措施

减税是对应纳税额少征一部分税款，免税是对应纳税额全部免征。减免税是为了解决按税制规定的税率征税时所不能解决的具体问题而采取的一种措施，是在一定时期内给予纳税人的一种税收优惠，是税收固定性和灵活性相结合的具体体现。但是需要特别强调的是，减免税权限集中于国务院，其他部门、企业和个人是没有减免税权力的。例如，增值税和消费税暂行条例中均明确规定："免税、减税项目由国务院规定，任何地区、部门不得规定免税、减税项目。"

减免税的基本形式有税基式减免、税率式减免和税额式减免三种。

（1）税基式减免是指通过直接缩小计税依据的方式实现减免税，具体包括起征点、免征额、加计扣除、减计收入等。

起征点和免征额两种方式由于其相似性，常常被人们混淆。

起征点又称征税起点或起税点，是指税法规定对课税对象开始征税的起点数额。课税对象的数额未达到起征点的不征收税款，达到起征点的就课税对象的全部数额征税。规定起征点是为了减少收入较少的纳税人的税收负担，缩小征税面，贯彻合理负担的税收政策。在我国目前的税收法律体系中，增值税有起征点规定，如按期纳税的起征点为月销售额 5 000～20 000 元。

免征额是指在课税对象全部数额中免予征税的数额。它是按照一定标准从课税对象全部数额中预先扣除的数额，免征额部分不征税。课税对象的数额未达到免征额的不征收税款，达到免征额的仅对超过免征额的数额征税。规定免征额是为了照顾纳税人生活、赡养家庭和教育等的需要。在我国目前的税收法律体系中，个人所得税有免征额规定，如工资薪金所得的月免征额为 3 500 元。

【辩一辩】 起征点与免征额

相同点：课税对象未达到起征点或免征额时，都不征税。

不同点：课税对象超过起征点时，就课税对象的全额按规定的税率计算税款；课税对象超过免征额时，只就课税对象的余额按规定的税率计算税款。

（2）税率式减免是指通过直接降低税率的方式实现的减免税，具体包括重新确定税率、低税率、零税率等形式。例如，国家为了鼓励企业出口产品，在增值税中规定企业出口产品时适用零税率，即销售出口货物不但不征税，还会将企业在生产或购进环节已负担的税款退还给出口企业，目的是使出口企业的产品以不含税价格进入国际市场，增加其产品的竞争力。

（3）税额式减免是指通过直接减少应纳税额的方式实现的减免税，具体包括全部免征、减半征收、投资抵免等。

2. 加重税负措施

加重税负是指在原应纳税额的基础上加征一定比例的税额，包括地方附加和加成征收两种形式。

（1）地方附加是地方政府在正税之外附加征收的一部分税款。税法中一般把按国家税法规定的税率征收的税款称为正税，以应税收入或应税所得为计税依据；把在正税以外按税收附加率征收的部分称为附加税，以正税税款为计税依据。地方附加的征收具有专款专用的性质，如城市维护建设税和教育费附加。

（2）加成征收是指在应纳税额的基础上加征一定成数的税额。每成为应纳税额的 1/10，加成的幅度可以规定为 1～10 成。例如，个人所得税中劳务报酬所得项目，规定应纳税所得额在 2 万～5 万元的部分，加征 5 成；在 5 万元以上的部分，加征 10 成。

（八）违章处理

违章处理是国家对纳税人、代缴人违犯税法的行为所采取的处罚措施，是税收严肃性和强制性在税收制度中的体现。纳税人必须按期足额缴纳税款，凡有拖欠税款、偷税逃税等违犯税法行为的，都应受到制裁。结合违章行为的严重程度，违章处理分为加收滞纳金、税务罚款、采取税收保全或强制执行措施、追究刑事责任等。

二、税收的分类

税收分类是指按照一定标准对税收制度中性质相同或相近的税种进行归并和综合，是研究和评价税收制度的重要方法。从税收发展史来看，在不同的国家、不同的历史时期，基于不同的经济思想、不同的出发点，可以实行不同类型的税收制度。下面仅就我国税收制度依据不同标准所进行的分类加以说明。

（一）以课税对象为标准的税收分类

按照课税对象的不同，税收可分为流转税类、所得税类、资源税类、财产税类和行为目的税类五大税类。

1. 流转税类

流转税类是以商品流转额和非商品流转额为课税对象征收的一类税。商品流转额是指商品销售收入额；非商品流转额是指各种劳务收入和服务性收入额。流转税类对生产、流通、分配各个环节均可进行调控，税源广泛，而且流转税类对收入征收税款，不受成本和费用的影响，所以其征收效率最高，在我国税制结构中居于主体地位。现行流转税类包括增值税、消费税和关税三个税种。

2. 所得税类

所得税类是以纳税人一定时期的应纳税所得额为课税对象征收的一类税。应纳税所得额是总收入扣除成本、费用以及损失后的余额。现行所得税类包括企业所得税、个人所得税两个税种。

3. 资源税类

资源税类是对从事资源开发或者使用城镇土地者征收的一类税，可以体现国有资源的有偿使用，并对纳税人取得的资源级差收入进行调节。现行资源税类包括资源税、城镇土地使用税等税种。

4. 财产税类

财产税类是以纳税人所有或属其支配的财产为课税对象征收的一类税。现行财产税类包括契税、房产税、车辆购置税、车船税等税种。

5. 行为目的税类

行为目的税类是以特定行为或特定目的作为课税对象征收的一类税。现行行为目的税类包括印花税、城市维护建设税和教育费附加、土地增值税、烟叶税、耕地占用税等。

（二）以计税依据为标准的税收分类

按照计税依据的不同，税收可分为从价税、从量税和复合税三类。

1. 从价税

从价税是以课税对象的价值形式作为计税依据的征税方式，与此价值形式计税依据相对应的税率是比例税率或累进税率，如增值税、企业所得税等。

2. 从量税

从量税是以课税对象的质量、容积、面积、数量等作为计税依据的征税方式，与此数量形式计税依据相对应的税率是定额税率，如消费税中汽油、柴油以及啤酒等应纳税款的征收。

3. 复合税

复合税是从价税与从量税相结合的征税方式，现行消费税中的卷烟和白酒采用复合税的征收方式。

（三）以税收与价格关系为标准的税收分类

按照税收与价格关系的不同，税收可分为价内税和价外税两类。

1. 价内税

价内税是指税金是价格的组成部分，必须以含税价格作为计税依据的税种，如消费税、资源税。

2. 价外税

价外税是指税金是价格之外的一个附加额，必须以不含税价格作为计税依据的税种，如增值税。

（四）以税收收入归属和征收管理权限为标准的税收分类

按照税收收入归属和征收管理权限的不同，税收可分为中央税、地方税和中央与地方共享税三类。

1. 中央税

税收收入属于中央政府，归中央集中管理和使用的税种，由国家税务局征收管理，如消费税、关税等。

2. 地方税

税收收入属于地方财政，归地方管理和使用的税种，由地方税务局征收管理，如城市维护建设税、个人所得税等。

3. 中央与地方共享税

税收收入由中央和地方共同管理与使用的税种，目前主要由国家税务局征收管理，如增值税、企业所得税等。

（五）以税负能否转嫁为标准的税收分类

按照税负能否转嫁，税收可分为直接税和间接税两类。

1. 直接税

直接税是指税负不能转嫁而直接由纳税人负担的税种，如企业所得税、个人所得税等。

2. 间接税

间接税是指税负可以转嫁给他人负担的税种，如消费税、增值税等。

（六）以税收管辖权为标准的税收分类

按照主权国家行使税收管辖权的不同，税收可分为国内税收、国际税收和外国税收三类。

1. 国内税收

国内税收是指按照属人原则和属地原则，规定一个国家的内部税收制度。例如，站在我国的角度，我国的税收为国内税收；站在美国的角度，美国的税收为国内税收。

2. 国际税收

国际税收是指国家间形成的税收制度，主要包括双边或多边国家间的税收协定、条约和国际惯例等。

3. 外国税收

外国税收是指外国各个国家制定的税收制度。例如，站在我国的角度，美国的税收为外国税收；站在美国的角度，我国的税收为外国税收。

三、我国现行的税收体系与税收管理体制

（一）我国税收制度的沿革

新中国从成立到如今的税收制度根据各个历史时期政治经济形势的需要和发展，经历了一个不断完善的过程。从总体上来看，税收制度先后进行了八次重大的改革：第一次是新中国成立之初的 1950 年，建立了中华人民共和国的新税制；第二次是 1958 年税制改革，主要内容是简化税制；第三次是 1973 年税制改革，主要内容仍然是简化税制；第四次是 1984 年税制改革，主要内容是普遍实行国营企业“利改税”和全面改革工商税收制度；第五次是 1994 年税制改革，主要内容是全面改革工商税收制度，以适应建立社会主义市场经济体制的要求；第六次是 2004 年开始的税制改革，主要内容是以 2004 年东北三省和 2007 年中部六省进行的增值税由生产型向消费型转变的试点、2006 年消费税政策的调整、2007 年第十届全国人民代表大会第五次会议通过并于 2008 年实施的《中华人民共和国企业所得税法》和《中华人民共和国企业所得税法实施条例》为代表的进一步税收制度改革；第七次是以自 2012 年 1 月 1 日实施的《关于在上海市开展交通运输业和部分现代服务业营业税改征增值税试点的通知》为标志的“营改增”的政策，试点区域从上海推向北京、江苏、安徽、福

建和广东等省市，在2013年8月1日推向全国，试点范围从交通运输业、部分现代服务业扩大到邮政业、电信业；第八次是2016年5月1日实施的《营业税改征增值税试点实施办法》《营业税改征增值税试点有关事项的规定》《营业税改征增值税试点过渡政策的规定》以及《跨境应税行为适用增值税零税率和免税政策的规定》，将剩余的营业税经济行为全部改征增值税，营业税退出了历史舞台。我国税制的改革和完善还会继续进行，税收政策在保证财政收入、加强宏观调控、深化改革、扩大开放、促进经济与社会的发展方面将会起到越来越重要的作用。

（二）现行税收体系

我国的现行税收体系由税种设置和税收征收管理两部分组成。

1. 税种设置

经过多年的实践和整体规划，我国现行税种有17个，按其性质和作用分为五类：

（1）流转税类。包括增值税、消费税和关税，主要是针对生产、流通或者服务业环节中的收入发挥调节作用。

（2）所得税类。包括企业所得税、个人所得税，主要是对生产经营者的利润和个人的收入发挥调节作用。

（3）资源税类。包括资源税、城镇土地使用税，主要是对因开发和利用自然资源差异而形成的级差收入发挥调节作用。

（4）财产税类。包括房产税、契税、车船税、车辆购置税，主要是对某些财产和行为发挥调节作用。

（5）行为目的税类。包括印花税、城市维护建设税、土地增值税、耕地占用税、船舶吨税、烟叶税，主要是为了达到特定目的，对特定对象和特定行为发挥调节作用。

上述税种中，关税由海关按照《中华人民共和国海关法》及《中华人民共和国进出口关税条例》等有关规定负责征收管理，其他税种由税务机关按照全国人大常委会发布实施的《中华人民共和国税收征收管理法》负责征收管理。

除企业所得税、个人所得税、车船税是以国家法律的形式发布实施以外，其他各税种都是经全国人民代表大会授权立法，由国务院以暂行条例的形式发布实施的。

2. 税收征收管理

为了加强税收征收管理，规范税收征收和缴纳行为，保障国家税收收入，保护纳税人的合法权益，促进经济和社会发展，我国制定了《中华人民共和国税收征收管理法》，按照税收征收管理的基本程序和内在要求设置了总则、税务管理、税款征收、税务检查、法律责任、附则等内容，明确规定了税务机关的管、征、查、处等职权以及征、纳双方承担的法律责任。

（三）税收管理体制

1. 税收立法权

税收立法权是制定、修改、解释或废止税收法律、法规、规章和规范性文件的权力。目前我国有权制定税法或者税收政策的国家机关主要有全国人民代表大会及其常务委员会、国务院、财政部、国家税务总局、国务院关税税则委员会、海关总署等。

（1）全国性税种的立法权，即包括全部中央税和在全国范围内征收的地方税税法的制定、公布和税种的开征、停征权，属于全国人民代表大会及其常务委员会。例如，《中华人民共和国企业所得税法》和《中华人民共和国个人所得税法》由全国人民代表大会制定，《中华人民共和国税收征收管理法》等税收法律由全国人民代表大会常务委员会制定。

（2）经全国人民代表大会及其常务委员会授权，全国性税种可先由国务院以“条例”或“暂行条例”的形式发布实行，如《中华人民共和国增值税暂行条例》等行政法规。

（3）经全国人民代表大会及其常务委员会授权，国务院有制定税法实施细则、增减税目和调整税率的权力，如《中华人民共和国税收征收管理法实施细则》等部门规章。

（4）经国务院授权，国家税务主管部门（财政部和国家税务总局）有税收条例的解释权和制定税收条例实施细则的权力。

（5）省级人民代表大会及其常务委员会有根据本地区经济发展的具体情况和实际需要，在不违背国家统一税法的前提下，开征全国性税种以外的地方税种的税收立法权。税收的公布，税种的开征、停征，由省级人民代表大会及其常务委员会统一规定，所立税法在公布实施前须报全国人民代表大会常务委员会备案。

2. 税务机构设置

根据我国经济和社会发展及实行分税制财政管理体制的需要，现行税务机构设置是中央政府设立国家税务总局，省及省以下税务机构分为国家税务局和地方税务局两个系统。

（1）国家税务局系统包括省、自治区、直辖市国家税务局，地区、地级市、自治州、盟国家税务局，县、县级市、旗国家税务局，征收分局、税务所。

省级国家税务局是国家税务总局直属的正厅级行政机构，是本地区主管国家税收工作的职能部门，负责贯彻执行国家的有关税收法律、法规和规章，并结合本地实际情况制定具体实施办法。局长、副局长均由国家税务总局任命。

（2）地方税务局系统包括省、自治区、直辖市地方税务局，地区、地级市、自治州、盟地方税务局，县、县级市、旗地方税务局，征收分局、税务所。省以下地方税务局实行上级税务机关和同级政府双重领导，以上级税务机关垂直领导为主的管理体制，即地区（市）、县（市）地方税务局的机构设置、干部管理、人员编制和经费开支均由所在省（自治区、直辖市）地方税务局垂直管理。

3. 税收征管范围划分

目前，我国的税收分别由税务、海关等系统负责征收和管理。

（1）国家税务局系统负责征收和管理的项目有增值税，消费税，车辆购置税，各银行总行、各保险企业缴纳的所得税、城市维护建设税，中央企业缴纳的所得税，中央与地方所属企业、事业单位组成的联营企业、股份制企业缴纳的所得税，地方银行、非银行金融企业缴纳的所得税，海洋石油企业缴纳的所得税、资源税，证券交易税（开征之前为对证券交易征收的印花税），中央税的滞纳金、补税、罚款。

（2）地方税务局系统负责征收和管理的项目有地方国有企业、集体企业、私营企业缴纳的所得税，个人所得税，资源税，城镇土地使用税，耕地占用税，土地增值税，房产税，车船税，印花税，契税，地方税的滞纳金、补税、罚款。

（3）海关系统负责征收和管理的项目有关税、行李和邮递物品进口税。此外，海关负责代征进出口环节的增值税和消费税。

本章小结

本章主要介绍了税收的概念、基本特征、作用以及税收制度的构成要素、税收分类、税收征收管理等。

税收是指国家为了实现其职能，以国家为主体、以法律为依据，按照税法预先规定的标准、办法，凭借其政治权力强制地、无偿地向应税的经济单位和个人征收实物或货币，从而取得财政收入的一种分配形式，具有强制性、无偿性和固定性的基本特征，有财政、经济、监督等职能。

税收法律制度的内容具体包括税收构成要素、税收分类以及我国现行的税收体系等。

习　题

一、单项选择题

1. 税收具有强制性、无偿性、固定性的特征，其核心是（　　）。

A. 强制性　　B. 固定性　　C. 确定性　　D. 无偿性

2. 按税收与价格的组成关系，可将税收分为（　　）。

A. 价内税和价外税　　B. 直接税和间接税

C. 力役税、实物税和货币税　　D. 从价税和从量税

3.（　　）是在税法中对征税对象分类规定的具体的征税项目，反映具体的征税范围，是对课税对象质的界定。

A. 征税客体　　B. 征税范围　　C. 税目　　D. 税基

4. 下列各项中，属于最基本的税收要素的是（　　）。

A. 代扣代缴人　　B. 课税对象　　C. 纳税人　　D. 税率

5. 为了解决超额累进税率计算复杂的问题，累进税率表中一般规定有（　　）。

A. 平均税率　　B. 速算扣除数　　C. 速算扣除系数　　D. 边际税率

6. 我国现行的下列税种中，适用超率累进税率的是（　　）。

A. 增值税　　B. 消费税　　C. 土地增值税　　D. 企业所得税

7. 我国目前的税制基本上是（　　）的税制结构。

A. 间接税为主体　　B. 直接税为主体

C. 间接税和直接税双主体　　D. 无主体

8. 税收的本质是（ ）。
A. 税收的“三性” B. 取得财政收入 C. 一种分配关系 D. 实现国家职能
9.（ ）是衡量税负轻重与否的重要标志，是税收制度的中心环节。
A. 纳税人 B. 课税对象 C. 税目 D. 税率
10. 税收的基本特征不包括（ ）。
A. 无偿性 B. 强制性 C. 固定性 D. 惩罚性
11. 下列税种属于中央与地方共享税的是（ ）。
A. 增值税 B. 消费税 C. 车船税 D. 契税
12. 税收的征税主体是（ ）。
A. 税务机关 B. 海关 C. 国家 D. 事业单位
13. 下列税种属于财产税的是（ ）。
A. 消费税 B. 房产税 C. 资源税 D. 企业所得税
14. 将课税对象中的一部分给予减免，只就减除后的剩余部分计征税款，是（ ）。
A. 起征点 B. 免征额 C. 减征额 D. 征税标准
15. 税收是政府为满足社会公共需要，凭借（ ）强制地、无偿地取得财政收入的一种形式。
A. 政治权力 B. 经济权力 C. 社会权力 D. 财政权力

二、多项选择题

1. 下列有关税收的内涵，表述正确的是（ ）。
A. 税收是国家取得财政收入的一种重要工具
B. 税收的本质是一种分配关系
C. 税收是凭借政治权力进行的分配
D. 税收分配有别于按要素进行的分配
2. 我国税收征收管理机关有（ ）。
A. 税务机关 B. 海关 C. 财政部 D. 工商管理局
3. 我国税法现行的税率形式包括（ ）。
A. 比例税率 B. 定额税率 C. 全额累进税率 D. 超额累进税率
4. 资源税类包括（ ）。
A. 资源税 B. 城镇土地使用税 C. 车船税 D. 印花税
5. 间接税包括（ ）。
A. 增值税 B. 消费税 C. 企业所得税 D. 个人所得税
6. 税收的特征包括（ ）。
A. 强制性 B. 无偿性 C. 固定性 D. 确定性
7. 按税收与价格的组成关系，税收分为（ ）。
A. 价内税 B. 价外税 C. 从价税 D. 从量税

8. 税收要素包括(　　)。

A. 纳税人　　B. 减免税　　C. 征税对象　　D. 税率

9. 直接税包括(　　)。

A. 增值税　　B. 企业所得税　　C. 消费税　　D. 个人所得税

10. 征税对象按其性质不同,通常可划分为(　　)。

A. 流转额　　B. 所得额　　C. 资源　　D. 财产

11. 中央税包括(　　)。

A. 消费税　　B. 增值税　　C. 关税　　D. 车辆购置税

12. 中央与地方共享税包括(　　)。

A. 增值税　　B. 消费税　　C. 企业所得税　　D. 个人所得税

13. 地方税包括(　　)。

A. 契税　　B. 土地增值税　　C. 车船税　　D. 增值税

14. 下列有关价内税、价外税的表述正确的是(　　)。

A. 消费税是价外税　　B. 消费税是价内税

C. 增值税是价外税　　D. 增值税是价内税

15. 海关系统负责征收的税种有(　　)。

A. 外贸进出口公司的内销增值税　　B. 对入境旅客行李物品征收的进口关税

C. 进出口关税　　D. 进口环节的消费税、增值税

三、简答题

1. 简述税收的概念、本质及其基本特征。
2. 简述税收制度的构成要素。
3. 举例说明起征点和免征额的区别。

第二章

增值税

学习目的

通过本章的学习，应理解增值税的概念和特点，掌握我国增值税的征税对象及范围、纳税人的确定、税率的适用及应纳税额的计算等内容，了解增值税的征纳管理，尤其是增值税专用发票的管理。

学习重点

本章重点是增值税的征税范围及应纳税额的计算。

第一节　增值税概述

小提示

本节内容包括增值税的概念、类型、特点及其在我国的发展。增值税的课税对象是增值额；我国现行的增值税类型是消费型增值税；增值税具有价外计税、使用增值税专用发票等特点。

一、增值税的概念

增值税是对在我国境内销售货物、提供应税劳务和服务、转让无形资产、销售不动产以及进口货物的单位和个人，以其各环节的增值额为征税对象所课征的一种流转税。现行增值税的基本规范是2009年1月1日实施的《中华人民共和国增值税暂行条例》以及2016年5月1日实施的《营业税改征增值税试点实施办法》《营业税改征增值税试点有关事项的规定》《营业税改征增值税试点过渡政策的规定》等。

二、增值税的类型

在确定征税对象增值额时，每个国家出于对本国经济和利益的考虑，会依据本国经济发展规定作为征税对象的增值额。由于各国所规定的增值额不同，增值税划分为以下三种类型：

1. 消费型增值税

以生产经营单位的销售额减去用于生产经营的外购各类材料和费用支出，并一次性全部扣除生产用的厂房、机器、设备等固定资产后的余额为法定增值额。就全社会而言，这种法定增值额的确定是将所有的消费资料全额扣除，故以该法定增值额为征税对象的增值税称为消费型增值税。

2. 收入型增值税

以生产经营单位的销售额减去所购进的各类材料和费用支出及固定资产折旧后的余额为法定增值额。就全社会而言，这种法定增值额相当于全部生产经营单位内部成员收入总和，即国民收入，故以该法定增值额为征税对象的增值税称为收入型增值税。

3. 生产型增值税

以生产经营单位的销售额减去所购进的各类材料和费用支出后的余额为法定增值额，对固定资产不允许减除。按这种方法计算的增值额相当于企业工资、利息、利润、地租等各因素之和，而这种增加的价值额恰好与国民生产总值所包括的内容相一致，故以该法定增值额为征税对象的增值税称为生产型增值税。

以上三种类型增值税的区别之处主要在于确定法定增值额时，对固定资产的处理方法不同。其中，消费型增值税增值额的确定可以减除固定资产的全额，收入型增值税增值额的确定只能减除固定资产的折旧部分，而生产型增值税增值额的确定对固定资产部分不做任何扣除。一般来说，发达国家多采取消费型或收入型增值税，发展中国家大多采取生产型增值税。

三、增值税的特点

增值税最早产生于法国。1954 年法国成功地推行增值税后，对欧洲和世界各国都产生了重大的影响。在随后的十几年里，欧共体成员国相继实行了增值税，亚洲国家自 20 世纪 70 年代后期开始推行，我国是 1979 年开始实行的。从其在国际上的广泛应用可以看出，增值税是个优良的税种，它主要有以下特点：

1. 避免重复征税

增值税以增值额作为征税对象，只对销售额中本企业新创造的、尚未征过税的新增价值额征税，而对销售额中由以前各环节创造、已征过税的转移价值额不再征税，所以从理论上说不存在重复征税的问题。

2. 征税范围广泛

从增值税征税范围的横向关系来看，无论工业、商业还是劳务、服务活动，只要有增值额就需要征收税款；从纵向关系来看，广泛涉及商品生产、批发、零售等各道环节，对各道环节上产生的增值额征收税款。

3. 实行价外计税

增值税实行价外计税的办法，即以不含增值税税额的价格作为计税依据。增值税实行价外计税不但可以消除增值税对成本、利润、价格等的影响，而且可以避免重复征税。

4. 使用增值税专用发票

在全国范围内使用统一的增值税专用发票，实行根据发票注明税额进行税款抵扣的制度。这样，纳税人可依据增值税专用发票上记载的销项税款与购买时所付的进项税款相抵后的余额，核定当期应纳增值税。

四、我国增值税制度的产生与发展

根据经济发展和管理体制改革的需要，我国从20世纪70年代末期开始研究增值税制度，80年代前期选择部分地区、行业和产品试点，1994年推广到全国工业和商业领域，此后逐步完善。

1. 引进并建立增值税制度

改革开放以前，我国实行的是高度集中的计划经济，对国营企业的利润实行统收统支，根本谈不上增值税的征收。随着经济体制改革的进行，我国原有的单一的工商税制已不适应新形势，影响了税收作用的发挥。因此，自1979年开始对税制进行改革和调整，下半年开始引进增值税并在极少数地区试点，征税范围也仅选择了机器机械和农业机具两个行业以及自行车、缝纫机、电风扇三种产品。1983年1月起全国范围内的两大行业和三种产品试行增值税。在全国试点的基础上，1984年10月结合国营企业第二步"利改税"对原工商税进行了改革，将其划分为产品税、增值税和营业税。国务院颁发了《中华人民共和国增值税条例（草案）》，财政部颁发了《中华人民共和国增值税条例（草案）实施细则》。至此，我国正式建立了增值税制度。

1984年颁布的《中华人民共和国增值税条例（草案）》中规定：增值税的纳税人为在中国境内生产和进口应税产品的单位和个人；设立机器机械及其零配件、汽车、机动船舶、轴承、农业机具及其零配件、钢坯、钢材、自行车、缝纫机、电风扇、印染绸缎和其他印染机织丝织品、西药12个税目；税率从6%至16%不等；计税方法是按照产品销售收入、适用税率和"扣额法"或者"扣税法"计算应纳税额；进口应税产品的纳税人，按照组成计税价格和适用税率直接计算应纳税额。以后经过1986年、1987年和1988年三次扩大征税范围后，发展到对化学纤维、纺织品、服装、地毯、搪瓷、玻璃保温容器、药品、日用机械、日用电器、电子制品、机器机械、钢坯、钢材、帽和鞋、纸、文化用品等31大类产品实行增值税。但一直到1993年，烟类、酒类、石油化工类和电力等相当数量的产品仍未实行增值税。

2. 增值税制度完善

1993年12月13日，国务院发布《中华人民共和国增值税暂行条例》，自1994年1月1日起施行，同时废止《中华人民共和国增值税条例(草案)》。暂行条例中规定：增值税的纳税人为在中国境内销售、进口货物，提供加工、修理和修配劳务的单位和个人；基本税率为17%，低税率为13%，出口货物一般适用零税率；一般纳税人以销项税额扣除进项税额以后的余额为应纳税额，小规模纳税人按照销售额和规定的征收率计算应纳税额等，同时规定外商投资企业和外国企业自1994年1月1日起适用增值税、消费税和营业税暂行条例。至此，我国形成了生产型增值税，且增值税、消费税、营业税并行的流转税制度。

3. 增值税转型

增值税转型是指增值税由生产型转为消费型，就是将在生产型增值税中不允许抵扣的购进机械设备等固定资产所含进项税额进行抵扣，实行彻底的消费型增值税。

首先，2004年7月1日起在东北三省试点。2004年9月财政部及国家税务总局颁布《东北地区扩大增值税抵扣范围若干问题的规定》等六部文件，就有关政策、业务问题予以明确：对东北三省从事装备制造业、石油加工业、冶金业、船舶制造业、汽车制造业、农产品加工业为主的增值税一般纳税人，自2004年7月1日实际发生的购进固定资产、用于自制固定资产的购进货物或应税劳务、通过融资租赁方式取得的固定资产以及为固定资产所支付的运输费用，其所负担的进项税额未超过当年新增增值税部分允许采用进项税额"先抵欠税，再退税额"的抵扣方法。

然后，2009年1月1日起在全国范围实行消费型增值税。经过东北三省的试点后，2008年11月10日，国务院公布修订以后的《中华人民共和国增值税暂行条例》，条例中允许纳税人将购置的与生产经营有关的固定资产所负担的进项税额采取"直接全额扣除"的抵扣方法。

4. 增值税扩围

增值税扩围是指增值税的征税范围扩大，使征收营业税的经济行为改征增值税(简称"营改增")，主要经历了以下几个阶段：

第一，2012年1月1日起对部分服务在上海试点。2011年11月16日，经国务院批准，财政部、国家税务总局印发《营业税改征增值税试点方案》和《关于在上海市开展交通运输业和部分现代服务业营业税改征增值税试点的通知》，于2012年1月1日开始在上海试点。这次的改革使增值税征收范围增加了交通运输业及研发和技术服务、信息技术、文化创意、物流辅助、有形动产租赁、鉴证咨询服务等现代服务业，增加了11%和6%两档税率。

第二，2012年8月1日起对部分服务在其他省市试点。自2012年8月1日起至年底，将交通运输业和部分现代服务业"营改增"试点范围由上海分批扩大至北京(2012年9月1日)，江苏和安徽(2012年10月1日)，福建和广东(2012年11月1日)，天津、浙江及湖北(2012年12月1日)等省市。

第三，2013年8月1日起对部分服务在全国范围内试点。自2013年8月1日起，在全国范围内开展交通运输业和部分现代服务业营业税改征增值税。2013年12月国家颁布《关于将铁路运输和邮政业纳入营业税改征增值税试点的通知》，于2014年1月1日起将邮政业和铁路运输纳入增值税范围。经国务院批准，财政部和国家税务总局颁布《关于将电信业纳入营业税改征增值税试点的通知》，从2014年6月1日起将电信业纳入"营改增"试点范围。

第四，2016年5月1日起对其余服务及不动产在全国范围内试点。自2016年5月1日起，将金融保险服务、建筑服务、转让土地使用权、销售不动产以及娱乐服务、旅游服务、饮食服务等生活服务全部纳入"营改增"范围。

至此，征收营业税的经济行为全部纳入增值税的征税范围，营业税退出了历史舞台。全部"营改增"的完成实现了增值税对第一产业、第二产业及第三产业的全覆盖，打通了税收的抵扣链条，可以有效地支持服务业发展和制造业升级。

第二节　增值税的税制构成要素

小提示

本节内容包括增值税的纳税人、征税范围、税率及其税收优惠。增值税的纳税人按经营规模标准和会计核算健全与否划分为一般纳税人和小规模纳税人；征税范围包括销售货物、提供应税劳务和服务、转让无形资产、销售不动产以及进口货物，其中需要特别注意的是增值税的视同销售行为；税率按一般纳税人和小规模纳税人分别规定，一般纳税人适用税率为17%、13%、11%、6%和零税率，小规模纳税人为3%和5%。

一、纳税人

增值税的纳税人是指在我国境内销售货物、提供应税劳务和服务、转让无形资产、销售不动产以及进口货物的单位和个人。

（一）纳税人的内容

（1）单位。单位包括企业、行政单位、事业单位、军事单位、社会团体及其他单位。

（2）个人。个人包括个体经营者及其他个人。

（3）承租人和承包人。企业租赁或承包给他人经营的，以承租人或承包人为纳税人。

（4）扣缴义务人。境外的单位或个人在境内提供应税劳务而在境内未设有经营机构的，其应纳税款以代理人为扣缴义务人；没有代理人的，以购买者为扣缴义务人。

（二）纳税人的划分

为了加强增值税的征收管理，将其纳税人按经营规模标准和会计核算健全与否划分为一般纳税人和小规模纳税人，分别采用不同的增值税计税方法。

1. 纳税人的划分标准

经营规模标准是以纳税人的年应税销售额来确定的。经营规模标准依据纳税人经营范围的不同，具体分为三种：一是从事货物生产或提供应税劳务的纳税人，以及以从事货物生产或提供应税劳务为主并兼营货物批发或零售的纳税人，年应税销售额标准为50万元；二是从事货物批发或零售的纳税人，年应税销售额标准为80万元；三是提供应税服务、转让无形资产以及销售不动产的纳税人，年应税销售额标准为500万元。

会计核算健全是指能按国家统一的会计制度设置账簿，准确报送有关税务资料。

2. 纳税人的认定标准

一般纳税人是指年应税销售额超过依法规定的经营规模标准且会计核算健全的企业和企业性单位。

小规模纳税人是指年应税销售额在规定标准以下且会计核算不健全，不能按规定报送有关税务资料的单位和个人。

纳税人年应税销售额未超过依法规定的经营规模标准，但会计核算健全，能够提供准确税务资料的，可以向主管税务机关申请办理一般纳税人资格登记，成为一般纳税人。

年应税销售额超过规定标准但不经常发生应税行为的单位和个体工商户可选择按照小规模纳税人纳税。但年应税销售额超过规定的经营规模标准的个人（不包括个体工商户）只能按小规模纳税人纳税。

除国家税务总局另有规定外，纳税人一经认定为一般纳税人后，不得转为小规模纳税人。

二、征税范围

增值税的征税范围具体包括在我国境内销售货物、提供应税劳务和服务、转让无形资产、销售不动产以及进口货物。

“境内”是指销售货物的起运地或者所在地在境内、提供的应税劳务发生在境内、应税劳务的提供方或接受方在境内、所销售或者租赁的不动产在境内、所销售自然资源使用权的自然资源在境内、其他服务或者其他无形资产的销售方或者购买方在境内。

（一）一般规定

1. 销售或者进口货物

销售货物是指有偿转让货物的所有权。这里所说的货物是指有形动产，包括电力、热力、气体在内。

2. 提供应税劳务

提供应税劳务是指有偿提供加工修理修配劳务，但不包括单位和个体工商户聘用自己的员工为本单位或雇主提供的应税劳务。

（1）加工劳务是指受托加工货物，即委托方提供原料及主要材料，受托方按照委托方的要求制造货物并收取加工费的业务。但是由受托方提供原料及主要材料、由委托方向受托方购买原料及主要材料后再委托加工、由委托方付款并委托受托方外购原料及主要材料三种情况不能按受托方提供应税劳务征税，而应按受托方销售货物征税。

（2）修理修配劳务是指受托对损伤和丧失功能的货物进行修复，使其恢复原状和功能的业务。

3. 提供应税服务

提供应税服务是指有偿提供交通运输服务、邮政服务、电信服务、建筑服务、金融服务、现代服务和生活服务，但不包括单位和个体工商户聘用自己的员工为本单位或雇主提供的取得工资的服务及单位和个体工商户为员工提供的服务。

（1）交通运输服务是指使用运输工具将货物或者旅客送达目的地，使其空间位置得到转移的业务活动，包括陆路运输服务、水路运输服务、航空运输服务和管道运输服务。

陆路运输服务是指通过陆路运送货物或者旅客的运输业务活动，包括铁路运输服务和其他陆路运输服务。其他陆路运输服务包括公路运输、缆车运输、索道运输、地铁运输、城市轻轨运输等。出租车公司向使用本公司自有出租车的出租车司机收取的管理费用，按照陆路运输服务缴纳增值税。

水路运输服务是指通过江、河、湖、川等天然、人工水道或者海洋航道运送货物或者旅客的运输业务活动。

航空运输服务是指通过空中航线运送货物或者旅客的运输业务活动。航天运输服务按照航空运输服务缴纳增值税。

管道运输服务是指通过管道设施输送气体、液体、固体物质的运输业务活动。

需要注意的是，远洋运输的程租、期租业务，航空运输的湿租业务属于运输服务。程租业务是指远洋运输企业为租船人完成某一特定航次的运输任务并收取租赁费的业务；期租业务是指远洋运输企业将配备有操作人员的船舶承租给他人使用一定期限，承租期内听候承租方调遣，不论是否经营，均按天向承租方收取租赁费，发生的固定费用均由船东负担的业务；湿租业务是指航空运输企业将配备有机组人员的飞机承租给他人使用一定期限，承租期内听候承租方调遣，不论是否经营，均按一定标准向承租方收取租赁费，发生的固定费用均由承租方承担的业务。

（2）邮政服务是指中国邮政集团公司及其所属邮政企业提供邮件寄递、邮政汇兑、机要通信和邮政代理等邮政基本服务的业务活动，包括邮政普遍服务、邮政特殊服务和其他邮政服务。

邮政普遍服务是指函件、包裹等邮件寄递，以及邮票发行、报刊发行和邮政汇兑等业务活动。

邮政特殊服务是指义务兵平常信函、机要通信、盲人读物和革命烈士遗物的寄递等业务活动。

其他邮政服务是指邮册等邮品销售、邮政代理等业务活动。

（3）电信服务是指利用有线、无线的电磁系统或者光电系统等各种通信网络资源，提供语音通话服务，传送、发射、接收或者应用图像、短信等电子数据和信息的业务活动，包括基础电信服务和增值电信服务。

基础电信服务是指利用固网、移动网、卫星、互联网提供语音通话服务的业务活动，以及出租或者出售带宽、波长等网络元素的业务活动。

增值电信服务是指利用固网、移动网、卫星、互联网、有线电视网络提供短信和彩信服务、电子数据和信息的传输及应用服务、互联网接入服务等的业务活动。卫星电视信号落地转接服务按照增值电信服务计算缴纳增值税。

（4）建筑服务是指各类建筑物、构筑物及其附属设施的建造、修缮、装饰，线路、管道、设备、设施等的安装以及其他工程作业的业务活动，包括工程服务、安装服务、修缮服务、装饰服务和其他建筑服务。

工程服务是指新建、改建各种建筑物、构筑物的工程作业，包括与建筑物相连的各种设备或者支柱、操作平台的安装或者装设工程作业，以及各种窑炉和金属结构工程作业。

安装服务是指生产设备、动力设备、起重设备、运输设备、传动设备、医疗实验设备以及其他各种设备、设施的装配、安置工程作业，包括与被安装设备相连的工作台、梯子、栏杆的装设工程作业，以及被安装设备的绝缘、防腐、保温、油漆等工程作业。固定电话、有线电视、宽带、水、电、燃气、暖气等经营者向用户收取的安装费、初装费、开户费、扩容费以及类似收费，按照安装服务缴纳增值税。

修缮服务是指对建筑物、构筑物进行修补、加固、养护、改善，使之恢复原来的使用价值或者延长其使用期限的工程作业。需要注意的是，虽然修缮服务与修理劳务都有使服务的对象恢复原来使用价值的作用，但二者服务的对象不同。修缮服务的对象是不动产，是“营改增”的项目；而修理劳务的对象是有形动产，是原增值税的应税项目。

装饰服务是指对建筑物、构筑物进行修饰装修，使之美观或者具有特定用途的工程作业。

其他建筑服务是指上述工程作业之外的各种工程作业服务，如钻井（打井）、拆除建筑物或者构筑物、平整土地、园林绿化、疏浚（不包括航道疏浚）、建筑物平移、搭脚手架、爆破、矿山穿孔、表面附着物（包括岩层、土层、沙层等）剥离和清理等工程作业。

（5）金融服务是指经营金融保险的业务活动，包括贷款服务、直接收费金融服务、保险服务和金融商品转让。

贷款服务是指将资金贷与他人使用而取得利息收入的业务活动。

直接收费金融服务是指为货币资金融通及其他金融业务提供相关服务并且收取费用的业务活动，主要有提供货币兑换、账户管理、电子银行、信用卡、信用证、财务担保、资产管理、信托管理、基金管理、金融交易场所（平台）管理等服务。

保险服务是指投保人根据合同约定，向保险人支付保险费，保险人对于合同约定的可能发生的事故因其发生所造成的财产损失承担赔偿保险金责任，或者当被保险人死亡、伤残、疾病或者达到合同约定的年龄、期限等条件时承担给付保险金责任的商业保险行为。

金融商品转让是指转让外汇、有价证券、非货物期货和其他金融商品所有权的业务活动。其他金融商品转让包括基金、信托、理财产品等各类资产管理产品和各种金融衍生品的转让。

（6）现代服务是指围绕制造业、文化产业、现代物流产业等提供技术性、知识性服务的业务活动，包括研发和技术服务、信息技术服务、文化创意服务、物流辅助服务、租赁服务、鉴证咨询服务、广播影视服务、商务辅助服务和其他现代服务。

① 研发和技术服务包括研发服务、合同能源管理服务、工程勘察勘探服务、专业技术服务。

研发服务是指就新技术、新产品、新工艺或者新材料及其系统进行研究与试验开发的业务活动。

合同能源管理服务是指节能服务公司与用能单位以契约形式约定节能目标，节能服务公司提供必要的服务，用能单位以节能效果支付节能服务公司投入及其合理报酬的业务活动。

工程勘察勘探服务是指在采矿、工程施工前后，对地形、地质构造、地下资源蕴藏情况进行实地调查的业务活动。

专业技术服务是指气象服务、地震服务、海洋服务、测绘服务、城市规划、环境与生态监测等专项技术服务。

② 信息技术服务是指利用计算机、通信网络等技术对信息进行生产、收集、处理、加工、存储、运输、检索和利用，并提供信息服务的业务活动，包括软件服务、电路设计及测试服务、信息系统服务、业务流程管理服务和信息系统增值服务。

业务流程管理服务是指依托信息技术提供的人力资源管理、财务经济管理、审计管理、税务管理、物流信息管理、经营信息管理和呼叫中心等服务的活动。

信息系统增值服务是指利用信息系统资源为用户附加提供的信息技术服务，包括数据处理、分析和整合，数据库管理，数据备份，数据存储，容灾服务，电子商务平台等。

③ 文化创意服务包括设计服务、知识产权服务、广告服务和会议展览服务。

设计服务是指把计划、规划、设想通过文字、语言、图画、声音、视觉等形式传递出来的业务活动，包括工业设计、内部管理设计、业务运作设计、供应链设计、造型设计、服装设计、环境设计、平面设计、包装设计、动漫设计、网游设计、展示设计、网站设计、机械设计、工程设计、广告设计、创意策划、文印晒图等。

知识产权服务是指处理知识产权事务的业务活动，包括对专利、商标、著作权、软件、集成电路布图设计的登记、鉴定、评估、认证、检索服务。

广告服务是指利用图书、报纸、杂志、广播、电视、电影、幻灯、路牌、招贴、橱窗、霓虹灯、灯箱、互联网等各种形式为客户的商品、经营服务项目、文体节目或者通告、声明等委托事项进行宣传和提供相关服务的业务活动，包括广告代理和广告的发布、播映、宣传、展示等。

会议展览服务是指为商品流通、促销、展示、经贸洽谈、民间交流、企业沟通、国际往来等举办或者组织安排各类展览和会议的业务活动。

④ 物流辅助服务包括航空服务、港口码头服务、货运客运场站服务、打捞救助服务、仓储服务、收派服务和装卸搬运服务。

航空服务包括航空地面服务和通用航空服务。航空地面服务包括旅客安全检查服务、停机坪管理服务、机场候机厅管理服务、飞机清洗消毒服务、空中飞行管理服务、飞机起降服务、飞行通信服务、地面信号服务、飞机安全服务、飞机跑道管理服务、空中交通管理服务等。通用航空服务是指为专业工作提供飞行服务的业务活动，包括航空摄影、航空培训、航空测量、航空勘探、航空护林、航空吊挂播撒、航空降雨、航空气象探测、航空海洋监测、航空科学实验等。

港口码头服务是指港务船舶调度服务、船舶通信服务、航道管理服务、航道疏浚服务、灯塔管理服务、航标管理服务、船舶引航服务、理货服务、系解缆服务、停泊和移泊服务、海上船舶溢油清除服务、水上交通管理服务、船只专业清洗消毒检测服务和防止船只漏油服务等为船只提供服务的业务活动。港口设施经营人收取的港口设施保安费按照港口码头服务缴纳增值税。

货运客运场站服务是指货运客运场站提供的货物配载服务、运输组织服务、中转换乘服务、车辆调度服务、票务服务、货物打包整理、铁路线路使用服务、加挂铁路客车服务、铁路行包专列发送服务、铁路到达和中转服务、铁路车辆编解服务、车辆挂运服务、铁路接触网服务、铁路机车牵引服务等业务活动。

打捞救助服务是指提供船舶人员救助、船舶财产救助、水上救助和沉船沉物打捞服务的业务活动。

仓储服务是指利用仓库、货场或者其他场所代客贮放、保管货物的业务活动。

收派服务是指接受寄件人委托，在承诺的时限内完成函件和包裹的收件、分拣、派送服务的业务活动。收件服务是指从寄件人处收取函件和包裹，并运送到服务提供方同城的集散中心的业务活动；分拣服务是指服务提供方在其集散中心对函件和包裹进行归类、分发的业务活动；派送服务是指服务提供方从其集散中心将函件和包裹送达同城的收件人的业务活动。

装卸搬运服务是指使用装卸搬运工具或者人力、畜力将货物在运输工具之间、装卸现场之间或者运输工具与装卸现场之间进行装卸和搬运的业务活动。

⑤ 租赁服务包括融资租赁服务和经营租赁服务。

融资租赁服务是指具有融资性质和所有权转移特点的租赁活动。即出租人根据承租人所要求的规格、型号、性能等条件购入有形动产或者不动产租赁给承租人，合同期内租赁物所有权属于出租人，承租人只拥有使用权，合同期满付清租金后，承租人有权按照残值购入租赁物以取得其所有权。不论出租人是否将租赁物销售给承租人，均属于融资租赁。按照标的物的不同，融资租赁服务可分为有形动产融资租赁服务和不动产融资租赁服务。

经营租赁服务是指在约定时间内将有形动产或者不动产转让给他人使用且租赁物所有权不变更的业务活动。按照标的物的不同，经营租赁服务可分为有形动产经营租赁服务和不动产经营租赁服务。

需要注意的是，将建筑物、构筑物等不动产或者飞机、车辆等有形动产的广告位出租给其他单位或者个人用于发布广告，按照经营租赁服务缴纳增值税；车辆停放服务、道路通行服务（包括过路费、过桥费、过闸费等）等按照不动产经营租赁服务缴纳增值税；水路运输的光租业务、航空运输的干租业务属于有形动产经营租赁服务。

⑥ 鉴证咨询服务包括认证服务、鉴证服务和咨询服务。

认证服务是指具有专业资质的单位利用检测、检验、计量等技术，证明产品、服务、管理体系符合相关技术规范、相关技术规范的强制性要求或者标准的业务活动。

鉴证服务是指具有专业资质的单位受托对相关事项进行鉴证，发表具有证明力的意见的业务活动，包括会计鉴证、税务鉴证、法律鉴证、职业技能鉴定、工程造价鉴证、工程监理、资产评估、环境评估、房地产土地评估、建筑图纸审核、医疗事故鉴定等。

咨询服务是指提供信息、建议、策划、顾问等服务的活动，包括金融、软件、技术、财务、税收、法律、内部管理、业务运作、流程管理、健康等方面的咨询。翻译服务和市场调查服务按照咨询服务缴纳增值税。

⑦ 广播影视服务包括广播影视节目（作品）的制作服务、发行服务和播映（含放映）服务。

广播影视节目（作品）制作服务是指进行专题（特别节目）、专栏、综艺、体育、动画片、广播剧、电视剧、电影等广播影视节目和作品制作的服务，具体包括与广播影视节目和作品相关的策划、采编、拍摄、录音、音视频文字图片素材制作、场景布置、后期剪辑、翻译（编译）、字幕制作、片头制作、片尾制作、片花制作、特效制作、影片修复、编目和确权等业务活动。

广播影视节目（作品）发行服务是指以分账、买断、委托等方式，向影院、电台、电视台、网站等单位和个人发行广播影视节目（作品）以及转让体育赛事等活动的报道及播映权的业务活动。

广播影视节目（作品）播映服务是指在影院、剧院、录像厅及其他场所播映广播影视节目（作品），以及通过电台、电视台、卫星通信、互联网、有线电视等无线或者有线装置播映广播影视节目（作品）的业务活动。

⑧ 商务辅助服务包括企业管理服务、经纪代理服务、人力资源服务、安全保护服务。

企业管理服务是指提供总部管理、投资与资产管理、市场管理、物业管理、日常综合管理等服务的业务活动。

经纪代理服务是指各类经纪、中介、代理服务，包括金融代理、知识产权代理、货物运输代理、代理报关、法律代理、房地产中介、职业中介、婚姻中介、代理记账、拍卖等。

人力资源服务是指提供公共就业、劳务派遣、人才委托招聘、劳动力外包等服务的业务活动。

安全保护服务是指提供保护人身安全和财产安全，维护社会治安等服务的业务活动，包括场所住宅保安、特种保安、安全系统监控以及其他安保服务。

⑨ 其他现代服务是指除研发和技术服务、信息技术服务、文化创意服务、物流辅助服务、租赁服务、鉴证咨询服务、广播影视服务和商务辅助服务以外的现代服务。

（7）生活服务是指为满足城乡居民日常生活需求提供的各类服务活动，包括文化体育服务、教育医疗服务、旅游娱乐服务、餐饮住宿服务、居民日常服务和其他生活服务。

① 文化体育服务包括文化服务和体育服务。

文化服务是指为满足社会公众文化生活需求提供的各种服务，包括文艺创作、文艺表演、文化比赛，图书馆的图书和资料借阅，档案馆的档案管理，文物及非物质遗产保护，组织举办宗教活动、科技活动、文化活动，提供游览场所。

体育服务是指组织举办体育比赛、体育表演、体育活动，以及提供体育训练、体育指导、体育管理的业务活动。

② 教育医疗服务包括教育服务和医疗服务。

教育服务是指提供学历教育服务、非学历教育服务、教育辅助服务的业务活动。学历教育服务包括初等教育、初级中等教育、高级中等教育、高等教育等;非学历教育服务包括学前教育及各类培训、演讲、讲座、报告会等;教育辅助服务包括教育测评、考试、招生等服务。

医疗服务是指提供医学检查、诊断、治疗、康复、预防、保健、接生、计划生育、防疫等方面的服务,以及与这些服务有关的提供药品、医用材料器具、救护车、病房住宿和伙食的业务。

③ 旅游娱乐服务包括旅游服务和娱乐服务。

旅游服务是指根据旅游者的要求,组织安排交通、游览、住宿、餐饮、购物、文娱、商务等服务的业务活动。

娱乐服务是指为娱乐活动同时提供场所和服务的业务,包括经营歌厅、舞厅、夜总会、酒吧、台球室、高尔夫球场、保龄球馆、游艺场(包括射击、跑马、游戏机、蹦极、动力伞、射箭、飞镖等)等娱乐场所,以及娱乐场所为顾客进行娱乐活动提供服务的业务。

④ 餐饮住宿服务包括餐饮服务和住宿服务。

餐饮服务是指通过同时提供饮食和饮食场所的方式为消费者提供饮食消费服务的业务活动。

住宿服务是指提供住宿场所及配套服务等的活动,包括宾馆、旅馆、旅社、度假村和其他经营性住宿场所提供的住宿服务。

⑤ 居民日常服务是指主要为满足居民个人及其家庭日常生活需求提供的服务,包括市容市政管理、家政、婚庆、养老、殡葬、照料和护理、救助救济、美容美发、按摩、桑拿、氧吧、足疗、沐浴、洗染、摄影扩印等服务。

⑥ 其他生活服务是指除文化体育服务、教育医疗服务、旅游娱乐服务、餐饮住宿服务和居民日常服务之外的生活服务。

4. 转让无形资产

转让无形资产是指转让无形资产所有权或者使用权的业务活动。无形资产是指不具实物形态,但能带来经济利益的资产,包括技术、商标、著作权、商誉、自然资源使用权和其他权益性无形资产。

技术包括专利技术和非专利技术;自然资源使用权包括土地使用权、海域使用权、探矿权、采矿权、取水权和其他自然资源使用权;其他权益性无形资产包括基础设施资产经营权、公共事业特许权、配额、经营权(包括特许经营权、连锁经营权、其他经营权)、经销权、分销权、代理权、会员权、席位权、网络游戏虚拟道具、域名、名称权、肖像权、冠名权、转会费等。

5. 销售不动产

销售不动产是指转让不动产所有权的业务活动。不动产是指不能移动或者移动后会引起性质、形状改变的财产,包括建筑物、构筑物等。

转让建筑物有限产权或者永久使用权的,转让在建的建筑物或者构筑物所有权的,以及在转让建筑物或者构筑物时一并转让其所占土地的使用权的,按照销售不动产缴纳增值税。

【例 2-1】下列项目中,自 2016 年 5 月 1 日开始征收增值税的是(　　)。

A. 转让土地使用权　　B. 转让著作权　　C. 设备经营租赁服务
D. 房屋融资性租赁　　E. 贷款服务　　F. 金融商品转让服务
G. 财务咨询服务　　H. 保健咨询服务　　I. 美发设计服务

答案 ADEFHI。以上均是“营改增”的项目，但是开始的时间不一样。A、B虽然都是转让无形资产，但是只有土地使用权的转让是2016年5月1日开始征收增值税；C、D虽然都属于现代服务中的租赁服务，但房屋属于不动产，设备属于有形动产；E、F属于金融服务，G属于现代服务中的咨询服务，H属于生活服务中的医疗服务，I属于生活服务中的居民日常服务。

（二）特殊规定

1. 视同销售行为

为保证增值税税款抵扣制度的实施，防止造成税款抵扣环节的中断以及纳税人偷逃税款行为的发生，税法规定，纳税人的下列行为是视同销售行为：

（1）代销他人货物。具体包括将货物交付他人代销和销售代销货物。

（2）设有两个以上机构并实行统一核算的纳税人，将货物从一个机构移送至其他机构用于销售，但相关机构设在同一县（市）的除外。这里所说的“用于销售”是指向购货方开具发票或向购货方收取货款。纳税人具备“用于销售”条件之一的，应当向所在地税务机关缴纳增值税，否则由总机构统一缴纳增值税。

（3）将自产、委托加工的货物用于集体福利或个人消费。这里要注意货物的来源与去向，货物来源于自产或委托加工收回，而不包括外购的货物，货物的去向主要是集体福利等企业内部使用。

（4）将自产、委托加工或购买的货物对外投资、分配给股东或投资者、无偿赠送其他单位和个人。这里也要注意货物的来源与去向，货物来源与（3）相比，不但包括自产和委托加工收回的货物，还包括外购的货物，而货物的去向主要是对外投资等企业外部使用。

（5）单位或者个体工商户向其他单位或者个人无偿提供服务，但用于公益事业或者以社会公众为对象的除外。例如，纳税人根据国家指令无偿提供的铁路运输服务、航空运输服务属于用于公益事业的服务。

（6）单位或者个人向其他单位或者个人无偿转让无形资产或者不动产，但用于公益事业或者以社会公众为对象的除外。

（7）财政部和国家税务总局规定的其他情形。

【例2-2】 下列行为属于增值税视同销售的是（　　）。

A. 服装生产企业将生产的服装用于捐赠希望小学
B. 服装生产企业将购买的食用油用于职工食堂
C. 服装生产企业将购买的棉被用于捐赠灾区
D. 服装生产企业将生产的服装用于投资联营企业
E. 服装生产企业将闲置厂房无偿赠送给其关联企业
F. 会计师事务所人员参加市国税局“营改增”税法宣传日活动

G. 航空公司根据国家指令无偿提供航空运输服务

H. 美发厅举办"爱心义务剪发日"活动

答案 ACDE。解析这类题，前四个选项需要特别注意货物的来源与去向。不选B是因为食用油是外购的且职工食堂属于集体福利，将外购的货物用于集体福利不属于视同销售。后四个选项是"营改增"项目，需要注意是否用于公益事业和社会公众。选E是因为将不动产无偿赠送给其关联企业不属于用于公益事业和社会公众，是视同销售行为；而F、G、H是用于公益事业或社会公众，不征收增值税。

2. 混合销售行为

一项销售行为如果既涉及服务又涉及货物，则为混合销售行为。纳税人发生混合销售行为的税务处理如下：

（1）从事货物的生产、批发或者零售的单位和个体工商户的混合销售行为按照销售货物缴纳增值税。这里所称"从事货物的生产、批发或者零售的单位和个体工商户"包括以从事货物的生产、批发或者零售为主，并兼营销售服务的单位和个体工商户在内。

（2）其他单位和个体工商户的混合销售行为按照销售服务缴纳增值税。

3. 兼营行为

纳税人销售货物、提供劳务和服务、转让无形资产或者销售不动产适用不同税率或者征收率的，应当分别核算适用不同税率或者征收率的销售额，未分别核算销售额的，按照以下方法适用税率或者征收率：

（1）兼有不同税率的销售货物、提供劳务和服务、转让无形资产或者销售不动产的，从高适用税率。

（2）兼有不同征收率的销售货物、提供劳务和服务、转让无形资产或者销售不动产的，从高适用征收率。

（3）兼有不同税率和征收率的销售货物、提供劳务和服务、转让无形资产或者销售不动产的，从高适用税率。

三、税率与征收率

按照增值税规范化以及公平纳税人税收负担的原则，我国增值税采取了基本税率和低税率相结合的模式。由于增值税将其纳税人划分为一般纳税人和小规模纳税人，考虑两者的实际情况，也规定了不同的适用税率。一般纳税人大多适用基本税率、低税率和零税率；小规模纳税人和运用简易方法的一般纳税人适用征收率。

（一）税率

1. 基本税率

增值税一般纳税人销售或者进口货物，提供应税劳务、有形动产租赁服务，除低税率适用范围和特殊规定以外，税率为17%，这就是通常所说的基本税率。

2. 低税率

增值税一般纳税人适用低税率。低税率主要包括以下几种：

(1) 销售或者进口下列货物，税率为13%：① 粮食、食用植物油、鲜奶；② 暖气、冷气、热水、煤气、石油液化气、天然气、沼气、居民用煤炭制品；③ 图书、报纸、杂志；④ 饲料、化肥、农药、农机(不包括农机零部件)、农膜；⑤ 国务院规定的其他货物，如音像制品、电子出版物、农用挖掘机等。

(2) 提供交通运输服务、邮政服务、基础电信服务、建筑服务、不动产租赁服务，销售不动产以及转让土地使用权，税率为11%。

(3) 提供增值电信服务、金融保险服务、现代服务、生活服务，销售除土地使用权以外的无形资产，税率为6%。

(二) 征收率

1. 一般规定

小规模纳税人适用征收率为3%，但其销售不动产或出租不动产的征收率为5%。小规模纳税人经营规模比较小且会计核算不健全，因此实行按销售额与征收率计算应纳税额的简易计税方法。

2. 其他规定

(1) 纳税人销售自己使用过的资产。

① 一般纳税人销售自己使用过的资产：纳税人销售自己使用过的以前年度未曾抵扣进项税额的固定资产，按3%的征收率减按2%征收增值税；纳税人销售自己使用过的其他资产，按适用税率征收增值税。

② 小规模纳税人销售自己使用过的资产：纳税人销售自己使用过的固定资产，按3%的征收率减按2%征收增值税；纳税人销售自己使用过的其他资产，按3%的征收率征收增值税。

其中，"自己使用过的固定资产"是指纳税人根据财务会计制度已经计提折旧的固定资产。"固定资产"是指使用期限超过12个月的机器、机械、运输工具以及其他与生产经营有关的设备、工具、器具等有形动产。

(2) 纳税人销售旧货。

纳税人销售旧货是指非自己使用过的，能够进入二次流通并具有部分使用价值的货物。无论是增值税一般纳税人还是小规模纳税人，均按3%的征收率减按2%征收增值税。

四、税收优惠

(一) 增值税的起征点

为了照顾一部分小型业户的生产经营者并简化增值税的征收管理，增值税规定了起征点。起征点主要适用于个人，但不适用于登记为一般纳税人的个体工商户。具体规定幅度范围如下：

（1）按期纳税的，为月销售额 5 000～20 000 元（含本数）。

（2）按次纳税的，为每次（日）销售额 300～500 元（含本数）。

起征点的调整由财政部和国家税务总局规定。省、自治区、直辖市财政厅（局）和国家税务局应当在规定的幅度内根据实际情况确定本地区适用的起征点，并报财政部和国家税务总局备案。

对增值税小规模纳税人中月销售额未达到 20 000 元的企业或非企业性单位，免征增值税。2017 年 12 月 31 日前，对月销售额 20 000～30 000 元（含本数）的增值税小规模纳税人，免征增值税。

（二）免税项目

1. 增值税原征税范围中的免税项目

（1）农业生产者销售的自产农业产品，是指直接从事种植业、养殖业、林业、牧业、水产业的单位和个人销售自产的属于税法规定范围的农业产品；纳税人非自产蔬菜的批发和零售，于 2012 年 1 月 1 日开始免征增值税。

（2）避孕药品和用具。

（3）古旧图书，是指向社会收购的古书和旧书。

（4）直接用于科学研究、科学试验和教学的进口仪器、设备。

（5）外国政府、国际组织无偿援助的进口物资和设备。

（6）由残疾人组织直接进口供残疾人专用的物品。

（7）个人（不包括个体经营者）销售自己使用过的物品。

2.“营改增”后新增免税项目

（1）托儿所、幼儿园提供的保育和教育服务。

（2）养老机构提供的养老服务。

（3）残疾人福利机构提供的育养服务。

（4）婚姻介绍服务。

（5）殡葬服务。

（6）残疾人员本人为社会提供的服务。

（7）医疗机构提供的医疗服务。

（8）从事学历教育的学校提供的教育服务。

（9）学生勤工俭学提供的服务。

（10）农业机耕、排灌、病虫害防治、植物保护、农牧保险以及相关技术培训业务，家禽、牲畜、水生动物的配种和疾病防治。

（11）纪念馆、博物馆、文化馆、文物保护单位管理机构、美术馆、展览馆、书画院、图书馆在自己的场所提供文化体育服务取得的第一道门票收入。

（12）寺院、宫观、清真寺和教堂举办文化、宗教活动的门票收入。

（13）行政单位之外的其他单位收取的符合条件的政府性基金和行政事业性收费。

（14）个人转让著作权。

（15）个人销售自建自用住房。

（16）利息收入。包括：① 2016年12月31日前，金融机构农户小额贷款，即单笔且该农户贷款余额总额在10万元（含本数）以下的贷款；② 存款利息；③ 国家助学贷款；④ 国债、地方政府债；⑤ 中国人民银行对金融机构的贷款；⑥ 住房公积金管理中心用住房公积金在指定的委托银行发放的个人住房贷款等。

（17）金融商品转让收入。包括：① 个人从事金融商品转让业务、合格境外投资者（QFII）委托境内公司在我国从事证券买卖业务；② 我国香港市场投资者（包括单位和个人）通过沪港通买卖上海证券交易所上市A股；③ 我国香港市场投资者（包括单位和个人）通过基金互认买卖内地基金份额等。

（18）保险公司开办的1年期以上人身保险产品取得的保费收入。

（19）被保险人获得的保险赔付。

（20）纳税人提供技术转让、技术开发和与之相关的技术咨询、技术服务。

（21）家政服务企业由员工制家政服务员提供家政服务取得的收入。

（22）福利彩票、体育彩票的发行收入。

（23）将土地使用权转让给农业生产者用于农业生产。

（24）涉及家庭财产分割的个人无偿转让不动产、土地使用权。

（25）土地所有者出让土地使用权和土地使用者将土地使用权归还给土地所有者。

（26）随军家属就业。① 为安置随军家属就业而新开办的企业，自领取税务登记证之日起，其提供的应税服务3年内免征增值税；② 从事个体经营的随军家属，自办理税务登记事项之日起，其提供的应税服务3年内免征增值税。

（27）军队转业干部就业。① 从事个体经营的军队转业干部，自领取税务登记证之日起，其提供的应税服务3年内免征增值税；② 为安置自主择业的军队转业干部就业而新开办的企业，凡安置自主择业的军队转业干部占企业总人数60%（含）以上的，自领取税务登记证之日起，其提供的应税服务3年内免征增值税。

（28）财政部和国家税务总局规定的其他行为。

（三）特殊减免税项目

1. 即征即退政策

（1）纳税人销售符合规定的自产货物即征即退政策。例如，以工业废气为原料生产的高纯度二氧化碳产品，以垃圾为燃料生产的电力或热力，以煤炭开采过程中伴生的舍弃物油母页岩为原料生产的页岩油，以废旧沥青混凝土为原料生产的再生沥青混凝土等。

（2）一般纳税人提供服务即征即退政策。一般纳税人提供管道运输服务，对其增值税实际税负超过3%的部分实行增值税即征即退政策；经中国人民银行、银监会或者商务部批准从事融资租赁业务的试点纳税人中的一般纳税人，提供有形动产融资租赁服务和有形动产融资性售后回租服务，对其增值税实际税负超过3%的部分实行增值税即征即退政策。

2. 扣减增值税政策

（1）退役士兵创业就业。对自主就业退役士兵从事个体经营的，在3年内按每户每年

8 000元限额依次扣减其当年实际应缴纳的增值税、城市维护建设税、教育费附加、地方教育附加和个人所得税。限额标准最高可上浮20%，各省、自治区、直辖市人民政府可根据本地区实际情况在此幅度内确定具体限额标准，并报财政部和国家税务总局备案。

对商贸企业、服务型企业、劳动就业服务企业中的加工型企业和街道社区具有加工性质的小型企业实体，在新增加的岗位中，当年新招用自主就业退役士兵，与其签订1年以上期限劳动合同并依法缴纳社会保险费的，在3年内按实际招用人数予以定额依次扣减增值税、城市维护建设税、教育费附加、地方教育附加和企业所得税优惠。定额标准为每人每年4 000元，最高可上浮50%，各省、自治区、直辖市人民政府可根据本地区实际情况在此幅度内确定具体定额标准，并报财政部和国家税务总局备案。

（2）重点群体创业就业。对持《就业创业证》（注明“自主创业税收政策”或“毕业年度内自主创业税收政策”）或2015年1月27日前取得《就业失业登记证》（注明“自主创业税收政策”或附着《高校毕业生自主创业证》）的人员从事个体经营的，在3年内按每户每年8 000元限额依次扣减其当年实际应缴纳的增值税、城市维护建设税、教育费附加、地方教育附加和个人所得税。符合条件的人员是指在人力资源社会保障部门公共就业服务机构登记失业半年以上的人员；零就业家庭、享受城市居民最低生活保障家庭劳动年龄内的登记失业人员；毕业年度内高校毕业生。限额标准最高可上浮20%，各省、自治区、直辖市人民政府可根据本地区实际情况在此幅度内确定具体限额标准，并报财政部和国家税务总局备案。

对商贸企业、服务型企业、劳动就业服务企业中的加工型企业和街道社区具有加工性质的小型企业实体，在新增加的岗位中，当年新招用在人力资源社会保障部门公共就业服务机构登记失业半年以上且持《就业创业证》或2015年1月27日前取得《就业失业登记证》（注明“企业吸纳税收政策”）的人员，与其签订1年以上期限劳动合同并依法缴纳社会保险费的，在3年内按实际招用人数予以定额依次扣减增值税、城市维护建设税、教育费附加、地方教育附加和企业所得税优惠。定额标准为每人每年4 000元，最高可上浮30%，各省、自治区、直辖市人民政府可根据本地区实际情况在此幅度内确定具体定额标准，并报财政部和国家税务总局备案。

3. 个人销售不动产优惠政策

北京市、上海市、广州市和深圳市之外地区的个人将购买不足2年的住房对外销售的，按照5%的征收率全额缴纳增值税；将购买2年以上（含2年）的住房对外销售的，免征增值税。

北京市、上海市、广州市和深圳市的个人将购买不足2年的住房对外销售的，按照5%的征收率全额缴纳增值税；将购买2年以上（含2年）的非普通住房对外销售的，以销售收入减去购买住房价款后的差额按照5%的征收率缴纳增值税；将购买2年以上（含2年）的普通住房对外销售的，免征增值税。

4. 法律、法规及国家税务总局规定的其他项目

需要说明的是，纳税人兼营免税、减税项目的，应当分别核算免税、减税项目的销售额；未分别核算销售额的，不得免税、减税。纳税人在免税期内购进用于免税项目的货物或者应

税劳务以及应税服务所取得的增值税扣税凭证，一律不得抵扣。

第三节　应纳增值税的计算

小提示

本节内容包括适用于一般纳税人的一般计税方法计算、适用于小规模纳税人的简易计税方法计算、进口货物的计算以及出口退(免)税的计算。一般纳税人的计算如下图所示，小规模纳税人的计算不允许抵扣进项税额。

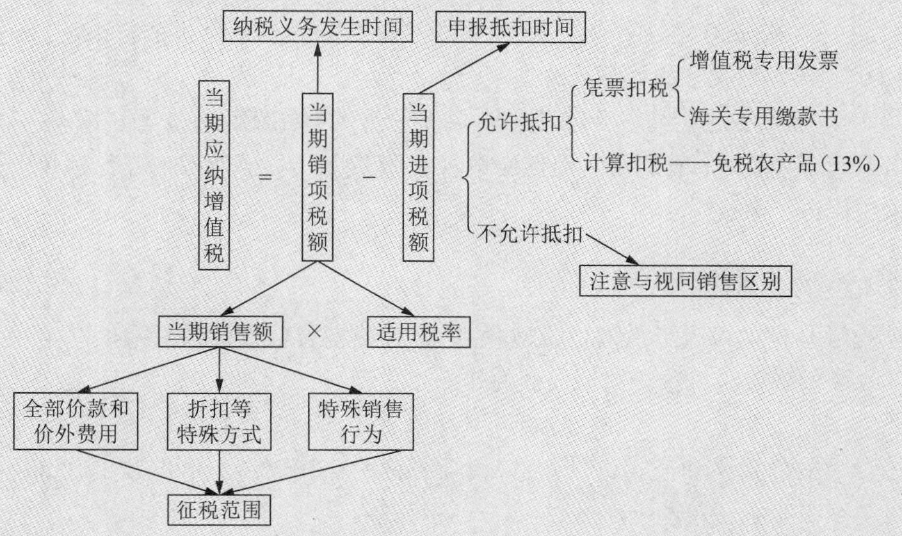

一、增值税的计税方法

增值税的计税方法主要有三种，分别是一般计税方法、简易计税方法和扣缴计税方法。

（一）一般计税方法

一般计税方法适用于一般纳税人，采用间接计算方法依据规定的税率计算应纳税额。该方法采用的是国际上通行的购进扣税法，即先按当期的销售额和适用税率计算出销项税额，然后扣除当期购进行为所负担的进项税额计算出当期的应纳税额。其计算公式是：

当期应纳增值税＝当期销项税额－当期允许抵扣的进项税额

＝当期销售额×适用税率－当期允许抵扣的进项税额

（二）简易计税方法

简易计税方法适用于小规模纳税人和“营改增”后可以选择适用简易计税方法的一般纳税人，采用直接计算方法依据规定的征收率计算应纳税额。纳税人采用此方法计算应纳税额时负担的进项税额不允许抵扣。其计算公式是：

$$当期应纳增值税=当期销售额\times适用征收率$$

（三）扣缴计税方法

扣缴计税方法适用于在我国境内提供应税行为而又未设经营机构的境外单位和个人，由境内的接受方作为扣缴义务人，承担代扣代缴义务。其计算公式是：

$$应扣缴税额=\frac{接受方支付的价款}{1+适用税率}\times适用税率$$

二、一般计税方法下应纳税额的计算

一般纳税人从事销售货物、提供劳务和服务、转让无形资产和销售不动产（以下简称“应税行为”），其应纳税额的计算公式为：

$$当期应纳增值税=当期销项税额-当期允许抵扣的进项税额$$

由公式可以看出，一般纳税人当期应纳税额的多少取决于当期销项税额和当期允许抵扣的进项税额两个因素。

（一）销项税额的计算

销项税额是指纳税人提供增值税应税行为，按照销售额或收入额乘以规定税率计算并向购买方收取的增值税税额。销项税额的计算公式为：

$$销项税额=销售额\times适用税率$$

由销项税额的定义和公式可以知道，销项税额的计算取决于销售额和适用税率两个因素。适用税率在前面已有说明，此处主要介绍销售额。

1. 一般销售方式下销售额的确定

销售额是指纳税人提供应税行为向购买方或接受方收取的全部价款和价外费用，但是不包括收取的销项税额。

作为计税依据的销售额，需要注意：

（1）销售额中不含增值税。增值税属于价外税，其计税依据中不应含有增值税税款。如果是含有增值税的价款，确定增值税的计税依据时，首先应将含增值税的价款换算为不含增值税的销售额，换算公式如下：

$$销售额=\frac{含税销售价款}{1+适用税率}$$

（2）销售额中包括价外费用。价外费用是指价外向购买方或接受方收取的手续费、补贴、基金、集资费、返还利润、奖励费、违约金（延期付款利息）、包装费、包装物租金、储备费、优质费、运输装卸费、代收款项、代垫款项及其他各种性质的价外收费。凡随同纳税人提供应税行为向购买方或接受方收取的价外费用，无论其会计制度如何核算，均应并入销售额计算应纳税额。注意，收取价外费用一般开具普通发票，计算销项税额时需要进行换算。

（3）销售额中不包括不属于销售方的收入。这类收入如受托加工应征消费税的消费品所代收代缴的消费税；同时符合“承运者的运费发票开具给购货方且纳税人将该项发票转交给购货方”条件的代垫运费;销售货物同时代为收取的保险费、车辆购置税、车辆牌照费;航空运输企业代收的机场建设费和代售其他航空运输企业客票而代收转付的价款等。

【例2-3】 甲企业12月销售自产产品,销售A产品开具普通发票注明价款是117 000元,销售B产品开具增值税专用发票注明价款是200 000元,同时收取包装物租金开具普通发票注明价款是5 850元,该企业适用17%的增值税税率。试计算各项业务的销项税额。

解 (1)销售A产品,由于是普通发票注明价款,属于含增值税金额,需要进行换算确定计税依据:

$$销售额=含税销售价款/(1+适用税率)=117\,000/(1+17\%)=100\,000(元)$$

$$销项税额=100\,000\times17\%=17\,000(元)$$

(2)销售B产品,由于是增值税专用发票注明价款,属于不含增值税金额,直接可作为计税依据:

$$销项税额=200\,000\times17\%=34\,000(元)$$

(3)企业收取的包装物租金是价外费用,属于含增值税金额,需要进行换算确定计税依据:

$$销售额=租金/(1+适用税率)=5\,850/(1+17\%)=5\,000(元)$$

$$销项税额=5\,000\times17\%=850(元)$$

2. 特殊情况下销售额的确定

(1)折扣销售、销售折扣和销售折让。

折扣销售又称商业折扣,是指纳税人在销售货物或劳务时,因购货方购货数量较大或交易金额较大等原因而给予购货方的价格优惠。例如,购买5件,销售价格折扣5%;购买10件,销售价格折扣10%。由于折扣是在实现销售时同时发生的,因此税法规定,如果销售额和折扣额在同一张发票上分别注明,可按折扣后的余额作为销售额计算销项税额;如果将折扣额另开发票,则不论其在财务上如何处理,均不得从销售额中减除折扣额,应以销售全额计算销项税额。

销售折扣又称现金折扣,是指纳税人在销售货物或劳务后,为了鼓励购货方及早偿还货款而给予购货方的一种价格优惠。例如,10天内付款,销售货款折扣2%;10～20天内付款,销售货款折扣1%;20～30天内则全价付款。由于销售折扣发生在销货之后,是纳税人的一种融资性质的理财费用,因此销售折扣不得从销售额中减除,而以销售全额计算销项税额。

销售折让是指货物销售后,其规格、质量等方面存在问题,但购货方没有退货,销货方因此给予购货方的一种价格优惠。销售折让与销售折扣相比较,虽然都是在货物销售后发生的,但因为销售折让是由于货物的规格和质量引起的销售额的减少,因此对销售折让可以折让后的货款余额为销售额计算销项税额。

(2)以旧换新方式销售。

以旧换新是指纳税人在销售自己的货物时,有偿收回旧货物的行为。根据税法规定,采取以旧换新方式销售货物的,应按新货物的同期销售价格确定销售额,不得扣减旧货物的收购价格。

（3）还本销售方式销售。

还本销售是指纳税人在销售货物后，到一定期限由销售方一次或分次退还给购货方全部或部分价款的销售方式。税法规定，采取还本销售方式销售货物，其销售额就是货物的销售价格，不得从销售额中减除还本支出。

不同促销方式下销售额的确定如表 2-1 所示。

表 2-1　不同促销方式下销售额的确定

促销方式	原　因	计税销售额
打　折	换季、商品积压	余额（按折扣后的余额开具发票）
折扣销售（商业折扣）	购货数量（金额）较大	全额（销售额和折扣额分别开具发票） 余额（销售额和折扣额在同一发票上）
销售折扣（现金折扣）	鼓励及早偿还货款	全　额
销售折让	质量、规格不符合要求	余额（由于受发票的影响，可能会有时间差）
以旧换新		全　额
还本销售		全　额

（4）以物易物方式销售。

以物易物是指购销双方不是以货币结算，而是以同等价款的货物相互结算，实现货物购销的一种方式。税法规定，以物易物双方都应做购销处理，以各自发出的货物核算销售额并计算销项税额，以各自收到的货物按规定核算购货额并计算进项税额。

（5）包装物押金。

纳税人为销售货物而出租出借包装物收取的押金，单独记账核算且时间在 1 年以内又未过期的，不需并入销售额征税，但对因逾期未收回包装物不再退还的押金，应按所包装货物的适用税率计算销项税额。对销售除啤酒、黄酒外的其他酒类产品而收取的包装物押金，无论是否返还以及会计上如何核算，均应并入当期销售额征税。其中，“逾期”是指按合同约定实际逾期或以 1 年为期限，对收取 1 年以上的押金，无论是否退还均应并入销售额征税。包装物押金具体的税务处理如表 2-2 所示。

表 2-2　包装物押金的税务处理

<table>
<tr><th></th><th>合同或约定期</th><th>是否逾期</th><th>是否征税</th></tr>
<tr><td rowspan="3">单独记账核算</td><td rowspan="2">1 年期内</td><td>未逾期</td><td>不　征</td></tr>
<tr><td>逾　期</td><td>征</td></tr>
<tr><td>1 年期以上</td><td>无论是否退还</td><td>征</td></tr>
<tr><td colspan="4">除啤酒、黄酒（按上述一般规定处理）外的其他所有酒类产品，包装物押金一律在收取时并入销售额征税</td></tr>
</table>

需要注意的是，包装物的租金与押金在税务处理上有所不同：包装物租金作为价外费用，收到时即确认销项税额；而包装物押金一般首先应确定是否逾期，未逾期不做包装物押金的涉税处理，逾期才确认销项税额。

（6）部分“营改增”项目销售额的特殊处理。

① 融资租赁业务和融资性售后回租业务。

A. 经中国人民银行、银监会或者商务部批准从事融资租赁业务的纳税人，提供融资租赁服务，以收取的全部价款和价外费用扣除支付的借款利息（包括外汇借款和人民币借款利息）、发行债券利息和车辆购置税后的余额为销售额。

B. 经中国人民银行、银监会或者商务部批准从事融资租赁业务的试点纳税人，提供融资性售后回租服务，以收取的全部价款和价外费用扣除向承租方收取的有形动产价款本金，以及对外支付的借款利息（包括外汇借款和人民币借款利息）、发行债券利息后的余额为销售额。所谓融资性售后回租，是指承租方以融资为目的，将资产出售给从事融资租赁业务的企业后，又将该资产租回的业务活动。纳税人提供融资性售后回租服务，向承租方收取的有形动产价款本金不得开具增值税专用发票，可以开具普通发票。

② 金融服务。

A. 贷款服务以提供贷款服务取得的全部利息及利息性质的收入为销售额。

B. 直接收费金融服务以提供直接收费金融服务收取的手续费、佣金、酬金、管理费、服务费、经手费、开户费、过户费、结算费、转托管费等各类费用为销售额。

C. 金融商品转让按照卖出价扣除买入价后的余额为销售额。金融商品的买入价可以选择按照加权平均法或者移动加权平均法进行核算，选择后36个月内不得变更。金融商品转让不得开具增值税专用发票。转让金融商品以盈亏相抵后的余额为销售额。若相抵后出现负差，可结转下一纳税期与下期转让金融商品销售额相抵，但年末时仍出现负差的，不得转入下一个会计年度。

【例2-4】某金融机构为增值税一般纳税人，2016年5月份业务如下：

（1）将自有资本贷于他人使用获得利息价款137.8万元，贷款逾期罚息价款10.6万元；

（2）从事债券买卖业务，A债券卖出价58.3万元、买入价53万元，B债券卖出价82.68万元、买入价84.8万元；

（3）取得金融服务手续费价款15.9万元；

（4）吸收居民存款500万元。

假设该公司上述服务价款均为含增值税价款，试计算各项销项税额。

解　由于以上价款为含增值税价款，金融服务适用税率为6%，需要进行换算。

（1）以提供贷款服务取得的全部利息及利息性质的收入为销售额。

$$销售额=销售金额/(1+税率)=(137.8+10.6)/(1+6\%)=140（万元）$$

$$销项税额=140\times6\%=8.4（万元）$$

（2）金融商品转让，按照卖出价扣除买入价后的余额为销售额。

$$A债券销售额=销售金额/(1+税率)=(58.3-53)/(1+6\%)=5（万元）$$

$$B债券销售额=销售金额/(1+税率)=(82.68-84.8)/(1+6\%)=-2（万元）$$

$$销项税额=(5-2)\times6\%=0.18（万元）$$

（3）取得金融服务手续费价款为直接收费服务。

$$销售额=销售金额/(1+税率)=15.9/(1+6\%)=15（万元）$$

$$销项税额=15\times6\%=0.9（万元）$$

(4) 吸收居民存款500万元不是该纳税人提供服务的销售额,不应计税。

③ 其他服务。

A. 纳税人提供客运场站服务,以其取得的全部价款和价外费用扣除支付给承运方运费后的余额为销售额,其从承运方取得的增值税专用发票注明的增值税不得抵扣。

B. 纳税人提供经纪代理服务,以其取得的全部价款和价外费用扣除向委托方收取并代为支付的政府性基金或者行政事业性收费后的余额为销售额。向委托方收取的政府性基金或者行政事业性收费不得开具增值税专用发票,应当开具省级以上财政部门印制的财政票据。

C. 纳税人提供国际货物运输代理服务,以其取得的全部价款和价外费用扣除支付给国际运输企业的国际运输费用后的余额为销售额。

D. 纳税人提供旅游服务,可以选择以取得的全部价款和价外费用扣除向旅游服务购买方收取并支付给其他单位或者个人的住宿费、餐饮费、交通费、签证费、门票费和支付给其他接团旅游企业的旅游费用后的余额为销售额。选择该办法计算销售额的纳税人向旅游服务购买方收取并支付的上述费用,不得开具增值税专用发票,可以开具普通发票。

需要注意的是,上述以差额作为销售额的项目中,可以扣除的价款应当取得符合法律、行政法规和国家税务总局规定的有效凭证,否则不得扣除。纳税人取得的该凭证属于增值税扣税凭证的,其进项税额不得从销项税额中抵扣。

④ 销售不动产。

A. 房地产开发企业中的一般纳税人销售其开发的房地产项目(选择简易计税方法的房地产老项目除外),以取得的全部价款和价外费用扣除受让土地时向政府部门支付的土地价款后的余额为销售额。房地产老项目是指《建筑工程施工许可证》注明的合同开工日期在2016年4月30日前的房地产项目。

$$销售额=\frac{全部价款和价外费用-当期允许扣除的土地价款}{1+11\%}$$

$$当期允许扣除的土地价款=\frac{当期销售房地产项目建筑面积}{房地产项目可供销售建筑面积}\times 支付的土地价款$$

公式中,"当期销售房地产项目建筑面积"是指当期进行纳税申报的增值税销售额对应的建筑面积;"房地产项目可供销售建筑面积"是指房地产项目可以出售的总建筑面积,但不包括销售房地产项目时未单独作价结算的配套公共设施的建筑面积;"支付的土地价款"是指向政府、土地管理部门或受政府委托收取土地价款的单位直接支付的土地价款。

B. 其他纳税人销售其2016年5月1日后取得(不含自建)的不动产,以取得的全部价款和价外费用为销售额计算应纳税额。纳税人应以取得的全部价款和价外费用减去该项不动产购置原价或者取得不动产时的作价后的余额,按照5%的预征率在不动产所在地预缴税款后,向机构所在地主管税务机关进行纳税申报。

C. 其他纳税人销售其2016年5月1日后自建的不动产,以取得的全部价款和价外费用为销售额计算应纳税额。纳税人应以取得的全部价款和价外费用按照5%的预征率在不动产所在地预缴税款后,向机构所在地主管税务机关进行纳税申报。

$$销售额=\frac{全部价款和价外费用}{1+11\%}$$

$$非自建预缴税款=\frac{全部价款和价外费用-不动产购置原价或者取得不动产时的作价}{1+5\%}\times 5\%$$

$$自建预缴税款=\frac{全部价款和价外费用}{1+5\%}\times 5\%$$

3. 视同销售或销售额明显不合理时销售额的确定

对视同销售征税而无销售额的或销售额明显不合理的，按下列顺序确定其销售额：① 按纳税人当月同类应税行为的平均销售价格确定；② 按纳税人最近时期同类应税行为的平均销售价格确定；③ 按组成计税价格确定。组成计税价格的公式为：

$$组成计税价格=成本\times(1+成本利润率)$$

公式中，“成本”是指销售货物的实际成本；“成本利润率”由国家税务总局确定。

【例 2-5】 某企业为增值税一般纳税人，12 月共发出四批相同的货物，第一批货物销售额是 20 万元，第二批货物销售额是 18 万元，第三批货物销售额是 22 万元，第四批货物无偿赠送给了减灾委员会。经税务机关核查，销售的三批货物的销售价格是合理的。试确定第四批货物的销售额。

解　第四批货物是视同销售，其销售额应依据当月的平均价格来确定：

$$货物平均销售额=(20+18+22)/3=20(万元)$$

所以，无偿赠送给减灾委员会的货物的销售额为 20 万元。

（二）进项税额的计算

纳税人购进货物或者接受应税劳务等所支付或者负担的增值税税额为进项税额。进项税额是与销项税额相对应的一个概念，它们之间的对应关系是：销售方收取的销项税额就是购买方负担的进项税额。增值税的核心就是用纳税人销售货物收取的销项税额抵扣其购进货物负担的进项税额，其余额为纳税人实际应缴纳的增值税税额。需要注意的是，对纳税人而言，并不是纳税人负担的所有进项税额都可以从销项税额中抵扣，哪些进项税额可以抵扣、哪些进项税额不能抵扣需要仔细区分。

1. 准予从销项税额中抵扣的进项税额

根据税法的规定，准予从销项税额中抵扣的进项税额限于增值税扣税凭证上注明的增值税税额和按规定的扣除率计算的进项税额。

（1）凭票扣税。

由于增值税采用购进扣税办法计征，且必须凭票扣税，作为扣税的重要凭证，增值税专用发票和海关的完税凭证是必不可少的。凭票扣税的种类如下：① 从销售方取得的增值税专用发票上注明的增值税税额；② 从海关取得的完税凭证上注明的增值税税额；③ 从境外单位或者个人购进服务、无形资产和不动产，自税务机关或者扣缴人取得的解缴税款的完税凭证上注明的增值税税额。

根据最新的“营改增”政策规定，不动产的进项税额抵扣政策虽然也属于凭票扣税，但其与购进货物等进项税额抵扣方法不同，具体方法如下：

① 纳税人在2016年5月1日以后取得不动产或发生不动产在建工程的进项税额，应自取得之日起分2年从销项税额中抵扣。第1年抵扣比例为60%，于取得扣税凭证的当期从销项税额中抵扣；第2年抵扣比例为40%，为待抵扣进项税额，于取得扣税凭证的当月起第13个月从销项税额中抵扣。

纳税人取得不动产是指纳税人以直接购买、接受捐赠、接受投资入股、自建以及抵债等各种形式取得并在会计制度上按固定资产核算的不动产。

纳税人发生不动产在建工程是指购进货物和设计服务、建筑服务，用于新建不动产或者用于改建、扩建、修缮、装饰不动产并增加不动产原值超过50%的。这里的“购进货物”是指构成不动产实体的材料和设备，包括建筑装饰材料和给排水、采暖、卫生、通风、照明、通信、煤气、消防、中央空调、电梯、电气、智能化楼宇设备及配套设施。

② 适用分2年抵扣政策的纳税人销售取得的不动产或者不动产在建工程时，尚未抵扣完毕的待抵扣进项税额允许于销售的当期从销项税额中抵扣。

③ 不适用分2年抵扣政策的是房地产开发企业自行开发的房地产项目、融资租入的不动产以及在施工现场修建的临时建筑物、构筑物。

（2）免税农产品计算扣税。

有些特殊业务纳税人无法取得作为进项税额抵扣凭据的增值税专用发票，且这些业务在纳税人的营业支出中占较大份额，如果这些业务支出不能计算进项税额抵扣，将加重纳税人的税收负担。因此，税法规定对购进免税农产品这项业务做特殊处理。

增值税一般纳税人购进农业生产者销售的免税农产品，准予按照买价和13%的扣除率计算进项税额，从当期销项税额中扣除。其可以抵扣进项税额的计算公式为：

准予抵扣的进项税额＝买价×扣除率

这里的“农产品”是指直接从事植物种植等的单位或个人销售的自产而且免征增值税的农业产品；“买价”仅限于经主管税务机关批准使用的收购凭证上注明的价款。

但是纳税人购进烟叶时进项税额的扣除有些不同。税法规定，对纳税人按规定缴纳的烟叶税，准予并入所购烟叶产品的买价计算增值税进项税额，在计算应纳增值税时准予抵扣。即购进烟叶准予抵扣的进项税额按照规定的烟叶收购金额和烟叶税税额之和与法定扣除率的乘积计算。其中，“烟叶收购金额”包括纳税人支付给烟叶销售者的烟叶收购价款和价外补贴，价外补贴统一暂按烟叶收购价款的10%计算。计算公式如下：

烟叶收购金额＝烟叶收购价款×（1＋10%）

烟叶税应纳税额＝烟叶收购金额×20%（烟叶税税率）

准予抵扣的进项税额＝（烟叶收购金额＋烟叶税应纳税额）×扣除率

【例2-6】 某食品加工厂为增值税一般纳税人，6月从农业生产者手中收购粮食，收购凭证上注明收购价款500 000元，计算其可抵扣的进项税额和该粮食的成本。

解 准予抵扣的进项税额按买价的13%计算：

准予抵扣的进项税额＝买价×扣除率＝500 000×13%＝65 000（元）

粮食的成本按扣除进项税额以后的余额计算：

粮食成本＝买价－准予抵扣的进项税额

$$=500\,000-65\,000=500\,000\times(1-13\%)=435\,000(\text{元})$$

思考 如果将上述的粮食改为烟叶，其进项税额和成本该如何确定？

2. 不得从销项税额中抵扣的进项税额

（1）简易计税方法计税项目、免征增值税项目以及用于集体福利或者个人消费的购进货物、劳务、服务、固定资产、无形资产和不动产。

纳税人用简易计税方法计税，一般适用增值税征收率，所以进项税额不允许抵扣。

免税项目是增值税税收优惠中的项目，如纳税人销售自产农业产品、符合条件的合同能源管理服务、提供技术转让服务等。由于是免税项目，其销项税额为零，所以其进项税额不允许抵扣。

集体福利是指纳税人内部设置的供职工使用的食堂、浴室、理发室、宿舍、幼儿园等福利设施及其设备、物品等，或者以福利、奖励、津贴等形式发放给职工个人的物品。纳税人的交际应酬消费属于个人消费。纳税人凡是购进货物等用于集体福利、个人消费的，由于其已改变了生产经营需要的用途成为了最终消费品，因此其进项税额不能抵扣。

这里涉及的固定资产、无形资产、不动产是指专用于上述项目的固定资产（有形动产，下同）、无形资产（不包括其他权益性无形资产）、不动产，如企业购置的专门用于接送职工上下班的班车属于用于集体福利的固定资产。

（2）非正常损失的购进货物，以及相关的劳务和交通运输服务。

（3）非正常损失的在产品、产成品所耗用的购进货物、劳务和交通运输服务。

（4）非正常损失的不动产以及该不动产所耗用的购进货物、设计服务和建筑服务。

（5）非正常损失的不动产在建工程所耗用的购进货物、设计服务和建筑服务。非正常损失是指因管理不善造成货物被盗、丢失、霉烂变质，以及因违犯法律、法规造成货物或者不动产被依法没收、销毁、拆除的情形。税法对该部分进项税额不允许从销项税额中抵扣，是因为纳税人的这部分损失与其生产经营活动没有直接的关系，且造成该损失的大部分责任在纳税人，所以这部分非正常损失中的进项税额不应由国家承担。

（6）购进的旅客运输服务、贷款服务、餐饮服务、居民日常服务和娱乐服务。

（7）纳税人接受贷款服务向贷款方支付的与该笔贷款直接相关的投融资顾问费、手续费、咨询费等费用。

（8）未按规定取得并保存合理合法的应税凭证。纳税人未按照规定取得并保存增值税扣税凭证或者增值税扣税凭证上未按照规定注明增值税税额及其他有关事项的，其进项税额不得从销项税额中抵扣。未按规定取得专用发票主要是指未从销售方取得专用发票，只取得发票联或只取得税款抵扣联等。

（9）财政部和国家税务总局规定的其他情形。

3. 进项税额不足抵扣

增值税实行购进扣税法，纳税人在某纳税期限内提供应税行为产生的销项税额较少而负担的进项税额较多，即当期销项税额小于当期允许抵扣的进项税额，在计算应纳税额时就会出现不足抵扣的情况，即经计算得出当期应纳增值税小于零。税法规定，当期进项税额不足抵扣的部分即计算的负值可以结转下期继续抵扣。

4. 进项税额转出

纳税人已经抵扣进项税额的外购货物等如果事后改变用途，出现用于免税项目、集体福利或者个人消费、非正常损失等情况时，税法规定应做进项税额转出处理，即将该外购货物等负担的进项税额从当期发生的进项税额中扣减。已经抵扣进项税额的外购货物等发生了不允许抵扣的情形，不得抵扣进项税额（进项税额转出，下同）的处理方法如下：

（1）购进货物、劳务及服务，不得抵扣进项税额按下列公式计算：

$$不得抵扣的进项税额=改变用途的货物等不含税购进价\times适用税率$$

若是已经抵扣进项税额的购进货物、劳务和服务用于不动产在建工程，则应将其已抵扣进项税额的40%于转用的当期从进项税额中扣减，计入待抵扣进项税额，并于转用的当月起第13个月从销项税额中抵扣。

$$待抵扣的进项税额=用于在建工程的货物等不含税购进价\times适用税率\times40\%$$

（2）取得固定资产或无形资产，不得抵扣进项税额按下列公式计算：

$$不得抵扣的进项税额=固定资产或无形资产净值\times适用税率$$

“固定资产或无形资产净值”是指纳税人根据财务会计制度计提折旧或摊销后的余额。

（3）取得不动产，不得抵扣进项税额按下列公式计算：

$$不得抵扣的进项税额=(已抵扣进项税额+待抵扣进项税额)\times不动产净值率$$

$$不动产净值率=\frac{不动产净值}{不动产原值}\times100\%$$

不得抵扣的进项税额小于或等于该不动产已抵扣进项税额的，应于该不动产改变用途的当期将不得抵扣的进项税额从进项税额中扣减。

不得抵扣的进项税额大于该不动产已抵扣进项税额的，应于该不动产改变用途的当期将已抵扣进项税额从进项税额中扣减，并从该不动产待抵扣进项税额中扣减不得抵扣进项税额与已抵扣进项税额的差额。

（4）不动产在建工程发生非正常损失，已经抵扣进项税额的应于当期全部转出，其待抵扣进项税额也不得抵扣。

$$不得抵扣的进项税额=已抵扣进项税额+待抵扣进项税额$$

特别需要注意的是，“从当期发生的进项税额中扣减”是指已经抵扣进项税额的货物等是在哪一个时期用于免税项目等的，就从这个发生期内纳税人负担的进项税额中扣减，而无须追溯到这些货物等抵扣进项税额的那个时期。

【例2-7】 甲食品加工企业为增值税一般纳税人，8月该企业由于管理不善造成仓库原材料丢失。经盘点发现，丢失的原材料为5月从农业生产者手中购进的粮食，账面成本是261 000元，企业当月认证发票并进行了相关进项税额的抵扣。企业8月当月形成的按税法规定允许抵扣的进项税额是170 000元。试计算8月实际允许抵扣的进项税额。

解 原材料丢失属于企业的非正常损失，进项税额不允许抵扣，而原材料在5月购进时由于符合抵扣条件其进项税额已经抵扣，按照税法的规定，应该在8月冲抵当期允许抵扣的进项税额，而无须调整5月的进项税额。

（1）购进免税农产品的扣除率为13%，应首先还原为买价，然后再计算已经抵扣的进项税额：

$$粮食已经抵扣的进项税额 = 261\,000/(1-13\%)\times 13\% = 39\,000（元）$$

（2）8月允许抵扣的进项税额为：

$$允许抵扣的进项税额 = 170\,000 - 39\,000 = 131\,000（元）$$

（三）应纳税额的计算

在计算出销项税额和允许抵扣的进项税额后就可计算实际应纳税额，计算公式为：

$$当期应纳税额 = 当期销项税额 - 当期允许抵扣的进项税额$$

1. 计算销项税额的时间限定

税法对纳税人从事应税行为应计入当期销项税额的时间加以限定，以保证准时、准确记录和核算当期销项税额。当期销项税额的确定一般是要求纳税人经济业务的纳税义务发生在规定的纳税期限内。例如，采取直接收款方式销售货物，不论货物是否发出，均为收到销售额或取得索取销售额凭据并将提货单交给买方的当天；采取托收承付和委托银行收款方式销售货物，为发出货物并办妥托收手续的当天等；其他的可以参阅增值税征收管理内容中关于增值税纳税义务发生时间和纳税期限的规定。

2. 进项税额抵扣的时间限定

（1）纳税人取得防伪税控系统开具的增值税专用发票。

增值税一般纳税人申请抵扣的防伪税控系统开具的增值税专用发票，必须自该专用发票开具之日起180日内到税务机关认证，否则不予抵扣进项税额；增值税一般纳税人认证通过的防伪税控系统开具的增值税专用发票，应在认证通过的当月按照增值税有关规定核算当期进项税额并申报抵扣，否则不予抵扣进项税额。

这里要注意两点：一是防伪税控系统专用发票的最后认证时间是开具之日起180日内；二是通过认证的次月申报期内必须向主管税务机关申报抵扣进项税额。以上两点只要有一点不符合规定，认证时间超过180天或认证通过的次月申报期内没有抵扣，纳税人已负担进项税额不允许抵扣，只能转入相关购进货物的成本。

自2016年3月1日起，对纳税信用A级增值税一般纳税人取消增值税专用发票扫描认证，通过增值税发票查询平台查询、选择用于申报抵扣或者出口退税的增值税发票信息。

（2）纳税人取得海关进口增值税专用缴款书。

增值税一般纳税人取得海关进口增值税专用缴款书，实行“先比对后抵扣”的方法，即应当在开具之日起180天内向主管税务机关报送《海关完税凭证抵扣清单》（电子数据）申请稽核比对，逾期未申请的不予抵扣进项税额。

纳税人由于符合规定的客观原因造成未按照规定期限申报抵扣的，经主管税务机关审核，允许纳税人继续申报抵扣进项税额。这里所说的客观原因主要包括：一是因自然灾害、社会突发事件等不可抗力因素造成增值税扣税凭证逾期;二是增值税扣税凭证被盗、抢,或者因邮寄丢失、误递导致逾期;三是有关司法、行政机关在办理业务或者检查中,扣押增值税扣税凭证,纳税人不能正常履行申报义务,或者税务机关信息系统、网络故障,未能及时处理纳税人网上认证数据等导致增值税扣税凭证逾期;四是买卖双方因经济纠纷未能及时传递增值税扣税凭证,或者纳税人变更纳税地点、注销旧户和重新办理税务登记的时间过长,导致增值税扣税凭证逾期;五是由于企业办税人员伤亡、突发危重疾病或者擅自离职,未能办理交接手续,导致增值税扣税凭证逾期;六是国家税务总局规定的其他情形。

(四)应纳税额计算实例

1. 增值税一般业务举例

【例 2-8】 某工业企业为增值税一般纳税人,适用税率 17%,8 月份发生如下业务:

(1)本期外购原材料 3 000 吨,取得的防伪税控增值税专用发票注明单价是 0.24 万元/吨,防伪税控专用发票已于当月由税务机关认证;

(2)当期因管理不善丢失 6 月份购入的原材料,账面购买成本 5 万元,运输成本 1 万元;

(3)当期将账面购买成本为 10 万元的原材料用于企业正在修建的职工浴室;

(4)当期把账面成本为 150 万元的自产产品投资于联营企业,该产品市场销售额为 180 万元;

(5)销售产品开具的增值税专用发票注明价款为 80 万元,另开红字专用发票注明折扣金额 8 万元;

(6)本月正常销售产品销售额为 300 万元,同时取得运输公司开具的增值税专用发票注明运费 8 万元;

(7)销售产品开具普通发票,收取包装物租金 2.34 万元,收取包装物押金 3.51 万元;

(8)向农业生产者购进免税农产品一批,收购发票注明价款 50 万元,取得运输公司开具的增值税专用发票注明价款 5 万元;

(9)将购进的上述农产品的 20%用于本企业职工福利。

试计算该企业当月应缴纳的增值税税额(假设销项税额的确认时间符合税法规定,取得的增值税专用发票已于当月认证)。

解 (1)该企业取得的专用发票已于当月由税务机关认证,当期允许抵扣进项税额:

$$进项税额 = 0.24 \times 3\,000 \times 17\% = 122.4(万元)$$

(2)因管理不善丢失的原材料属于非正常损失,不允许抵扣进项税额:

$$不允许抵扣进项税额 = 5 \times 17\% + 1 \times 11\% = 0.96(万元)$$

(3)原材料用于企业职工浴室是将外购货物用于集体福利,不允许抵扣进项税额:

$$不允许抵扣进项税额 = 10 \times 17\% = 1.7(万元)$$

(4)自产产品投资于联营企业是视同销售行为,计税依据是市场销售额:

$$销项税额 = 180 \times 17\% = 30.6(万元)$$

(5)销售货物另开红字专用发票,以总额计算销项税额:

$$销项税额 = 80 \times 17\% = 13.6(万元)$$

（6）正常销售，计算销项税额：

$$销项税额 = 300 \times 17\% = 51（万元）$$

由运输公司负责运输，取得增值税专用发票，允许抵扣进项税额：

$$进项税额 = 8 \times 11\% = 0.88（万元）$$

（7）包装物租金作为价外费用，计算销项税额；

$$销项税额 = 2.34/(1+17\%) \times 17\% = 0.34（万元）$$

包装物押金逾期（1年为限）才计税，取得当月不计算销项税额。

（8）外购免税农产品，允许抵扣进项税额：

$$进项税额 = 50 \times 13\% + 5 \times 11\% = 7.05（万元）$$

（9）将购进货物用于职工福利，不允许抵扣进项税额：

$$不允许抵扣进项税额 = 7.05 \times 20\% = 1.41（万元）$$

本期应纳增值税

= 销项税额 − 允许抵扣进项税额

= (30.6 + 13.6 + 51 + 0.34) − (122.4 − 0.96 − 1.7 + 0.88 + 7.05 − 1.41)

= 95.54 − 126.26 = −30.72（万元）

对于未抵扣完的30.72万元进项税额允许在以后纳税期限内抵扣。

2.“营改增”业务举例

【例2-9】 A物流公司为增值税一般纳税人，6月份业务如下：

（1）委托B公司一项运输业务，取得其开具的增值税专用发票注明价款20万元；

（2）为H公司提供运输服务，收到H公司支付总价款55.5万元；

（3）为不同客户提供运输劳务，开具增值税专用发票注明价款共计80万元，开具普通发票注明价款共计44.4万元；

（4）从汽车制造企业购进运输车辆取得增值税专用发票注明价款40万元；

（5）运输车辆耗用油品取得增值税专用发票注明价款20万元；

（6）购买办公用品取得普通发票注明价款1万元；

（7）提供仓储以及装卸搬运开具普通发票注明价款106万元；

（8）从设备生产企业购进仓储设备一套，取得增值税专用发票注明价款60万元；

（9）委托C运输企业运送上述设备，取得税务机关代开专用发票注明价款1万元。

请根据以上资料，计算本月应纳增值税（假设取得专用发票均于当月认证）。

解 本例中，纳税人既提供运输服务，又提供仓储等服务，属于兼营行为。由于其将不同业务的销售额分别核算，所以运输服务适用11%的税率，仓储等服务适用6%的税率来核算应纳增值税；如果其未分别核算，则从高适用税率征收增值税。

（1）委托B公司提供运输服务取得增值税专用发票，允许抵扣进项税额：

$$进项税额 = 20 \times 11\% = 2.2（万元）$$

（2）为H公司提供服务，收取的总价款是含税价款，计算销项税额：

$$销项税额 = 55.5/(1+11\%) \times 11\% = 5.5（万元）$$

(3) 为客户提供运输劳务，计算销项税额：

$$销项税额 = 80 \times 11\% = 8.8（万元）$$

$$销项税额 = 44.4/(1 + 11\%) \times 11\% = 4.4（万元）$$

(4) 从汽车制造企业购进运输车辆税率为17%，属于固定资产，允许抵扣进项税额：

$$进项税额 = 40 \times 17\% = 6.8（万元）$$

(5) 运输车辆耗用油品，允许抵扣进项税额：

$$进项税额 = 20 \times 17\% = 3.4（万元）$$

(6) 购买办公用品，由于取得普通发票，不允许抵扣进项税额。

(7) 提供仓储以及装卸搬运属于物流辅助服务，适用税率6%，计算销项税额：

$$销项税额 = 106/(1 + 6\%) \times 6\% = 6（万元）$$

(8) 从设备生产企业购进仓储设备适用税率为17%，属于固定资产，允许抵扣进项税额：

$$进项税额 = 60 \times 17\% = 10.2（万元）$$

(9) 委托C企业运输且由税务机关代开发票，C企业为小规模纳税人，计算进项税额：

$$进项税额 = 1 \times 3\% = 0.03（万元）$$

由于取得的增值税专用发票均于当月认证，故均形成允许抵扣进项税额。

$$\begin{aligned}&本期应纳增值税\\&= 销项税额 - 允许抵扣进项税额\\&= (5.5 + 8.8 + 4.4 + 6) - (2.2 + 6.8 + 3.4 + 10.2 + 0.03)\\&= 24.7 - 22.63 = 2.07（万元）\end{aligned}$$

三、简易计税方法下应纳税额的计算

采用简易计税方法的纳税人既可以是一般纳税人，也可以是小规模纳税人，其计算应纳税额时不允许抵扣进项税额，应纳税额计算公式为：

$$应纳增值税 = 销售额 \times 征收率$$

但是在计算时需要注意以下三点：

第一，纳税人取得的销售额与前面讲述的销售额所包含的内容是一致的，都是销售货物与提供应税劳务向购买方收取的全部价款和价外费用，但是不包括按3%或5%的征收率收取的增值税税额。

第二，由于采用简易计税方法的纳税人在销售货物或应税劳务时，大多只能开具普通发票，取得的销售价款均为含税销售额。纳税人在计算应纳税额时，必须将含税销售额换算为不含税的销售额后才能计算应纳税额。

$$销售额 = \frac{含税销售价款}{1 + 征收率}$$

第三，纳税人不得抵扣进项税额。这是由于纳税人会计核算不健全或“营改增”政策的变化等原因，引起纳税人不能准确核算销项税额或进项税额，所以不实行按销项税额抵扣进项税额求得应纳税额的税款抵扣制度，而实行简易计税方法。

（一）销售旧货

1. 一般纳税人销售自己使用过的货物

一般纳税人销售自己使用过的且以前年度未曾抵扣进项税额的应税固定资产，按照3%的征收率减按2%征收增值税，并且不得抵扣进项税额；销售自己使用过的其他资产，按照货物适用税率征收增值税。

以前年度未曾抵扣进项税额的固定资产具体包括：① 纳税人在2009年1月1日增值税转型以前购进或自制的固定资产，其中纳税人购进或自制的应征消费税的小汽车、游艇、摩托车作为固定资产进项税额抵扣时间是2013年8月1日以后；②“营改增”实施之前购进或者自制的固定资产；③ 购进或者自制固定资产时为小规模纳税人，认定为一般纳税人后销售该固定资产；④ 发生按简易方法征收增值税应税行为，销售其按照规定不得抵扣且未抵扣进项税额的固定资产。

2. 小规模纳税人销售自己使用过的货物

小规模纳税人销售自己使用过的应税固定资产，按照3%的征收率减按2%征收增值税；销售自己使用过的其他资产，按照3%的征收率征收增值税，并且不得抵扣进项税额。

3. 纳税人销售非自己使用过的货物

纳税人销售非自己使用过的货物是指旧货经营单位销售旧货，无论其是增值税一般纳税人还是小规模纳税人，按照3%的征收率减按2%征收增值税，并且不得抵扣进项税额。

上述三类经济行为一般是按3%的征收率减按2%征收增值税，其计算公式是：

$$应纳税额=含税销售价款/(1+3\%)\times 2\%$$

销售旧货具体的税务处理如表2-3所示。

表2-3 销售旧货的税务处理（2014年7月1日开始执行）

<table>
<tr><th>征收率</th><th>货物条件</th><th>适用纳税人</th><th>税款计算</th></tr>
<tr><td rowspan="4">依照3%征收率减按2%征收</td><td rowspan="2">1. 销售自己使用过的固定资产</td><td>小规模纳税人</td><td rowspan="4">应纳税额＝销售额×2%
$销售额=\frac{含税销售价款}{1+3\%}$</td></tr>
<tr><td>符合条件的一般纳税人</td></tr>
<tr><td rowspan="2">2. 销售非自己使用过的货物</td><td>小规模纳税人</td></tr>
<tr><td>一般纳税人</td></tr>
<tr><td rowspan="2">依照适用税率征收</td><td rowspan="2">销售自己使用过的其他资产</td><td>小规模纳税人</td><td>应纳税额＝销售额×3%
$销售额=\frac{含税销售价款}{1+3\%}$</td></tr>
<tr><td>一般纳税人</td><td>应纳税额＝销售额×适用税率
$销售额=\frac{含税销售价款}{1+适用税率}$</td></tr>
</table>

【例2-10】 A企业为增值税一般纳税人，2015年6月由于需要上新的生产线，将企业2008年10月购入的生产线设备销售给了B企业，销售总价款515 000元。试问：A企业是否缴纳增值税？若缴纳，A企业应纳增值税是多少？

解 A企业2015年6月销售的是自己使用过的属于固定资产的设备，且该设备是2008年10月购入的，应该缴纳增值税。由于符合使用简易方法计税的条件，因而该企业适用3%征收率减按2%缴纳增值税。

销售总价款中含有增值税，需要换算后根据规定征收率计算增值税：

$$应纳增值税=515\,000/(1+3\%)\times2\%=10\,000(元)$$

（二）一般纳税人应纳税额的计算

1. 纳税人提供公共交通运输服务

公共交通运输服务是指纳税人提供的轮客渡、公交客运、地铁、城市轻轨、出租车、长途客运、班车。“班车”是指按固定路线、固定时间运营并在固定站点停靠的运送旅客的陆路运输服务。

2. 纳税人提供动漫相关服务

3. 纳税人提供电影放映服务、仓储服务、装卸搬运服务、收派服务和文化体育服务

4. 纳税人提供有形动产租赁服务

有形动产租赁服务包括纳税人以纳入“营改增”之日前取得的有形动产为标的物提供的经营租赁服务和在纳入“营改增”之日前签订的尚未执行完毕的有形动产租赁合同所载服务。

5. 纳税人提供建筑服务

（1）纳税人以清包工方式提供的建筑服务。“以清包工方式提供的建筑服务”是指施工方不采购建筑工程所需的材料或只采购辅助材料，并收取人工费、管理费或者其他费用的服务。

（2）纳税人为甲供工程提供的建筑服务。“甲供工程”是指全部或部分设备、材料、动力由工程发包方自行采购的建筑工程。

（3）纳税人为建筑工程老项目提供的建筑服务。“建筑工程老项目”是指《建筑工程施工许可证》注明的合同开工日期在2016年4月30日前的建筑工程项目；未取得《建筑工程施工许可证》的，建筑工程承包合同注明的开工日期在2016年4月30日前的建筑工程项目。

上述五个项目中，一般纳税人采用简易计税方法时，适用征收率为3%。

6. 纳税人提供不动产租赁服务

（1）纳税人出租其2016年4月30日前取得的不动产，按照5%的征收率计算应纳税额。

（2）公路经营企业中的纳税人收取试点前开工的高速公路的车辆通行费，按照3%的征收率计算应纳税额。“试点前开工的高速公路”是指相关施工许可证明上注明的合同开工日期在2016年4月30日前的高速公路。

7. 纳税人销售不动产

（1）房地产开发企业中的纳税人销售自行开发的房地产老项目，按照5%的征收率计税。

（2）其他纳税人销售其2016年4月30日前取得（不含自建）的不动产，以取得的全部价款和价外费用减去该项不动产购置原价或者取得不动产时的作价后的余额为销售额，按照5%的征收率计算应纳税额。

（3）其他纳税人销售其2016年4月30日前自建的不动产，以取得的全部价款和价外费用为销售额，按照5%的征收率计算应纳税额。

（三）小规模纳税人应纳税额的计算

1. 小规模纳税人销售货物、提供应税劳务或服务应纳税额的计算

小规模纳税人销售货物、提供应税劳务或服务，按照销售额和3%的征收率计算应纳增值税税额，不得抵扣进项税额。

【例2-11】某小规模纳税人主要从事批发和零售业务，5月发生下列业务：

（1）将上月购进的服装销售给某服装小店，开具普通发票注明价款92 700元；

（2）购进洗衣粉支付给销售方总价款13 500元，当月销售给消费者收取价款8 240元；

（3）销售给某一般纳税人袋装食品，其主管税务机关代开专用发票注明价款56 000元；

（4）销售自己使用过的固定资产，销售总价款为103 000元。

试计算该小规模纳税人应缴纳的增值税。

解 小规模纳税人进项税额不允许抵扣，计算销项税额为应纳税额：

（1）应纳增值税 $=92\,700/(1+3\%)\times3\%=2\,700$（元）

（2）应纳增值税 $=8\,240/(1+3\%)\times3\%=240$（元）

（3）应纳增值税 $=56\,000\times3\%=1\,680$（元）

（4）应纳增值税 $=103\,000/(1+3\%)\times2\%=2\,000$（元）

当期应纳增值税 $=2\,700+240+1\,680+2\,000=6\,620$（元）

【例2-12】某娱乐中心为增值税小规模纳税人，2016年5月业务如下：

（1）歌舞厅取得门票价款103 000元，台位费价款51 500元，点歌费价款20 600元；

（2）台球室取得价款61 800元，购进台球及桌子共支付价款30 900元；

（3）保龄球馆取得价款103 000元，购进保龄球器具支付价款41 200元；

（4）销售烟酒饮料取得价款30 900元，购进烟酒饮料支付价款为10 300元。

试计算该公司当月应纳增值税。

解 由于娱乐业主要服务对象为个人，所以其收取款项均为含增值税价款，需要进行换算。小规模纳税人进项税额不允许抵扣，计算销项税额为应纳税额：

（1）应纳增值税 $=(103\,000+51\,500+20\,600)/(1+3\%)\times3\%=5\,100$（元）

（2）应纳增值税 $=61\,800/(1+3\%)\times3\%=1\,800$（元）

（3）应纳增值税 $=103\,000/(1+3\%)\times3\%=3\,000$（元）

（4）应纳增值税 $=30\,900/(1+3\%)\times3\%=900$（元）

当期应纳增值税 $=5\,100+1\,800+3\,000+900=10\,800$（元）

2. 小规模纳税人出租不动产应纳税额的计算

（1）小规模纳税人和个人出租其取得的不动产（不含住房），按照5%的征收率计算应纳税额。

$$应纳增值税=含税出租价款/(1+5\%)\times 5\%$$

（2）个人出租住房，按照5%的征收率减按1.5%计算应纳税额。

$$应纳增值税=含税出租价款/(1+5\%)\times 1.5\%$$

3. 小规模纳税人销售不动产应纳税额的计算

（1）纳税人销售其自建的不动产，应以取得的全部价款和价外费用为销售额，按照5%的征收率计算应纳税额。

$$应纳增值税=全部价款和价外费用/(1+5\%)\times 5\%$$

（2）纳税人销售其取得的其他不动产（不含住房），应以取得的全部价款和价外费用减去该项不动产购置原价或者取得不动产时的作价后的余额为销售额，按照5%的征收率计算应纳税额。

$$应纳增值税=\frac{全部价款和价外费用-不动产购置原价或者取得不动产时的作价}{1+5\%}\times 5\%$$

（3）个体工商户和个人销售购买的住房，适用税收减免优惠政策。具体政策及计算如表2-4所示。

表2-4　个体工商户和个人销售住房税收政策

地　区	持有时间	类　型	征税与否	税款计算
北京市 上海市 广州市 深圳市	不足2年	不分类型	征　税	应纳增值税=全部价款和价外费用/(1+5%)×5%
	2年(含2年)以上	非普通	征　税	应纳增值税=(全部价款和价外费用-不动产购置原价或者取得不动产时的作价)/(1+5%)×5%
		普　通	免　征	
其他地区	不足2年	不分类型	征　税	应纳增值税=全部价款和价外费用/(1+5%)×5%
	2年(含2年)以上	不分类型	免　征	

【例2-13】青岛市的王先生2014年6月购买了一套住房，共支付价款120万元。由于工作调动的原因，王先生欲将该套住房售出，有两个方案：

方案一，2016年5月销售，总价款147万元；

方案二，2016年7月销售，总价款147万元。

试分别计算两种方案的增值税。

解　（1）方案一，由于王先生的住房未满2年销售，需要缴纳增值税：

$$应纳增值税=147/(1+5\%)\times 5\%=7(万元)$$

（2）方案二，由于王先生的住房已满2年销售，免征增值税。

综合前面增值税的征收范围、适用税率以及不同纳税人应纳税款的计算等，将相关内容归纳如表2-5所示。

表 2-5 增值税税率及计算一览表(2014 年 7 月 1 日开始)

<table>
<tr><th>税率及征收率</th><th>类 型</th><th>适用项目</th><th>计算应纳税额方法</th></tr>
<tr><td>17%</td><td rowspan="4">税 率</td><td>1. 货物
2. 应税劳务
3. 有形动产租赁服务</td><td>应纳税额＝销项税额－进项税额
销项税额＝销售额(不含税)×17%
销售额(不含税)＝$\frac{含税销售价款}{1+17\%}$</td></tr>
<tr><td>13%</td><td>1. 粮食、食用植物油、鲜奶
2. 自来水、暖气、冷气、热水、煤气、石油液化气、天然气、沼气、居民用煤炭产品
3. 图书、报纸、杂志
4. 饲料、化肥、农药、农机、农膜
5. 国务院规定的其他货物</td><td>应纳税额＝销项税额－进项税额
销项税额＝销售额(不含税)×13%
销售额(不含税)＝$\frac{含税销售价款}{1+13\%}$</td></tr>
<tr><td>11%</td><td>1. 交通运输服务
2. 邮政服务
3. 基础电信服务
4. 建筑服务
5. 不动产租赁服务
6. 销售不动产
7. 转让土地使用权</td><td>应纳税额＝销项税额－进项税额
销项税额＝销售额(不含税)×11%
销售额(不含税)＝$\frac{含税销售价款}{1+11\%}$</td></tr>
<tr><td>6%</td><td>1. 金融保险服务
2. 现代服务
3. 生活服务
4. 转让无形资产(除土地使用权外)
5. 增值电信服务</td><td>应纳税额＝销项税额－进项税额
销项税额＝销售额(不含税)×6%
销售额(不含税)＝$\frac{含税销售价款}{1+6\%}$</td></tr>
<tr><td rowspan="2">5%</td><td rowspan="3">征收率</td><td>1. 中外合作油(气)田开采(含中外双方签订石油合同开采陆上)原油、天然气
2. 小规模纳税人销售或出租不动产
3. 一般纳税人销售或出租其 2016 年 4 月 30 日前的不动产</td><td>应纳税额＝销售额(不含税)×5%
销售额(不含税)＝$\frac{含税销售价款}{1+5\%}$</td></tr>
<tr><td>个人出租住房</td><td>应纳税额＝销售额(不含税)×1.5%
销售额(不含税)＝$\frac{含税销售价款}{1+5\%}$</td></tr>
<tr><td>3%</td><td>1. 小规模纳税人销售货物、提供应税劳务或“营改增”试点应税服务
2. 特定一般纳税人销售下列自产货物
(1)县级及县级以下小型水力发电单位生产的电力;
(2)建筑用和生产建筑材料所用的沙、土、石料;
(3)以自己采掘的沙、土、石料或其他矿物连续生产的砖、瓦、石灰;
(4)用微生物、微生物代谢产物、动物毒素、人或动物的血液或组织制成的生物制品;
(5)自来水公司销售的自来水;</td><td>应纳税额＝销售额(不含税)×3%
销售额(不含税)＝$\frac{含税销售价款}{1+3\%}$</td></tr>
</table>

续表

税率及征收率	类　型	适用项目	计算应纳税额方法
3%	征收率	(6)商品混凝土(仅限于以水泥为原料生产的水泥混凝土) 3."营改增"一般纳税人可以选择简易计税方法的下列行为 (1)提供公共交通运输服务; (2)提供电影放映、仓储、装卸搬运、收派和文化体育服务; (3)经认定的动漫企业为开发动漫产品提供的动漫服务以及在境内转让动漫版权; (4)以纳入"营改增"之日前取得的有形动产为标的物提供的经营租赁服务; (5)在纳入"营改增"之日前签订的尚未执行完毕的有形动产租赁合同; (6)以清包工方式提供的建筑服务; (7)为甲供工程提供的建筑服务; (8)为建筑工程老项目提供的建筑服务	应纳税额=销售额(不含税)×3% $销售额(不含税)=\frac{含税销售价款}{1+3\%}$

四、进口货物应纳税额的计算

税法规定，申报进入中华人民共和国境内的货物，由收货人或办理报关手续的单位和个人向报关地海关申报缴纳增值税。纳税人进口货物，应按照组成计税价格和税法规定的税率计算应纳税额，不得抵扣任何税额。这里的"不得抵扣任何税额"是指在计算进口环节的应纳增值税税额时，不得抵扣发生在我国境外的各种税金。

由于进口货物与国内直接购买货物进项税额计算基数的口径要求保持一致，所以进口环节进项税额的计算不能仅仅以购销双方的交易价格作为计税依据，而应依据以下方法计算：

组成计税价格＝关税完税价格＋关税

进口应纳增值税＝组成计税价格×适用税率

按照《中华人民共和国海关法》和《中华人民共和国进出口关税条例》的规定，一般贸易项下进口货物的关税完税价格是以海关审定成交价格为基础的到岸价格。"成交价格"是一般贸易项下进口货物的买方为购买该项货物向卖方实际支付或应当支付的价格；"到岸价格"是货价加上货物运抵我国关境内输入地点起卸前的包装费、运费、保险费和其他劳务费等费用构成的一种价格。

纳税人在进口环节缴纳的增值税由海关收取，并取得海关进口增值税专用缴款书，形成纳税人的进项税额，若符合抵扣条件，可以作为进项税额抵扣。

【例 2-14】某商场 10 月份进口货物(非应税消费品)一批。该批货物在国外的买价为 40 万元，运抵我国海关前发生的包装费、运费、保险费等共计 20 万元。货物报关后缴纳关税 9 万元，商场按规定缴纳了进口环节的增值税并取得了海关开具的完税凭证。该批货物从海关运抵商场仓库所在地的运费取得增值税专用发票注明价款 1 万元。假定该批进口货物在国内全部销售，取得不含税销售额 80 万元。计算该货物进口环节、国内销售环节分别应缴纳的增值税（假设增值税税率 17%）。

解　（1）进口环节应纳增值税：

$$进口环节应纳增值税的组成计税价格 = 40 + 20 + 9 = 69（万元）$$

$$进口环节应纳增值税 = 69 \times 17\% = 11.73（万元）$$

（2）国内销售环节应纳增值税：

$$国内运费进项税额 = 1 \times 11\% = 0.11（万元）$$

$$国内销售环节销项税额 = 80 \times 17\% = 13.6（万元）$$

$$国内销售环节应纳增值税 = 13.6 - (11.73 + 0.11) = 1.76（万元）$$

五、出口货物退（免）税的计算与管理

我国的出口货物退（免）税是指在国际贸易业务中，对我国报关出口的货物退还或免征其在国内各生产和流转环节按税法规定缴纳的增值税，即对增值税出口货物实行零税率。增值税出口货物的零税率从税法上理解有两层含义：一是对本道环节生产或销售货物的增值部分免征增值税；二是对出口货物前道环节所含的进项税额进行退付。这里内容的主要政策依据是《关于出口货物劳务增值税和消费税政策的通知》《出口货物劳务增值税和消费税管理办法》《关于出口货物劳务增值税和消费税有关问题的公告》以及《适用增值税零税率应税服务退（免）税管理办法》。

（一）出口货物退（免）税基本政策

我国的出口货物税收政策分为以下三种形式：

1. 出口免税并退税

出口免税是指对货物在出口销售环节不征收增值税、消费税；出口退税是指对货物在出口前实际承担的税收负担按规定的退税率计算后予以退还。

2. 出口免税不退税

出口免税是指对货物在出口销售环节不征收增值税、消费税；出口不退税是指适用这个政策的货物在前道生产、销售环节或进口环节是免税的，因此出口环节货物的价格中本身不含税，也就无须退税。

3. 出口不免税也不退税

出口不免税是指对国家限制或禁止出口的某些货物的出口环节视同内销环节，照常征税；出口不退税是指对这些货物的出口不退还出口前其所负担的税款。适用这项政策的有：① 出口企业出口或视同出口财政部和国家税务总局根据国务院决定明确取消出口退（免）税的货物；② 出口企业或其他单位销售给特殊区域内的生活消费用品和交通运输工具；③ 出口企业或其他单位因骗取出口退税被税务机关停止办理增值税退（免）税期间出口的货物；④ 出口企业或其他单位提供虚假备案单证的货物等。

（二）适用增值税退（免）税政策的出口货物、劳务及服务（即出口免税并退税政策）

1. 适用增值税退（免）税政策的范围

出口企业是指依法办理工商登记、税务登记、对外贸易经营者备案登记，自营或委托出口货物的单位或个体工商户，以及依法办理工商登记、税务登记但未办理对外贸易经营者备案登记，委托出口货物的生产企业。其中，“生产企业”是指具有生产能力（包括加工修理修配能力）的单位或个体工商户。

出口货物是指向海关报关后实际离境并销售给境外单位或个人的货物，分为自营出口货物和委托出口货物两类。

2. 出口货物的退税率

除财政部和国家税务总局根据国务院决定而明确的增值税出口退税率外，出口货物的退税率为其适用税率。退税率有调整的，除另有规定外，其执行时间以货物（包括被加工修理修配的货物）出口报关单（出口退税专用）上注明的出口日期为准。如果出口货物退税率低于适用税率，则其差额部分转入出口货物成本。

3. 出口退（免）税的计算

（1）免、抵、退税的计算方法。

实行免、抵、退税管理办法的“免税”是指对生产企业出口的自产货物，免征本企业生产销售环节增值税；“抵税”是指生产企业出口自产货物所耗用的原材料、零部件、燃料、动力等所含应予以退还的进项税额，抵顶内销货物的应纳税额；“退税”是指生产企业出口的自产货物在当月内应抵顶的进项税额大于应纳税额时，对未抵顶完的部分予以退税。具体计算方法与计算公式如下：

① 当期应纳税额（假设为A）的计算：

$$当期应纳税额A=\begin{matrix}当期内销货物\\的销项税额\end{matrix}-\left(当期进项税额-\begin{matrix}当期不得免征\\和抵扣税额\end{matrix}\right)-上期留抵税额$$

$$\begin{matrix}当期不得免征\\和抵扣税额\end{matrix}=\begin{matrix}当期出口货\\物离岸价格\end{matrix}\times\begin{matrix}外汇人民\\币折合率\end{matrix}\times\left(\begin{matrix}出口货物\\适用税率\end{matrix}-\begin{matrix}出口货物\\退税率\end{matrix}\right)-\begin{matrix}当期不得免征和\\抵扣税额抵减额\end{matrix}$$

$$\begin{matrix}当期不得免征和\\抵扣税额抵减额\end{matrix}=当期免税购进原材料价格\times(出口货物适用税率-出口货物退税率)$$

出口货物离岸价格（FOB）以出口发票计算的离岸价为准。免税购进原材料包括从国内购进免税原材料和进料加工免税进口材料。

② 当期免、抵、退税额（假设为B）的计算：

$$当期免、抵、退税额B=\begin{matrix}当期出口货\\物离岸价格\end{matrix}\times\begin{matrix}外汇人民\\币折合率\end{matrix}\times\begin{matrix}出口货物\\退税率\end{matrix}-\begin{matrix}当期免、抵、\\退税额抵减额\end{matrix}$$

$$当期免、抵、退税额抵减额=当期免税购进原材料价格\times出口货物退税率$$

③ 当期应退税额和免、抵税额的计算：

A. 若$A>0$，形成当期应纳增值税。

B. 若 $A<0$，计算免、抵、退税额。

如果 $|A|\leqslant B$，当期实际退税额 $=|A|$，当期免、抵税额 $=B-|A|$；

如果 $|A|>B$，当期实际退税额 $=B$，当期免、抵税额 $=0$，$|A|-B$ 为下期留抵税额。

【例 2-15】某自营出口的生产企业为增值税一般纳税人，出口货物的退税率为 15%。4 月的有关经营业务为：购进原材料一批，取得的增值税专用发票注明价款 200 万元，外购货物准予抵扣的进项税额为 34 万元，货已验收入库；上月末留抵税款 3 万元，本月内销货物不含税销售额 100 万元，收取总价款 117 万元存入银行；本月出口货物的销售额折合人民币 200 万元。试计算该企业当期的免、抵、退税额。

解　计算过程如下：

$$当期免、抵、退税不得免征和抵扣税额=200\times(17\%-15\%)=4（万元）$$

$$当期应纳税额\ A=100\times17\%-(34-4)-3=17-30-3=-16（万元）$$

$$当期免、抵、退税额\ B=200\times15\%=30（万元）$$

按规定，当 $|A|\leqslant B$ 时，当期应退税额 $=|A|$，故：

$$该企业当期应退税额=|A|=16（万元）$$

$$当期免、抵税额=B-|A|=30-16=14（万元）$$

$$结转下期留抵税额=0（万元）$$

【例 2-16】沿用例 2-15 的资料，若其他条件不变，而出口货物销售额折合人民币 50 万元，计算该企业当期的免、抵、退税额。

解　计算过程如下：

$$当期免、抵、退税不得免征和抵扣税额=50\times(17\%-15\%)=1（万元）$$

$$当期应纳税额\ A=100\times17\%-(34-1)-3=17-33-3=-19（万元）$$

$$当期免、抵、退税额\ B=50\times15\%=7.5（万元）$$

按规定，当 $|A|>B$ 时，当期应退税额 $=B$，故：

$$该企业当期应退税额=B=7.5（万元）$$

$$当期免、抵税额=0（万元）$$

$$结转下期留抵税额=|A|-B=19-7.5=11.5（万元）$$

（2）免、退税的计算方法。

免、退税主要是针对外贸企业出口货物、劳务及服务增值税，依下列公式计算：

$$增值税应退税额=增值税退（免）税计税依据\times出口货物退税率$$

【例 2-17】某进出口公司 3 月出口平纹布 2 000 米^2，购进货物取得增值税专用发票列明单价 20 元/米^2，销售额 40 000 元，退税率 15%，计算其应退税额。

解　$$应退税额=2\,000\times20\times15\%=6\,000（元）$$

（三）适用增值税免税政策的出口货物、劳务及服务（即出口免税不退税政策）

1. 适用增值税免税政策的出口货物、劳务及服务范围

农业生产者自产农产品；避孕药品和用具；古旧图书；已使用过的设备，是指购进时未取

得增值税专用发票、海关进口增值税专用缴款书但其他相关单证齐全的已使用过的设备；增值税小规模纳税人出口的货物；软件产品；含黄金、铂金成分的货物，钻石及其饰品；国家计划内出口的卷烟等。

2. 进项税额的处理及计算

适用增值税免税政策的出口货物、劳务及服务，其进项税额不得抵扣和退税，应当转入相关业务成本，即该出口货物、劳务及服务的销项税额为零，负担的进项税额全额计入相关业务成本。

（四）适用增值税征税政策的出口货物、劳务及服务（即出口不免税也不退税政策）

1. 适用增值税征税政策的出口货物、劳务及服务范围

（1）出口企业出口或视同出口财政部和国家税务总局根据国务院决定明确取消出口退（免）税的货物（不包括进料加工出口货物、中标机电产品、列名原材料、输入特殊区域的水电气、海洋工程结构物）。

（2）出口企业或其他单位销售给特殊区域内的生活消费用品和交通运输工具。

（3）出口企业或其他单位因骗取出口退税被税务机关停止办理增值税退（免）税期间出口的货物。

（4）出口企业或其他单位提供虚假备案单证的货物。

（5）出口企业或其他单位增值税退（免）税凭证有伪造或内容不实的货物。

（6）出口企业或其他单位未在国家税务总局规定期限内申报免税核销以及经主管税务机关审核不予免税核销的出口卷烟。

适用增值税征税政策的出口货物、劳务及服务，实际是对出口货物、劳务及服务照章征税，即按内销货物缴纳增值税的统一规定执行。总结起来主要涉及以下三个方面：一是国家明确取消出口退税（限制出口）的货物、劳务及服务；二是有出口违规行为的企业出口的货物、劳务及服务；三是未从事实质性出口经营活动。

2. 应纳增值税的计算

（1）一般纳税人出口货物。

$$销项税额=\frac{出口货物离岸价-出口货物耗用的进料加工保税进口料件金额}{1+适用税率}\times 适用税率$$

出口货物已按征、退税率之差计算不得免征和抵扣税额并已经转入成本的，相应的税额应转回进项税额。

① 出口货物耗用的进料加工保税进口料件金额＝主营业务成本×（投入的保税进口料件金额/生产成本）。“主营业务成本”“生产成本”均为不予退（免）税的进料加工出口货物的主营业务成本、生产成本。当耗用的保税进口料件金额大于不予退（免）税的进料加工出口货物金额时，耗用的保税进口料件金额为不予退（免）税的进料加工出口货物金额。

② 出口企业应分别核算内销货物和增值税征税的出口货物的生产成本、主营业务成本。未分别核算的，其相应的生产成本、主营业务成本由主管税务机关核定。

进料加工手册海关核销后，出口企业应对出口货物耗用的保税进口料件金额进行清算。清算公式为：

$$\text{清算耗用的保税进口料件总额}=\text{实际保税进口料件总额}-\text{退(免)税出口货物耗用的保税进口料件总额}-\text{进料加工副产品耗用的保税进口料件总额}$$

耗用的保税进口料件总额与各纳税期扣减的保税进口料件金额之和存在差额时，应在清算的当期相应调整销项税额。当耗用的保税进口料件总额大于出口货物离岸金额时，其差额部分不得扣减其他出口货物金额。

（2）小规模纳税人出口货物。

$$\text{应纳税额}=\frac{\text{出口货物离岸价}}{1+\text{征收率}}\times\text{征收率}$$

【例 2-18】 某企业为增值税一般纳税人，税务机关针对其违规使用出口票据行为停止该企业的出口退税权。该企业有一批 FOB 价 50 万美元的一般贸易货物（汇率 1:6.2），2 个月前已在账面做免、抵、退税的免税和相关进项税额转出处理，尚未取得退税。该批货物适用税率 17%，退税率 13%。试计算该企业此笔业务应补缴的增值税。

解　企业被取消出口退税权，视同内销货物，补计销项税额：

$$\text{销项税额}=50\times6.2/(1+17\%)\times17\%=45.04\text{（万元）}$$

由于尚未取得退税款，此项税款不再予以退回。已做相关进项税额转出处理的进项税额，应转入可抵扣进项税额：

$$\text{转入可抵扣进项税额}=50\times6.2\times(17\%-13\%)=12.4\text{（万元）}$$

$$\text{应补缴增值税}=45.04-12.4=32.64\text{（万元）}$$

（五）出口货物退（免）税管理

出口企业和其他单位办理出口货物、视同出口货物、对外提供加工修理修配劳务的增值税和消费税的退（免）税，适用《出口货物劳务增值税和消费税管理办法》。

1. 出口货物退（免）税资格认定

出口货物退（免）税资格的认定，针对出口企业或业务的不同主要有以下几种情况：

（1）出口企业应在办理对外贸易经营者备案登记或签订首份委托出口协议之日起 30 日内，填报《出口退（免）税资格认定申请表》，提供相关资料到主管税务机关办理出口退（免）税资格认定。需出口企业提供的相关资料有：加盖备案登记专用章的对外贸易经营者备案登记表或中华人民共和国外商投资企业批准证书；中华人民共和国海关进出口货物收发货人报关注册登记证书；银行开户许可证；主管税务机关要求提供的其他资料。

（2）其他单位应在发生出口货物、劳务及服务业务之前，填报《出口退（免）税资格认定申请表》，提供银行开户许可证及主管税务机关要求的其他资料，到主管税务机关办理出口退（免）税资格认定。

（3）出口企业和其他单位在出口退（免）税资格认定之前发生的出口货物、劳务及服务，在办理出口退（免）税资格认定后，可以在规定的退（免）税申报期内按规定申报增值税退（免）税和消费税退（免）税。

（4）出口企业和其他单位出口退（免）税资格认定的内容发生变更的，需自变更之日起30日内填报《出口退（免）税资格认定变更申请表》，提供相关资料向主管税务机关申请变更出口退（免）税资格认定。

（5）需要注销税务登记的出口企业和其他单位，应填报《出口退（免）税资格认定注销申请表》，向主管税务机关申请注销出口退（免）税资格，然后按规定办理税务登记的注销。出口企业和其他单位在申请注销认定前，应先结清出口退（免）税款。注销认定后，出口企业和其他单位不得再申报办理出口退（免）税。

2. 出口货物退（免）税申报

出口企业当月出口的货物及劳务须在次月的增值税纳税申报期内，向主管税务机关办理增值税纳税申报，免、抵、退税相关申报及消费税免税申报。出口企业应在货物报关出口之日［以出口货物报关单（出口退税专用）上的出口日期为准］次月起至次年4月30日前的各增值税纳税申报期内收齐有关凭证，向主管税务机关申报办理出口货物增值税免、抵、退税及消费税退税。逾期的，除另有规定者外，企业不得申报免、抵、退税。

经过认定的出口企业及其他单位，应在规定的增值税纳税申报期内向主管税务机关申报增值税退（免）税和消费税退（免）税。委托出口的货物由委托方申报增值税退（免）税和消费税退（免）税，输入特殊区域的水电气由作为购买方的特殊区域内的生产企业申报退税。

出口企业或其他单位骗取国家出口退税款的，经省级以上税务机关批准可以停止其退（免）税资格。

3. 出口货物退（免）税日常管理

（1）税务机关对出口货物退（免）税有关政策、规定应及时予以公告，并加强对出口商的宣传辅导和培训工作。

（2）税务机关应做好出口货物退（免）税计划及其执行情况的分析、上报工作。税务机关必须在国家税务总局下达的出口退（免）税计划内办理退库和调库。

（3）税务机关应建立出口货物退（免）税评估机制和监控机制，强化出口货物退（免）税管理，防止骗税案件的发生。

（4）税务机关应按照规定，做好出口货物退（免）税电子数据的接收、使用和管理工作，保证出口货物退（免）税电子化管理系统的安全，定期做好电子数据备份及设备维护工作。

（5）税务机关应建立出口货物退（免）税凭证、资料的档案管理制度。出口货物退（免）税凭证、资料应当保存10年，但是法律、行政法规另有规定的除外。具体管理办法由各省级国家税务局制定。

第四节 增值税的征收管理

小提示

本节内容包括增值税的纳税义务发生时间、纳税期限、纳税地点以及增值税专用发票的管理。注意厘清纳税义务发生时间、纳税期限、纳税申报时间三者之间的关系。

一、增值税的申报与缴纳

（一）纳税义务发生时间

纳税义务发生时间是纳税人发生应税行为应当承担纳税义务的起始时间。增值税专用发票开具时限按照增值税纳税义务发生时间的规定执行，不得提前或滞后。

纳税人销售货物或者提供应税劳务的纳税义务发生时间，一般为收到销售额或取得索取销售额的凭据的当天，但先开具发票的，为开具发票的当天。按销售结算方式的不同，具体确定为：

（1）采取直接收款方式销售货物的，不论货物是否发出，均为收到销售额或取得索取销售额的凭据并将提货单交给买方的当天。

（2）采取托收承付和委托银行收款方式销售货物的，为发出货物并办妥托收手续的当天。

（3）采取赊销和分期收款方式销售货物的，为书面合同约定收款日期的当天；书面合同没有约定收款日期或无书面合同的，为货物发出的当天。

（4）采取预收货款方式销售货物的，为货物发出的当天；但生产销售工期超过 12 个月的大型机器设备、船舶、飞机等货物，为收到预售款或书面合同约定的收款日期的当天。

（5）委托其他纳税人代销货物的，为收到代销单位代销清单或收到全部或部分货款的当天；未收到代销清单或货款的，为发出代销货物满 180 天的当天。

（6）提供应税劳务和服务、转让无形资产、销售不动产的，为发生应税行为并收讫销售额或取得索取销售额凭据的当天。“取得索取销售额凭据的当天”是指书面合同确定的付款日期；未签订书面合同或者书面合同未确定付款日期的，为服务、无形资产转让完成的当天或者不动产权属变更的当天。

（7）采取预收货款方式提供建筑服务、租赁服务的，为收到预收款的当天。

（8）从事金融商品转让的，为金融商品所有权转移的当天。

（9）发生视同销售行为的，为货物移送、服务完成、无形资产转让完成或者不动产权属变更的当天。

（10）增值税扣缴义务发生时间为纳税人增值税纳税义务发生的当天。

（11）进口货物的，为报关进口的当天。

上述销售货物或提供应税劳务纳税义务发生时间的确定，明确了企业在计算应纳税额时对“当期销项税额”时间的限定，是增值税计税和征收管理中重要的规定。企业必须按上述规定的时限及时、准确地记录销售额和计算当期销项税额。

（二）纳税期限

增值税的纳税期限分别为1日、3日、5日、10日、15日、1个月或1个季度。纳税人的具体纳税期限由主管税务机关根据纳税人应纳税额的大小分别核定，不能按照固定期限纳税的，可以按次纳税。以1个季度为纳税期限的规定适用于小规模纳税人、银行、财务公司、信托投资公司、信用社，以及财政部和国家税务总局规定的其他纳税人。

纳税人以1个月或1个季度为一期纳税的，自期满之日起15日内申报纳税；以1日、3日、5日、10日或15日为一期纳税的，自期满之日起5日内预缴税款，于次月1日起15日内申报纳税并结清上月应纳税款。

扣缴义务人解缴税款的期限，按照前两款规定执行。

纳税人进口货物，应当自海关填发税款缴款书之日起15日内缴纳税款。

（三）纳税地点

（1）固定业户应当向其机构所在地主管税务机关申报纳税。总机构和分支机构不在同一县（市）的，应当分别向各自所在地的主管税务机关申报纳税；经财政部和国家税务总局或者其授权的财政和税务机关批准，可以由总机构汇总向总机构所在地的主管税务机关申报纳税。

（2）固定业户到外县（市）销售货物的，应当向其机构所在地主管税务机关申请开具外出经营活动税收管理证明，向其机构所在地主管税务机关申报纳税。

（3）非固定业户应当向应税行为发生地主管税务机关申报纳税；未申报纳税的，由其机构所在地或者居住地主管税务机关补征税款。

（4）其他个人提供建筑服务、销售或者租赁不动产、转让自然资源使用权的，应向建筑服务发生地、不动产所在地、自然资源所在地主管税务机关申报纳税。

（5）扣缴义务人应当向其机构所在地或者居住地主管税务机关申报缴纳扣缴的税款。

（6）进口货物的，应当由进口人或其代理人向报关地海关申报纳税。

（四）增值税纳税申报资料

纳税申报资料包括纳税申报表及其附列资料和纳税申报其他资料。

1. 纳税申报表及其附列资料

（1）增值税一般纳税人纳税申报表及其附列资料包括：

①《增值税纳税申报表（一般纳税人适用）》（表2-6）。

②《增值税纳税申报表附列资料（一）》（本期销售情况明细）。

③《增值税纳税申报表附列资料（二）》（本期进项税额明细）。

④《增值税纳税申报表附列资料（三）》（应税服务扣除项目明细）。

⑤《增值税纳税申报表附列资料（四）》（税额抵减情况表）。

⑥《增值税纳税申报表附列资料（五）》（不动产分期抵扣计算表）。

⑦《固定资产（不含不动产）进项税额抵扣情况表》。

⑧《本期抵扣进项税额结构明细表》。

⑨《增值税减免税申报明细表》。

表 2-6　增值税纳税申报表（一般纳税人适用）

根据国家税收法律、法规及增值税相关规定制定本表。纳税人不论有无销售额，均应按主管税务机关核定的纳税期限填报本表，向当地税务机关申报。

税款所属时间：自　　年　月　日至　　年　月　日

填表日期：　　年　月　日　　　　　　　　　　　　　　　　　　　　　　金额单位：元至角分

<table>
<tr><td colspan="2">纳税人识别号</td><td colspan="3"></td><td>所属行业</td><td></td></tr>
<tr><td colspan="2">纳税人名称</td><td>（公章）</td><td>法定代表人姓名</td><td>注册地址</td><td></td><td>营业地址</td></tr>
<tr><td colspan="2">开户银行及账号</td><td></td><td>企业登记注册类型</td><td></td><td>电话号码</td><td></td></tr>
<tr><td colspan="2" rowspan="2">项　目</td><td rowspan="2">栏　次</td><td colspan="2">一般项目</td><td colspan="2">即征即退项目</td></tr>
<tr><td>本月数</td><td>本年累计</td><td>本月数</td><td>本年累计</td></tr>
<tr><td rowspan="10">销售额</td><td>（一）按适用税率征税货物及劳务销售额</td><td>1</td><td></td><td></td><td></td><td></td></tr>
<tr><td>其中：应税货物销售额</td><td>2</td><td></td><td></td><td></td><td></td></tr>
<tr><td>应税劳务销售额</td><td>3</td><td></td><td></td><td></td><td></td></tr>
<tr><td>纳税检查调整的销售额</td><td>4</td><td></td><td></td><td></td><td></td></tr>
<tr><td>（二）按简易计税方法征税货物销售额</td><td>5</td><td></td><td></td><td></td><td></td></tr>
<tr><td>其中：纳税检查调整的销售额</td><td>6</td><td></td><td></td><td></td><td></td></tr>
<tr><td>（三）免、抵、退办法出口货物销售额</td><td>7</td><td></td><td></td><td></td><td></td></tr>
<tr><td>（四）免税货物及劳务销售额</td><td>8</td><td></td><td></td><td></td><td></td></tr>
<tr><td>其中：免税货物销售额</td><td>9</td><td></td><td></td><td></td><td></td></tr>
<tr><td>免税劳务销售额</td><td>10</td><td></td><td></td><td></td><td></td></tr>
<tr><td rowspan="8">税款计算</td><td>销项税额</td><td>11</td><td></td><td></td><td></td><td></td></tr>
<tr><td>进项税额</td><td>12</td><td></td><td></td><td></td><td></td></tr>
<tr><td>上期留抵税额</td><td>13</td><td></td><td></td><td></td><td></td></tr>
<tr><td>进项税额转出</td><td>14</td><td></td><td></td><td></td><td></td></tr>
<tr><td>免、抵、退货物应退税额</td><td>15</td><td></td><td></td><td></td><td></td></tr>
<tr><td>按适用税率计算的纳税检查应补缴税额</td><td>16</td><td></td><td></td><td></td><td></td></tr>
<tr><td>应抵扣税额合计</td><td>17＝12＋13－14－15＋16</td><td></td><td></td><td></td><td></td></tr>
<tr><td>实际抵扣税额</td><td>18（如 17＜11，则为 17，否则为 11）</td><td></td><td></td><td></td><td></td></tr>
</table>

续表

<table>
<tr><th colspan="2" rowspan="2">项　目</th><th rowspan="2">栏　次</th><th colspan="2">一般项目</th><th colspan="2">即征即退项目</th></tr>
<tr><th>本月数</th><th>本年累计</th><th>本月数</th><th>本年累计</th></tr>
<tr><td rowspan="6">税款计算</td><td>应纳税额</td><td>19 = 11 − 18</td><td></td><td></td><td></td><td></td></tr>
<tr><td>期末留抵税额</td><td>20 = 17 − 18</td><td></td><td></td><td></td><td></td></tr>
<tr><td>按简易计税方法计算的应纳税额</td><td>21</td><td></td><td></td><td></td><td></td></tr>
<tr><td>按简易计税方法计算的纳税检查应补缴税额</td><td>22</td><td></td><td></td><td></td><td></td></tr>
<tr><td>应纳税额减征额</td><td>23</td><td></td><td></td><td></td><td></td></tr>
<tr><td>应纳税额合计</td><td>24 = 19 + 21 − 23</td><td></td><td></td><td></td><td></td></tr>
<tr><td rowspan="14">税款缴纳</td><td>期初未缴税额(多缴为负数)</td><td>25</td><td></td><td></td><td></td><td></td></tr>
<tr><td>实收出口开具专用缴款书退税额</td><td>26</td><td></td><td></td><td></td><td></td></tr>
<tr><td>本期已缴税额</td><td>27=28+29+30+31</td><td></td><td></td><td></td><td></td></tr>
<tr><td>① 分次预缴税额</td><td>28</td><td></td><td></td><td></td><td></td></tr>
<tr><td>② 出口开具专用缴款书预缴税额</td><td>29</td><td></td><td></td><td></td><td></td></tr>
<tr><td>③ 本期缴纳上期应纳税额</td><td>30</td><td></td><td></td><td></td><td></td></tr>
<tr><td>④ 本期缴纳欠缴税额</td><td>31</td><td></td><td></td><td></td><td></td></tr>
<tr><td>期末未缴税额(多缴为负数)</td><td>32=24+25+26−27</td><td></td><td></td><td></td><td></td></tr>
<tr><td>其中:欠缴税额(≥ 0)</td><td>33 = 25 + 26 − 27</td><td></td><td></td><td></td><td></td></tr>
<tr><td>本期应补(退)税额</td><td>34 = 24 − 28 − 29</td><td></td><td></td><td></td><td></td></tr>
<tr><td>即征即退实际退税额</td><td>35</td><td></td><td></td><td></td><td></td></tr>
<tr><td>期初未缴查补税额</td><td>36</td><td></td><td></td><td></td><td></td></tr>
<tr><td>本期入库查补税额</td><td>37</td><td></td><td></td><td></td><td></td></tr>
<tr><td>期末未缴查补税额</td><td>38=16+22+36−37</td><td></td><td></td><td></td><td></td></tr>
<tr><td>授权声明</td><td colspan="2">如果你已委托代理人申报,请填写下列资料:
为代理一切税务事宜,现授权(地址)________________为本纳税人的代理申报人,任何与本申报表有关的往来文件,都可寄予此人。
授权人签字:</td><td>申报人声明</td><td colspan="3">此纳税申报表是根据《中华人民共和国增值税暂行条例》的规定填报的,我相信它是真实的、可靠的、完整的。</td></tr>
</table>

(2) 增值税小规模纳税人纳税申报表及其附列资料包括:

①《增值税纳税申报表(小规模纳税人适用)》(表 2-7)。

②《增值税纳税申报表(小规模纳税人适用)附列资料》。

③《增值税减免税申报明细表》。

小规模纳税人提供应税服务,在确定应税服务销售额时,按照有关规定可以从取得的全部价款和价外费用中扣除价款的,需填报《增值税纳税申报表(小规模纳税人适用)附列资料》,其他情况不填写该附列资料。

表 2-7 增值税纳税申报表（小规模纳税人适用）

纳税人识别号：

纳税人名称（公章）： 金额单位：元至角分

税款所属期： 年 月 日至 年 月 日 填表日期： 年 月 日

项目		栏次	本期数		本年累计	
			货物及劳务	服务、不动产和无形资产	货物及劳务	服务、不动产和无形资产
一、计税依据	（一）应征增值税不含税销售额	1				
	其中：税务机关代开的增值税专用发票不含税销售额	2				
	税控器具开具的普通发票不含税销售额	3				
	（二）销售、出租不动产不含税销售额	4	—		—	
	其中：税务机关代开的增值税专用发票不含税销售额	5	—		—	
	税控器具开具的普通发票不含税销售额	6	—		—	
	（三）销售使用过的应税固定资产不含税销售额	7（7 ≥ 8）		—		—
	其中：税控器具开具的普通发票不含税销售额	8		—		—
	（四）免税销售额	9 = 10 + 11 + 12				
	其中：小微企业免税销售额	10				
	未达起征点免税销售额	11				
	其他免税销售额	12				
	（五）出口免税销售额	13（13 ≥ 14）				
	其中：税控器具开具的普通发票销售额	14				
二、税款计算	本期应纳税额	15				
	本期应纳税额减征额	16				
	本期免税额	17				
	其中：小微企业免税额	18				
	未达起征点免税额	19				
	应纳税额合计	20 = 15 − 16				
	本期预缴税额	21			—	—
	本期应补（退）税额	22 = 20 − 21			—	—
纳税人或代理人声明：	如纳税人填报，由纳税人填写以下各栏：					

续表

<table>
<tr><td rowspan="3">本纳税申报表是根据国家税收法律、法规及相关规定填报的，我确定它是真实的、可靠的、完整的。</td><td>办税人员：
法定代表人：</td><td>财务负责人：
联系电话：</td></tr>
<tr><td colspan="2">如委托代理人填报，由代理人填写以下各栏：</td></tr>
<tr><td>代理人名称（公章）：</td><td>经办人：
联系电话：</td></tr>
</table>

主管税务机关：　　　　　　　　　接收人：　　　　　　　　　接收日期：

2. 纳税申报其他资料

（1）已开具的税控机动车销售统一发票和普通发票的存根联。

（2）符合抵扣条件且在本期申报抵扣的防伪税控增值税专用发票、货物运输业增值税专用发票及税控机动车销售统一发票的抵扣联。

（3）符合抵扣条件且在本期申报抵扣的海关进口增值税专用缴款书、购进农产品取得的普通发票、铁路运输费用结算单据的复印件。

（4）符合抵扣条件且在本期申报抵扣的中华人民共和国税收缴款凭证及其清单、书面合同、付款证明和境外单位的对账单或者发票。

（5）已开具的农产品收购凭证的存根联或报查联。

（6）纳税人提供应税服务，在确定应税服务销售额时，按照有关规定从取得的全部价款和价外费用中扣除价款的合法凭证及其清单。

（7）主管税务机关规定的其他资料。

二、增值税专用发票的使用及管理

增值税专用发票（以下简称专用发票）是增值税一般纳税人销售货物或者提供应税劳务开具的发票，是购买方支付增值税并可按照增值税有关规定据以抵扣增值税进项税额的凭证。增值税实行凭国家印发的增值税专用发票注明的税款进行抵扣的制度，对增值税的计算和管理起着决定性的作用，因此正确使用增值税专用发票是十分重要的。

增值税一般纳税人通过防伪税控系统使用专用发票。“使用”包括领购、开具、缴销、认证纸质专用发票及其相应的数据电文。“防伪税控系统”是指经国务院同意推行的，使用专用设备和通用设备，运用数字密码和电子存储技术管理专用发票的计算机管理系统。增值税防伪税控系统的专用设备包括金税卡、IC卡、读卡器和其他设备；通用设备包括计算机、打印机、扫描仪和其他设备。

（一）增值税专用发票联次及票样

随着税制改革的不断深入，专用发票也经历了由手工版、非防伪税控电脑版到防伪税控版的过渡阶段。在管理手段已经到位的基础上，为了降低专用发票成本，专用发票由基本联次或者基本联次附加其他联次构成，其他联次用途由一般纳税人自行决定。

专用发票的基本联次为三联：第一联是记账联，作为销售方或应税劳务（或应税服务）提供方核算销售收入和增值税销项税额的记账凭证；第二联是抵扣联，作为购买方或应税劳务

（或应税服务）接受方报送主管税务机关认证和留存备查的凭证；第三联是发票联，作为购买方或应税劳务（或应税服务）接受方核算采购成本和增值税进项税额的记账凭证。

图 2-1 是 2014 年 8 月 1 日启用的新版增值税专用发票和增值税普通发票。

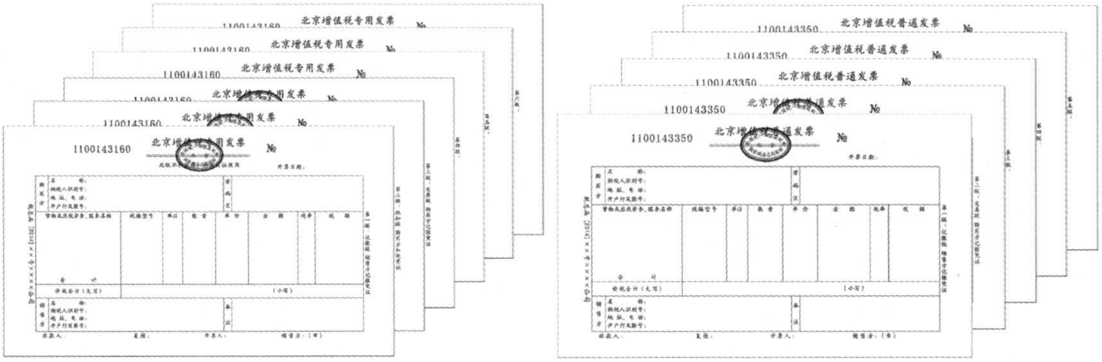

图 2-1 新版增值税专用发票和增值税普通发票

（二）增值税专用发票领购使用范围

增值税专用发票只限于增值税一般纳税人凭发票领购簿、IC 卡和经办人身份证明领购。增值税小规模纳税人和非增值税纳税人不得领购使用。增值税小规模纳税人需要开具增值税专用发票的，可向其主管税务机关申请代开。

一般纳税人有下列情形之一的，不得领购开具增值税专用发票：

（1）会计核算不健全，不能向税务机关准确提供增值税销项税额、进项税额、应纳税额数据及其他有关增值税税务资料的。其他有关增值税税务资料的内容由省、自治区、直辖市和计划单列市国家税务局确定。

（2）有《中华人民共和国税收征收管理法》规定的税收违法行为，拒不接受税务机关处理的。

（3）有下列行为之一，经税务机关责令限期改正而仍未改正的：① 虚开增值税专用发票；② 私自印制专用发票；③ 向税务机关以外的单位和个人买取专用发票；④ 借用他人专用发票；⑤ 未按规定开具专用发票；⑥ 未按规定保管专用发票和专用设备，具体包括未设专人保管专用发票和专用设备，未按税务机关要求存放专用发票和专用设备，未将认证相符的专用发票抵扣联、认证结果通知书和认证结果清单装订成册，未经税务机关查验而擅自销毁专用发票基本联次等；⑦ 未按规定申请办理防伪税控系统变更发行；⑧ 未按规定接受税务机关检查。

有上列情形的，如已领购专用发票，主管税务机关应暂扣其结存的专用发票和 IC 卡。

（三）增值税专用发票开具范围

一般纳税人销售货物或者提供应税劳务，应向购买方开具专用发票。增值税小规模纳税人需要开具专用发票的，可向其主管税务机关申请代开。但下列情形不得开具专用发票：

（1）向消费者销售应税项目、提供应税劳务或服务。

(2) 销售免税项目或提供免税服务(法律、法规及国家税务总局另有规定的除外)。

(3) 销售报关出口的货物,在境外销售应税劳务。

(4) 将货物用于集体福利或个人消费。

(5) 提供非应税劳务(应当征收增值税的除外)。

(6) 商业企业一般纳税人零售烟、酒、食品、服装、鞋帽(不包括劳保专用部分)、化妆品等消费品。

(四) 增值税专用发票开具要求

增值税专用发票必须按下列要求开具:

(1) 有真实的经济业务,票、物相符。

(2) 不得跳号开具专用发票。

(3) 项目填写齐全,各项目内容准确无误。

(4) 专用发票票面信息与电子信息必须完全一致,开具时应核对所开具的专用发票代码、号码与电脑提示或显示的电子发票代码、号码是否一致。

(5) 打印清楚,不得压线或错格;全部联次一次性打印,上、下联的内容和金额一致。

(6) 发票联和抵扣联加盖财务专用章或发票专用章。

(7) 专用发票应当按照增值税纳税义务的发生时间开具。

(8) 销售货物可以汇总开具专用发票。汇总开具专用发票必须使用防伪税控系统开具增值税专用发票销货清单,并加盖财务专用章或发票专用章。

(五) 增值税专用发票实行最高开票限额管理

最高开票限额是指单份专用发票开具的销售额合计数不得达到的上限额度。最高开票限额由一般纳税人申请,区县税务机关依法审批。一般纳税人申请最高开票限额时,需填报《最高开票限额申请表》。主管税务机关受理纳税人申请后,根据需要进行实地查验,实地查验范围和方法由各省国税机关确定。税务机关应根据纳税人实际生产经营和销售情况进行审批,以保证纳税人生产经营的正常需要。

(六) 开具专用发票后发生退货、销售折让或开票有误的处理

纳税人销售货物并向购买方开具专用发票后,如发生退货、销售折让或开票有误等情况,按符合作废条件和不符合作废条件分别处理。

1. 专用发票符合作废条件的税务处理

符合作废条件的税务处理顺序是:第一,一般纳税人在开具专用发票当月发生销货退回等情形,收到退回的发票联、抵扣联符合作废条件的,按作废处理,开票时发现有误,可即时作废;第二,一般纳税人将专用发票按作废处理后,可依据折让后金额重新开具专用发票,若发生销货全部退回,不再开具。需要注意的是,作废专用发票不但须在防伪税控系统中将相应的数据电文按作废处理,在相应的纸质专用发票(含未打印的专用发票)各联次上也要注明“作废”字样,全部联次留存。

符合作废条件是指同时具备三个条件：① 收到退回的发票联、抵扣联时间未超过销售方开票当月；② 销售方未抄税并且未记账，抄税是指报税前用 IC 卡或者 IC 卡和软盘抄取开票数据电文；③ 购买方未认证或者认证结果为“纳税人识别号认证不符”“专用发票代码、号码认证不符”。

2. 专用发票不符合作废条件的税务处理

不符合作废条件需开具红字专用发票的处理流程如下：纳税人需要开具红字专用发票时，应先向主管税务机关提交《开具红字增值税专用发票申请单》（以下简称《申请单》），税务机关审核并开具《开具红字增值税专用发票通知单》（以下简称《通知单》）后，纳税人方可开具红字专用发票。

所谓红字发票，是指销售方在遇到退货、销售折让或开票有误而发票又无法作废的情况下，取得对方国家税务机关的有效证明后用红颜色填开的发票。《申请单》一式两联：第一联由购买方留存；第二联由购买方主管税务机关留存。《通知单》一式三联：第一联由购买方主管税务机关留存；第二联由购买方送交销售方留存；第三联由购买方留存。

根据实际业务需要，可以分为购买方申请开具和销售方申请开具两种情况，二者的流程不同，具体处理如下：

（1）购买方申请开具红字专用发票。

① 购买方申请开具红字专用发票的条件：

A. 购买方获得的专用发票认证相符且已进行了抵扣，之后发生销货退回或销售折让。

B. 购买方获得专用发票后因以下问题无法抵扣：购买方所购货物不属于增值税扣税项目范围，取得的专用发票未经认证；专用发票抵扣联、发票联均无法认证；专用发票认证结果为纳税人识别号认证不符。

② 购买方申请开具红字专用发票的流程：

A. 购买方向主管税务机关提交《申请单》，在《申请单》上填写具体原因以及相对应的蓝字专用发票信息，并加盖一般纳税人财务专用章。

B. 购买方主管税务机关根据纳税人提交的《申请单》，审核后通过红字票通知单管理系统开具《通知单》，并与《申请单》一一对应。

C. 购买方主管税务机关开具《通知单》后，将纸质《通知单》交给购买方，购买方即可以适当方式将纸质《通知单》传递给销售方。

D. 销售方接收到由购买方传递的纸质《通知单》后，根据《通知单》的内容在开票子系统中开具红字专用发票，红字专用发票应与《通知单》一一对应。销售方应在开具红字专用发票后将该笔业务的相应记账凭证复印件报送主管税务机关备案。

（2）销售方申请开具红字专用发票。

① 销售方申请开具红字专用发票的条件：

A. 因开票有误购买方拒收专用发票。

B. 因开票有误等原因尚未将专用发票交付购买方。

② 销售方申请开具红字专用发票的流程：

A. 销售方向主管税务机关提交《申请单》，并在《申请单》上填写具体原因以及相对应的蓝字专用发票的信息，同时提供由购买方出具的写明拒收理由、错误具体项目以及正确内容的书面材料。需要注意的是，销售方申请开具红字专用发票的条件不同，《申请单》的填报时间有所不同：因开票有误购买方拒收专用发票的，须在专用发票认证期限内向主管税务机关填报《申请单》；因开票有误等原因尚未将专用发票交付购买方的，销售方须在开具有误专用发票的次月内向主管税务机关填报《申请单》。销售方应该及时发现开票错误，开票当月发现的以作废处理，次月发现的需要开具红字专用发票，再之后发现错误则可与购买方协商按照拒收处理。

B. 销售方主管税务机关根据纳税人提交的《申请单》，审核后通过红字票通知单管理系统开具《通知单》。

C. 销售方接收到由主管税务机关开具的《通知单》后，根据《通知单》的内容在开票子系统中开具红字专用发票，红字专用发票应与《通知单》一一对应。

（七）一般纳税人丢失已开具专用发票的发票联和抵扣联的处理方法

一般纳税人丢失已开具专用发票的发票联和抵扣联，丢失前已认证相符的，购买方凭销售方提供的相应专用发票记账联复印件及销售方所在地主管税务机关出具的《丢失增值税专用发票已报税证明单》，经购买方主管税务机关审核同意后，可作为增值税进项税额的抵扣凭证；丢失前未认证的，购买方凭销售方提供的相应专用发票记账联复印件到主管税务机关进行认证，认证相符的凭该专用发票记账联复印件及销售方所在地主管税务机关出具的《丢失增值税专用发票已报税证明单》，经购买方主管税务机关审核同意后，可作为增值税进项税额的抵扣凭证。

一般纳税人丢失已开具专用发票的抵扣联，丢失前已认证相符的，可使用专用发票的发票联复印件留存备查；丢失前未认证的，可使用专用发票的发票联到主管税务机关认证，专用发票的发票联复印件留存备查。专用发票抵扣联无法认证的，可使用专用发票的发票联到主管税务机关认证。

一般纳税人丢失已开具专用发票的发票联，可将专用发票抵扣联作为记账凭证，专用发票抵扣联复印件留存备查。

（八）被盗、丢失增值税专用发票的处理方法

（1）纳税人必须严格按照《增值税专用发票使用规定》保管使用专用发票。对违反规定发生被盗、丢失专用发票的纳税人，按《中华人民共和国税收征收管理法》和《中华人民共和国发票管理办法》的规定处以 1 万元以下的罚款，并可视具体情况，对丢失专用发票的纳税人在一定期限内（最长不超过半年）停止领购专用发票。对纳税人申报遗失的专用发票，如发现非法代开、虚开问题的，该纳税人应承担偷税、骗税的连带责任。

（2）纳税人丢失专用发票后，必须按规定程序向当地主管税务机关、公安机关报失。各地税务机关在对丢失专用发票的纳税人按规定进行处罚的同时，代收取“挂失登报费”，并将丢失专用发票的纳税人名称、发票份数、盖章与否等情况统一传（寄）中国税务报社刊登

《遗失声明》,传(寄)中国税务报社的《遗失声明》必须经县(市)国家税务机关审核盖章、签署意见。

本章小结

本章主要介绍了增值税的概念、特点、纳税人、征税范围、税率、应纳税额的计算以及增值税的征收管理。

增值税是对在我国境内销售货物、提供应税劳务和服务、转让无形资产、销售不动产以及进口货物的单位和个人,以其各环节的增值额为征税对象所课征的一种流转税,具有征收范围广泛、道道征收、避免重复征税等特点。其纳税人依据经营规模标准和会计核算健全与否划分为一般纳税人和小规模纳税人,二者在经营规模、适用税率、计算方法以及增值税专用发票的使用方面存在着较大的差别。

习 题

一、单项选择题

1. 我国从 2009 年 1 月 1 日起实行(　　)增值税。

A. 生产型　B. 收入型　C. 消费型　D. 混合型

2. 下列项目中,2016 年 5 月 1 日开始“营改增”的是(　　)。

A. 销售服装　B. 提供运输服务　C. 提供加工劳务　D. 提供餐饮服务

3. 下列项目中,分次抵扣进项税额的是(　　)。

A. 购买货物　B. 取得不动产　C. 接受加工劳务　D. 购买无形资产

4. 增值税的销售额中不包括向购买方收取的(　　)。

A. 手续费　B. 违约金　C. 销项税额　D. 返还利润

5. 除不动产外,小规模纳税人适用的征收率为(　　)。

A. 3%　B. 4%　C. 5%　D. 6%

6. 增值税中的货物是指(　　)。

A. 有形动产　B. 有形资产　C. 不动产　D. 无形资产

7. 下列项目中,2016 年 5 月 1 日开始征收增值税的是(　　)。

A. 销售不动产　B. 提供修理服务　C. 销售天然气　D. 进口设备

8. 下列城市中,个人将购买 2 年以上非普通住房按 5%征收率计征增值税的是(　　)。

A. 青岛市　B. 上海市　C. 杭州市　D. 大连市

9. 纳税人进口设备时,计算增值税的计税依据是(　　)。

A. 组成计税依据 = 关税完税价格

B. 组成计税依据 = 关税完税价格 + 增值税

C. 组成计税依据 = 关税完税价格 + 关税

D. 组成计税依据 = 关税完税价格 + 关税 + 增值税

10. 下列项目中，属于免税项目的是（　　）。
A. 销售图书、报纸、杂志　　B. 销售饲料、化肥、农药
C. 销售石油液化气、天然气、沼气　　D. 农业生产者销售自产农业产品

11. 下列项目中，适用 5% 征收率的项目有（　　）。
A. 小规模纳税人销售货物　　B. 个人将购买不足 2 年的住房出售
C. 小规模纳税人提供金融服务　　D. 一般纳税人提供公共交通运输服务

12. 某服装制造企业为增值税一般纳税人，2015 年 4 月购进原料取得增值税专用发票上注明价款 60 万元，另外取得运输公司开具的增值税专用发票注明运输价款 6 万元。外购货物允许抵扣的进项税额为（　　）。
A. 10.86 万元　　B. 10.2 万元　　C. 11.22 万元　　D. 9.13 万元

13. 某面粉加工企业为增值税一般纳税人，2015 年 7 月向农业生产者购进免税农产品一批，支付收购价 50 万元，允许抵扣的进项税额为（　　）。
A. 5 万元　　B. 6.5 万元　　C. 8.5 万元　　D. 3.5 万元

14. 某涂料生产企业为增值税一般纳税人，当月涂料的销售额为 100 万元，逾期尚未归还的包装物押金 11.7 万元。该企业当月应申报的销项税额为（　　）。
A. 17 万元　　B. 18.99 万元　　C. 16.23 万元　　D. 18.7 万元

15. 某家电生产企业为增值税一般纳税人，2015 年 8 月销售冰箱给某商场，开具增值税专用发票注明价款 120 万元，运送该批冰箱开具普通发票注明价款 3.51 万元。该企业销售冰箱的销项税额为（　　）。
A. 20.4 万元　　B. 20.91 万元　　C. 21 万元　　D. 20.75 万元

16. 某超市为小规模纳税人，2015 年 9 月零售商品取得价款 31 930 元。该超市当月作为计税依据的销售额为（　　）。
A. 31 930 元　　B. 31 000 元　　C. 30 702 元　　D. 27 291 元

17. 某企业为增值税一般纳税人，2015 年 4 月购进免税农产品，支付给农业生产者收购凭证上注明价款为 80 000 元，为购买农产品支付运费为 7 000 元，取得运输公司开具的增值税专用发票。该项业务允许抵扣的进项税额为（　　）。
A. 10 400 元　　B. 11 310 元　　C. 11 170 元　　D. 13 600 元

18. 某商场为增值税一般纳税人，2015 年 9 月零售总价款为 409 500 元，当月进项税额为 51 000 元。该商场当月应纳增值税为（　　）。
A. 8 500 元　　B. 14 675 元　　C. 16 815 元　　D. 59 500 元

19. 青岛市 M 咨询公司为增值税一般纳税人，为小规模纳税人 N 公司提供咨询服务，取得总价款 6 000 元。M 公司该业务的增值税计税依据是（　　）。
A. 5 825.24 元　　B. 5 660.38 元　　C. 5 405.41 元　　D. 5 769.23 元

20. 某餐厅为增值税小规模纳税人，2016 年 5 月提供餐饮服务取得价款 412 000 元，支付职工工资 50 000 元，购进原料等支付价款 123 600 元，则本月应纳增值税税额为（　　）。
A. 7 152 元　　B. 17 304 元　　C. 12 000 元　　D. 8 400 元

二、多项选择题

1. 增值税一般纳税人适用的税率包括(　　)。

A. 13%　　B. 17%　　C. 11%　　D. 6%

2. 小规模纳税人适用的征收率包括(　　)。

A. 3%　　B. 零税率　　C. 5%　　D. 4%

3. 确定销售额时,以销售额全额作为计税依据的是(　　)。

A. 销售折扣　　B. 还本销售　　C. 以旧换新销售　　D. 折扣销售

4. 下列项目中,一般纳税人按13%低税率计征增值税的是(　　)。

A. 图书　　B. 饲料　　C. 天然气　　D. 暖气

5. 下列属于增值税征税范围的是(　　)。

A. 销售货物　　B. 提供加工劳务

C. 进口货物　　D. 提供交通运输服务

6. 下列行为中,属于视同销售货物应征增值税的有(　　)。

A. 委托他人代销货物　　B. 销售代销货物

C. 将购买的货物用于集体福利　　D. 将购买的货物无偿赠送给其他单位

7. 下列各项中,企业购进货物的进项税额不能从销项税额中抵扣的有(　　)。

A. 用于简易计税方法计税的项目　　B. 用于免征增值税的项目

C. 用于集体福利　　D. 用于个人消费

8. 增值税混合销售行为是指一项行为同时涉及(　　)。

A. 提供应税劳务　　B. 提供服务　　C. 销售货物　　D. 销售不动产

9. 下列项目中,一般纳税人可以选择简易计税方法的有(　　)。

A. 仓储服务　　B. 清包工方式的建筑服务

C. 装卸搬运服务　　D. 餐饮服务

10. 下列项目中,应征收增值税的是(　　)。

A. 提供邮政特殊服务　　B. 提供公共交通服务

C. 提供国家助学贷款服务　　D. 转让专利权

11. 下列混合销售行为中,应按提供服务征收增值税的是(　　)。

A. 苏宁电器销售空调并送货安装

B. 汽车修理厂修车并提供洗车服务

C. 饭店提供餐饮服务并销售给客人酒水饮料

D. 银行办理资金结算业务并销售支票

12. 下列有关一般纳税人年应征增值税销售额的认定标准中,表述正确的是(　　)。

A. 从事货物生产的纳税人,年应税销售额在50万元以上

B. 从事货物批发零售的纳税人,年应税销售额在80万元以上

C. 提供应税劳务的纳税人,年应税销售额在50万元以上

D. 提供应税服务的纳税人,年应税销售额在500万元以上

13. 下列人员中,从事个体经营适用扣减增值税政策的有(　　)。
A. 退役士兵　　B. 军队转业干部
C. 零就业家庭人员　　D. 毕业年度内高校毕业生
14. 下列项目中,免征增值税的有(　　)。
A. 学生勤工俭学提供的劳务
B. 养老机构提供的养老服务
C. 残疾人员本人为社会提供的服务
D. 将土地使用权转让给农业生产者用于农业生产
15. 增值税专用发票的基本联次为(　　)。
A. 记账联,作为销售方核算销售收入和增值税销项税额的记账凭证
B. 记账联,作为购买方核算采购成本和增值税进项税额的记账凭证
C. 发票联,作为购买方核算采购成本和增值税进项税额的记账凭证
D. 抵扣联,作为购买方报送主管税务机关认证和留存备查的凭证

三、简答题

1. 简述视同销售货物征收增值税的行为。
2. 简述不允许抵扣增值税进项税额的项目。
3. 简述增值税的征收范围。
4. 简述增值税一般纳税人和小规模纳税人的区别。

四、计算题

1. 某电器商场为增值税一般纳税人,2015 年 7 月份发生如下经济业务:
(1) 销售空调开具普通发票注明价款 210 600 元,并提供安装服务开具普通发票注明价款 4 212 元;
(2) 销售电视机 120 台,每台零售价为 3 510 元;
(3) 购进热水器 50 台,取得增值税专用发票注明单价 2 100 元,购进 DVD 播放机 20 台,取得增值税专用发票注明单价 600 元,货款均已付;
(4) 当月该商场其他商品零售总价为 17 550 元;
(5) 该商场上月未抵扣进项税额为 4 200 元。
要求:计算该商场 7 月份应纳增值税。
2. 青岛市某会计师事务所为增值税一般纳税人,2015 年 12 月开展如下业务:
(1) 提供财务报告审计业务,开具增值税专用发票注明价款 60 万元;
(2) 提供内部控制审计业务,开具增值税专用发票注明价款 30 万元;
(3) 提供税务咨询服务,开具普通发票注明价款 5.3 万元;
(4) 提供验资服务,开具普通发票注明价款 2.12 万元;
(5) 安排 2 名注册税务师参加市国税局“营改增”税法宣传日活动,为社会公众提供免

费普法咨询服务 3 小时，该事务所咨询服务价格为不含增值税每人 800 元 / 小时；

（6）当月购进 8 台计算机，取得增值税专用发票注明价款 6 万元。

要求：计算会计师事务所本月应纳增值税。

3. 某工业企业为增值税一般纳税人，2015 年 10 月发生如下业务：

（1）销售甲产品给某商场，开具增值税专用发票注明价款 80 万元，负责运输开具普通发票注明价款 5.85 万元；

（2）销售乙产品，开具普通发票注明价款 29.25 万元；

（3）将试制的一批应税新产品用于本企业基建工程，账面成本 20 万元，且无同类产品市场销售价格，成本利润率为 10%；

（4）销售 2008 年 5 月购进且自己使用过的小轿车，开具普通发票注明价款 41.2 万元；

（5）购进货物取得增值税专用发票注明价款 60 万元，另外支付运费取得运输公司开具增值税专用发票注明价款 6 万元；

（6）向农业生产者购进免税农产品支付收购价 30 万元，支付运费取得增值税专用发票注明价款 5 万元；

（7）将购进的上述免税农产品的 10% 用于本企业职工福利。

要求：假设以上购进行为均取得合理票据并于当月认证，计算其本月应纳增值税。

4. 某计算机公司为增值税一般纳税人，生产的新型号计算机每台售价 0.8 万元，2015 年 5 月发生如下业务：

（1）向商场销售计算机 500 台，对商场在当月 20 天内付清购货款给了 5% 的销售折扣；

（2）销售计算机取得运输公司开具增值税专用发票注明价款 12 万元；

（3）采取以旧换新方式销售新计算机 100 台，每台旧计算机折价 0.1 万元；

（4）购进计算机零部件，取得增值税专用发票注明价款 200 万元；

（5）接受供应商捐赠原材料一批，取得增值税专用发票注明价款 10 万元，但该发票当月未认证；

（6）财产清查时，发现在产品毁损一批，账面成本 5.8 万元，其所耗用的材料占 70%，某辅助材料变质，账面购买成本为 2 万元；

（7）购进办公用品一批，取得增值税普通发票注明价款 2 万元；

（8）从国外购进 2 台计算机检测设备，到岸价格为 120 万元，进口关税 12 万元；

（9）向即将举行的全国体育运动会赠送计算机 50 台。

要求：假设除（5）外以上购进行为均取得合理票据并于当月认证，计算其应纳增值税。

5. 某物流公司为增值税一般纳税人，2015 年 8 月业务如下：

（1）提供货运业务，开具增值税专用发票注明价款 150 万元；

（2）提供仓储业务，开具增值税专用发票注明价款 200 万元；

（3）销售 2011 年 5 月购入且自己使用过的运输车辆，取得总价款 14.42 万元；

（4）外购运输车辆，取得增值税专用发票注明价款 23 万元；

（5）运输车辆使用成品油，取得增值税专用发票注明价款 12 万元；

（6）支付水电费等，取得增值税专用发票注明价款 6.2 万元。

要求：假设以上购进行为均取得合理票据并于当月认证，计算其应纳增值税。

6. 某温泉度假酒店为增值税一般纳税人，是一家集餐饮、住宿和娱乐为一体的综合性企业，酒店设有餐饮部、客房部、美容美发部等经营部门，各部门独立核算。2016 年 5 月酒店业务如下：

（1）餐饮服务取得价款 127.2 万元；

（2）住宿服务取得价款 84.8 万元，取得物品赔偿费 3.18 万元；

（3）代旅客订购飞机、火车票取得手续费价款 1.06 万元；

（4）出租商业用房租金价款 9.99 万元；

（5）美容美发部提供服务取得价款 5.3 万元；

（6）将一处商业用房销售取得价款 84 万元，该商业用房是 2014 年 5 月购入的，其购置原价是 42 万元；

（7）餐饮部从蔬菜种植者手中购买蔬菜，取得相关票据注明价款 20 万元，购买面粉取得增值税专用发票注明价款 5 万元，购买食用油取得增值税专用发票注明价款 15 万元；

（8）美容美发部购买相关器具取得增值税专用发票注明价款 3 万元；

（9）管理部门购买计算机取得增值税专用发票注明价款 4 万元，购买办公用品取得普通发票注明价款 0.5 万元。

要求：计算该酒店 5 月份应缴纳的增值税税额。

7. 某商场 2015 年 6 月进口货物一批，该批货物在国外的买价为 800 万元，运抵我国海关前发生的包装费、运输费、保险费等共计 100 万元。货物报关后缴纳关税 90 万元，缴纳了进口环节增值税并取得完税凭证。假定该批进口货物在国内全部销售，取得不含税销售额 1 500 万元。

要求：计算该货物进口环节、国内销售环节应缴纳的增值税税额。

8. 某生产企业为增值税一般纳税人，增值税适用税率为 17%，退税率为 9%，适用免、抵、退的税收政策。2015 年 6 月业务如下：

（1）从国外购进原材料，海关审定的进口货物关税完税价格为 800 万元，进口关税为 80 万元，海关代征进口环节增值税并签发完税凭证；

（2）内销一批货物，开具增值税专用发票注明价款 1 000 万元；

（3）从国内购进一批原材料，取得增值税专用发票注明价款 300 万元；

（4）外销一批货物，离岸价格为 2 000 万元。

要求：计算该企业应纳或应退的增值税税额。

第三章

消费税

学习目的

通过本章的学习，应理解消费税的概念、特点及消费税税目、税率的设置，重点掌握其纳税环节和计税依据的确定，准确计算应纳税额。

学习重点

本章重点是消费税征税范围、适用税率、纳税环节、计税依据的确定及其计算。

第一节　消费税概述

小提示

本节内容包括消费税的概念、特点及与增值税的比较。

一、消费税的概念

消费税是对在我国境内生产、委托加工、进口和零售应税消费品的单位和个人，就其销售额或销售数量征收的一种税。该税种是在对货物普遍征收增值税的基础上，选择少数消费品再征收一道消费税，目的是调节产品结构，引导消费方向，保证国家财政收入。现行消费税的基本规范是《中华人民共和国消费税暂行条例》以及《中华人民共和国消费税暂行条例实施细则》。

二、消费税的特点

1. 征收范围具有选择性

从课税对象看，消费税只是选择了一部分消费品征收，而不是对所有的消费品都征收。

根据国际上“寓禁于征”等指导思想和我国的实际情况，列为课税对象的消费品大致有以下类型：第一类，过度消费对人体、环境等造成危害的特殊消费品，如烟、酒、鞭炮和焰火、电池等；第二类，非生活必需品，如化妆品、贵重首饰及珠宝玉石等；第三类，高能耗及高档消费品，如小汽车、高尔夫球等；第四类，不可再生和替代的稀缺资源消费品，如汽油、柴油等。

2. 征收环节具有单一性

从征收环节看，消费税只是在消费品生产、流通和消费的某一环节征收，征税以后，消费品在其他流通环节中一般不再征收消费税（卷烟除外）。我国现行消费税主要选择在出厂销售、委托加工、进口或零售环节中的一个环节征收。这样既可以减少纳税人的数量，降低税收成本，又有利于加强源泉控制，防止税款流失。

3. 征收方法具有多样性

为了适应不同应税消费品的具体情况，更好地体现国家产业政策和消费政策，消费税采用了从价定率、从量定额、从价定率与从量定额复合征收的多种计税方法。

4. 税收负担具有转嫁性

消费税是价内税，税款是商品销售价格的组成部分。随着生产商对应税消费品的销售，包含在应税消费品销售价格中的税款也随之转嫁给购买者，所以税收负担最终是由应税消费品的购买者承担的。

三、消费税与增值税的关系

消费税与增值税均属于流转税，均是对流转额或收入额征收税款，且一般均具有税负转嫁性。二者的区别主要表现在如表 3-1 所示的几个方面。

表 3-1　消费税和增值税的区别

差异项目	增值税	消费税
征税范围	（1）销售或进口货物（有形动产）； （2）提供加工修理修配劳务； （3）提供交通运输等应税服务； （4）转让无形资产； （5）销售不动产	生产、委托加工、进口和零售应税消费品（窄于增值税范围）
纳税环节	多环节征收，同一货物在生产、批发、零售、进出口多环节征收	纳税环节具有单一性： （1）在零售环节缴纳消费税的金银首饰、钻石及钻石饰品在生产、批发、进口环节不再缴纳（但有增值税）； （2）其他应税消费品在进口、生产环节（出厂环节，特殊为移送环节）缴纳消费税，在之后的批发、零售环节不再缴纳（但有增值税）； （3）卷烟在进口、出厂、批发环节缴纳消费税，零售环节不再缴纳（但有增值税）
计税依据	计税依据具有单一性，只有从价定率计税	计税依据具有多样性，包括从价定率计税、从量定额计税、复合计税

续表

差异项目	增值税	消费税
与价格的关系	增值税属于价外税	消费税属于价内税
税收收入的归属	增值税属于中央、地方共享税	消费税属于中央税

第二节 消费税的税制构成要素

小提示

本节内容包括消费税的纳税人、税目、税率及纳税环节。纳税人是生产、委托加工、进口和零售应税消费品的单位和个人；税目包括烟、酒、化妆品、成品油等15大类消费品；税率有比例税率、定额税率及复合税率，适用复合税率的是卷烟、白酒；纳税环节具有单一性（卷烟除外），主要集中在生产销售、视同销售、委托加工、进口和零售环节，应特别注意视同销售的行为。

一、纳税人

在中华人民共和国境内生产、委托加工、进口和零售应税消费品的单位和个人，为消费税的纳税人。“境内”是指生产、委托加工、进口和零售应税消费品的起运地或所在地在境内。“单位”是指国有企业、集体企业、私有企业、股份制企业、外商投资企业、外国企业、其他企业和行政单位、事业单位、军事单位、社会团体及其他单位。“个人”是指个体经营者及其他个人。

二、税目

征收消费税的应税消费品有烟、酒、化妆品等15个税目。

1. 烟

凡是以烟叶为原料加工生产的产品，不论使用何种辅料，均属于本税目的征收范围，包括卷烟、雪茄烟和烟丝。

自2009年5月1日起，在我国境内从事卷烟批发业务的单位和个人，批发销售的所有牌号规格的卷烟，在批发环节加征一道从价税，就其销售额征收5%的消费税。自2015年5月10日起，将卷烟批发环节的从价税税率由5%提高至11%，并按0.005元/支加征从量税。

2. 酒

酒是酒精度在1%以上的各种酒类饮料。酒类包括各类白酒、黄酒、啤酒、其他酒。

3. 成品油

成品油包括汽油、柴油、航空煤油、石脑油、溶剂油、润滑油、燃料油7个子税目。

4. 小汽车

小汽车是指由动力驱动，具有4个或4个以上车轮的非轨道承载的车辆，按乘用车和中轻型商用客车2个子税目征收。乘用车是指含驾驶员座位在内最多不超过9个座位（含）的，在设计和技术特性上用于载运乘客和货物的汽车；中轻型商用客车是指含驾驶员座位在内的座位数在10至23个（含）的，在设计和技术特性上用于载运乘客和货物的汽车。电动汽车不属于本税目征收范围。

5. 摩托车

摩托车包括轻便摩托车和摩托车两种。发动机气缸容量低于250毫升的摩托车不再征收。

6. 贵重首饰及珠宝玉石

贵重首饰及珠宝玉石包括以金、银、白金、宝石、钻石、翡翠、玛瑙、其他金属、人造宝石等制作的各种纯金银首饰及镶嵌首饰，经采掘、打磨、加工的各种珠宝玉石。

7. 化妆品

化妆品包括各类美容、修饰类化妆品，高档护肤类化妆品和成套化妆品。舞台、戏剧、影视演员化妆用的上妆油、卸妆油、油彩不属于本税目征收范围。

8. 鞭炮、焰火

鞭炮、焰火包括各种鞭炮、焰火，但体育上用的发令纸、鞭炮药引线不按本税目征税。

9. 高尔夫球及球具

高尔夫球及球具是指从事高尔夫球运动所需的各种专用装备，包括高尔夫球，高尔夫球杆，高尔夫球杆的杆头、杆身和握把，高尔夫球包（袋）等。

10. 高档手表

高档手表是指销售价格（不含增值税）每只在10 000元（含）以上的各类手表。

11. 游艇

游艇是指长度大于8米（含）且小于90米（含），船体由玻璃钢、钢、铝合金、塑料等多种材料制作，可以在水上移动的水上浮载体。

12. 木制一次性筷子

木制一次性筷子是指以木材为原料经过锯段、浸泡、旋切、刨切、烘干等环节加工而成的各类一次性使用的筷子，包括各种规格的木制一次性筷子。

13. 实木地板

实木地板是指以木材为原料，经锯割、干燥、刨光等工序加工而成的块状或条状的地面装饰材料。实木地板征税范围包括各类规格的实木地板、实木复合地板、实木装饰板和未经涂饰的素板。

14. 电池

电池是指由电极、电解质、容器、极端、隔离层组成的基本功能单元，以及用一个或多个基本功能单元装配成的电池组。具体范围包括原电池、蓄电池、燃料电池、太阳能电池和其他电池。

15. 涂料

涂料是指涂于物体表面能形成具有保护、装饰作用的固态涂膜的液体或固体材料的总称。

三、税率

消费税一般采用比例税率或定额税率两种形式，但对卷烟、白酒实行从量定额和从价定率相结合的复合计税办法。经整理汇总的消费税税目、税率（税额）如表 3-2 所示。

表 3-2 消费税税目、税率（税额）表

税 目	税率（税额）
一、烟	
1. 卷烟①	
（1）甲类卷烟（生产及进口环节）	56%加 0.003 元 / 支
（2）乙类卷烟（生产及进口环节）	36%加 0.003 元 / 支
（3）批发环节	11%加 0.005 元 / 支
2. 雪茄烟	36%
3. 烟丝	30%
二、酒	
1. 白酒	20%加 0.5 元 / 500 克
2. 黄酒	240 元 / 吨
3. 啤酒②	
（1）甲类啤酒	250 元 / 吨
（2）乙类啤酒	220 元 / 吨
4. 其他酒	10%
三、成品油	
1. 汽油	1.52 元 / 升
2. 柴油	1.20 元 / 升
3. 航空煤油	1.20 元 / 升
4. 石脑油	1.52 元 / 升
5. 溶剂油	1.52 元 / 升
6. 润滑油	1.52 元 / 升
7. 燃料油	1.20 元 / 升

续表

税　目	税率（税额）
四、小汽车	
1. 乘用车	
（1）气缸容量在 1.0 升（含）以下的	1%
（2）气缸容量在 1.0 升至 1.5 升（含）的	3%
（3）气缸容量在 1.5 升至 2.0 升（含）的	5%
（4）气缸容量在 2.0 升至 2.5 升（含）的	9%
（5）气缸容量在 2.5 升至 3.0 升（含）的	12%
（6）气缸容量在 3.0 升至 4.0 升（含）的	25%
（7）气缸容量在 4.0 升以上的	40%
2. 中轻型商用客车	5%
五、摩托车	
1. 气缸容量为 250 毫升的	3%
2. 气缸容量为 250 毫升以上的	10%
六、贵重首饰及珠宝玉石	
1. 金银首饰、钻石及钻石饰品（零售环节）	5%
2. 其他贵重首饰及珠宝玉石（生产环节）	10%
七、化妆品	30%
八、鞭炮、焰火	15%
九、高尔夫球及球具	10%
十、高档手表	20%
十一、游艇	10%
十二、木制一次性筷子	5%
十三、实木地板	5%
十四、电池	4%
十五、涂料	4%

注：① 甲类卷烟是指每标准条（200 支）调拨价格在 70 元（不含增值税）以上（含 70 元）的卷烟；乙类卷烟是指每标准条调拨价格在 70 元（不含增值税）以下的卷烟。② 甲类啤酒是指每吨出厂价格（含包装物及包装物押金）在 3 000 元（不含增值税）以上（含 3 000 元）的啤酒；乙类啤酒是指每吨出厂价格在 3 000 元（不含增值税）以下的啤酒；饮食业、商业、娱乐业举办的啤酒屋利用啤酒生产设备生产的啤酒，按甲类啤酒征税。

四、纳税环节

消费税一般实行单环节征收，即在应税消费品生产、委托加工、进口和零售的某个环节征收，在批发、零售等其他流通环节不再征收。但是卷烟除了在生产环节征收外，在批发环节加征一道复合税，这是现行消费税中唯一一个采用多道征收的税目。

（一）生产并销售应税消费品

纳税人生产应税消费品（除金银首饰、钻石及钻石饰品外）用于销售，应当缴纳消费税。

纳税人生产应税消费品用于换取生产资料、消费资料、投资入股、偿还债务，与企业销售应税消费品意义相同，应当于移送使用时缴纳消费税。

需要特别注意的是，对此纳税环节的界定不应仅仅依据消费税概念中“生产”的概念，认为企业生产应税消费品后就应缴纳消费税，而不考虑应税消费品的使用方式，如生产出来但存放在仓库中的应税消费品是不需要缴纳消费税的。

可见，生产的应税消费品应以是否销售作为消费税计征的主要标志。

（二）自产自用应税消费品

自产自用是指纳税人生产应税消费品后，不是用于直接对外销售，而是用于自己连续生产应税消费品或用于其他方面。

纳税人自产自用的应税消费品用于连续生产应税消费品的，不需要缴纳消费税。所谓“纳税人自产自用的应税消费品用于连续生产应税消费品”，是指纳税人生产的应税消费品作为生产最终应税消费品的直接材料并构成最终产品实体的应税消费品。例如，卷烟厂生产烟丝，烟丝是应税消费品，卷烟厂以生产出来的烟丝为原料连续生产卷烟，用于连续生产卷烟的烟丝不需要缴纳消费税。当然，生产出的烟丝如果是直接销售，则要缴纳消费税。

纳税人自产自用的应税消费品用于其他方面的，应视同销售应税消费品，应当于移送使用时缴纳消费税。“用于其他方面”是指纳税人用于生产非应税消费品、在建工程、管理部门、非生产机构、提供劳务以及用于馈赠、赞助、集资、广告、样品、职工福利、奖励等方面。所谓“用于馈赠、赞助、集资、广告、样品、职工福利、奖励”，是指把自己生产的应税消费品无偿赠送给他人或以资金的形式投资于外单位或作为商品广告、经销样品或以福利、奖励的形式发给职工。

可见，自产自用的应税消费品应以是否视同销售作为消费税计征的主要标志。

（三）委托加工应税消费品

委托加工应税消费品是指由委托方提供原材料和主要材料，受托方只收取加工费和代垫部分辅助材料费进行加工的应税消费品。

由受托方提供原材料生产的应税消费品，或者受托方先将原材料卖给委托方，然后再接受加工的应税消费品，以及由受托方以委托方名义购进原材料生产的应税消费品，不论纳税人在财务上如何处理，都不得作为委托加工应税消费品，而应当按照受托方销售自制应税消费品缴纳消费税。

委托加工环节的消费税一般由受托方在向委托方交货时代收代缴。委托方将收回的应税消费品以不高于受托方的计税价格出售的，为直接销售，不再缴纳消费税；委托方将收回的应税消费品以高于受托方的计税价格出售的，需要按规定缴纳消费税，但在计税时准予扣除受托方已代收代缴的消费税。

委托方委托个体经营者加工应税消费品，一律于委托方收回后在委托方所在地缴纳消费税。受托方没有按照规定代收代缴税款的，要求由委托方补缴税款，但对受托方处以应代收代缴税款50%以上、3倍以下的罚款。

（四）进口应税消费品

由报关进口者在报关进口时缴纳税款。

（五）零售应税消费品

在零售环节征收消费税的应税消费品仅限于金银首饰、钻石及钻石饰品，且在生产、批发和进口环节均不征收消费税。在零售环节征收消费税的金银首饰范围包括金、银、铂金和金基、银基合金首饰，以及金、银和金基、银基合金的镶嵌首饰。不属于上述范围的应征消费税的首饰，仍在生产环节征收消费税。

纳税人销售的金银首饰、钻石及钻石饰品（含以旧换新），于销售时缴纳消费税；用于馈赠、赞助、集资、广告、样品、职工福利、奖励等方面的金银首饰、钻石及钻石饰品，于移送时缴纳消费税。

第三节　应纳消费税的计算

小提示

消费税的计算方法主要有从量定额、从价定率和复合计税。复合计税法下，应纳税额 = 应税数量 × 定额税率 + 销售额 × 比例税率。如果是视同销售或委托加工，则需要注意组成计税价格的构成；如果生产应税消费品所用原料是应税消费品，则计算时可以将当期生产领用数量所负担的消费税扣除，但需要注意允许扣除的项目及其对应关系。

按照现行规定，消费税应纳税额的计算有从量定额、从价定率、从量定额和从价定率复合计税三种计算方法。

一、生产并销售应税消费品

（一）从量定额方法计算

采用从量定额计税方法的应税消费品有酒类中的黄酒和啤酒2个子税目，成品油中的汽油、柴油、航空煤油、石脑油、溶剂油、润滑油和燃料油7个子税目。在从量定额计算方法下，应纳税额的计算取决于应税消费品的应税数量和单位税额2个因素。在生产销售环节，销售数量作为从量定额计征消费税的计税依据，其基本计算公式为：

应纳税额 = 销售数量 × 单位税额

根据规定，黄酒、啤酒以吨为税额单位，汽油、柴油、航空煤油、石脑油、溶剂油、润滑油和燃料油以升为税额单位。考虑到在实际销售过程中，部分纳税人会将吨与升混用，税法中给出了两者的换算标准，如表 3-3 所示。

表 3-3 吨与升的换算标准

序 号	名 称	计量单位的换算标准
1	啤 酒	1 吨 = 988 升
2	黄 酒	1 吨 = 962 升
3	汽 油	1 吨 = 1 388 升
4	柴 油	1 吨 = 1 176 升
5	航空煤油	1 吨 = 1 246 升
6	石脑油	1 吨 = 1 385 升
7	溶剂油	1 吨 = 1 282 升
8	润滑油	1 吨 = 1 126 升
9	燃料油	1 吨 = 1 015 升

【例 3-1】某啤酒厂系增值税一般纳税人，主要生产销售 A、B 两种啤酒，A 啤酒每吨售价是 2 800 元，B 啤酒每吨售价是 2 600 元，两种啤酒均另外收取包装物押金 351 元 / 吨。当月销售 A 啤酒 200 吨，B 啤酒 300 吨，计算该啤酒厂应缴纳的消费税。

解 依据啤酒税率判定标准，每吨包含包装物押金销售价格在 3 000 元以上的为甲类啤酒，适用税额是 250 元 / 吨；在 3 000 元以下的为乙类啤酒，适用税额为 220 元 / 吨。

A 啤酒含包装物押金的销售价格 = 2 800 + 351 /（1 + 17%）= 3 100（元）

B 啤酒含包装物押金的销售价格 = 2 600 + 351 /（1 + 17%）= 2 900（元）

A 啤酒含包装物押金的销售价格 3 100 元大于 3 000 元，故 A 啤酒适用税率是 250 元 / 吨；B 啤酒含包装物押金的销售价格 2 900 元小于 3 000 元，故 B 啤酒适用税率是 220 元 / 吨。

A 啤酒应纳消费税 = 销售数量 × 单位税额 = 200 × 250 = 50 000（元）

B 啤酒应纳消费税 = 销售数量 × 单位税额 = 300 × 220 = 66 000（元）

该企业应纳消费税 = 50 000 + 66 000 = 116 000（元）

（二）从价定率方法计算

采用从价定率计税方法的应税消费品有卷烟中的雪茄烟和烟丝 2 个子税目，酒类中的其他酒，以及小汽车、摩托车、化妆品、贵重首饰及珠宝玉石、高尔夫球及球具、高档手表、游艇、鞭炮和焰火、木制一次性筷子、实木地板、电池及涂料。在从价定率计算方法下，应纳税额的计算取决于应税消费品的销售额和适用税率 2 个因素，其基本计算公式为：

应纳税额 = 销售额 × 适用税率

（1）纳税人直接对外销售应税消费品，销售额为纳税人销售应税消费品向购买方收取的全部价款和价外费用，但是不包括收取的销项税额。“价外费用”是指销售价以外向购买方收取的手续费、补贴、基金、集资费、返还利润、奖励费、违约金、延期付款利息、包装费、包装物租金、储备费、优质费、运输装卸费、代收款项、代垫款项以及其他各种性质的价外收费。

销售额中不包括受托加工应征消费税的消费品所代收代缴的消费税，符合“承运者的运费发票开具给购货方且纳税人将该项发票转交给购货方”条件的代垫运费以及符合条件的政府性基金等。

其他计税依据的确定可以参考增值税计税依据的确定方法。

【例 3-2】 某化妆品生产企业为增值税一般纳税人。3 月 15 日向某大型商场销售化妆品一批，开具增值税专用发票注明价款 500 000 元；3 月 20 日向某单位销售化妆品一批，开具普通发票注明价款 46 800 元。计算该化妆品企业应缴纳的消费税。

解 增值税专用发票注明价款直接做计税依据；普通发票注明价款含增值税，需要换算。化妆品适用的消费税税率为 30%。

向某大型商场销售应纳消费税＝销售额×税率＝500 000×30%＝150 000（元）

向某单位销售应纳消费税＝销售额×税率＝46 800/（1＋17%）×30%＝12 000（元）

该企业应纳消费税＝150 000＋12 000＝162 000（元）

（2）纳税人通过自设非独立核算门市部销售的自产应税消费品，应当按照门市部对外销售的销售额征收消费税。

【例 3-3】 某摩托车生产企业为增值税一般纳税人，6 月份将生产的气缸容量为 300 毫升的摩托车 30 辆以每辆 12 000 元的售价给了自设非独立核算的门市部，门市部又以每辆 16 380 元销售给消费者。试计算该企业 6 月应缴纳的消费税。

解 摩托车应以最终销售给消费者的价款来确定计税依据，销售给消费者的价款为含增值税价款，需要换算。气缸容量为 250 毫升以上的摩托车适用消费税税率为 10%。

应纳消费税＝销售额×税率＝16 380/（1＋17%）×30×10%＝42 000（元）

（3）纳税人用于换取生产资料和消费资料、投资入股和抵偿债务等方面的应税消费品，应当以纳税人同类应税消费品的最高销售价格作为计税依据计算消费税。

【例 3-4】 某汽车制造厂以自产小汽车（气缸容量为 1.8 升）10 辆换取某钢厂生产的钢材 200 吨，每吨钢材售价为 3 000 元。该厂生产的同一型号小汽车售价分别为 95 000 元/辆、90 000 元/辆和 85 000 元/辆。试计算用于换取钢材的小汽车应纳消费税。

解 纳税人用于换取生产资料的应税消费品应以纳税人同类应税消费品的最高销售价格作为计税依据计算消费税，因此该小汽车销售额为 95 000 元/辆。气缸容量为 1.8 升的小汽车适用消费税税率为 5%。

应纳消费税＝销售额×税率＝95 000×10×5%＝47 500（元）

（三）复合计税方法计算

现行消费税的税目中，只有卷烟和白酒采用从价定率和从量定额相结合的复合计税方法。其基本计算公式为：

应纳税额＝应税数量×定额税率＋销售额×比例税率

【例 3-5】 某酒类生产企业为增值税的一般纳税人，5 月向某大型商场销售粮食白酒 30 吨，开具增值税专用发票注明价款 900 000 元；向某小规模纳税人商店销售药酒 10 吨，开具普通发票注明价款 468 000 元；向某大型商场销售啤酒 10 吨，开具增值税专用发票注明价款

32 000元。计算该企业应该缴纳的消费税。

解 (1)销售粮食白酒,增值税专用发票注明价款直接做计税依据,适用复合计税方法:

应纳消费税 = 900 000 × 20% + 30 × 2 000 × 0.5 = 180 000 + 30 000 = 210 000(元)

(2)销售药酒,普通发票所注明的价款含增值税,需要换算,适用比例税率10%:

$$应纳消费税 = 468\,000/(1 + 17\%) \times 10\% = 40\,000(元)$$

(3)销售啤酒,每吨价格是3 200元,高于3 000元,适用定额税率是250元/吨:

$$应纳消费税 = 10 \times 250 = 2\,500(元)$$

因此,该企业应该缴纳的消费税为:

$$应纳消费税 = 210\,000 + 40\,000 + 2\,500 = 252\,500(元)$$

二、自产自用应税消费品

自产自用应税消费品主要包括用于连续生产应税消费品和用于其他方面。依据前面纳税环节的分析,用于连续生产应税消费品不需要缴纳消费税,而用于其他方面视同销售,需要缴纳消费税。下面主要针对用于其他方面进行讲解。

(一)从量定额方法计算

采用从量定额方法的是用于其他方面的啤酒、黄酒和成品油,计税依据是移送使用数量,计算公式为:

$$应纳税额 = 移送使用数量 \times 单位税额$$

(二)从价定率方法计算

纳税人用于其他方面的从价计税的应税消费品,其应纳税额的计算如下:

$$应纳税额 = 销售额 \times 适用税率$$

1. 纳税人有同类应税消费品的销售额

如果纳税人既有对外销售又有用于其他方面的应税消费品,则按照纳税人生产的同类消费品的销售价格计算纳税。

"同类消费品的销售价格"是指纳税人当月销售的同类消费品的销售价格,如果纳税人当月同类消费品各期销售价格高低不同,应按销售数量加权平均计算。

2. 纳税人无同类应税消费品的销售额

如果纳税人用于其他方面的应税消费品无同类应税消费品作为参照,按照组成计税价格计算纳税。消费税属于价内税,组成计税价格中应包含消费税,计算公式是:

$$组成计税价格 = \frac{成本 + 利润}{1 - 适用税率}$$

或

$$组成计税价格 = \frac{成本 \times (1 + 成本利润率)}{1 - 适用税率}$$

$$应纳税额=组成计税价格\times适用税率$$

公式中,“成本”是指应税消费品的实际生产成本;“成本利润率”是指全国平均成本利润率。平均成本利润率如表 3-4 所示,表中没有标注的,可以参见增值税的利润率。

表 3-4 平均成本利润率

货物名称	利润率	货物名称	利润率
1. 甲类卷烟	10%	11. 贵重首饰及珠宝玉石	6%
2. 乙类卷烟	5%	12. 化妆品	5%
3. 雪茄烟	5%	13. 鞭炮、焰火	5%
4. 烟丝	5%	14. 高尔夫球及球具	10%
5. 粮食白酒	10%	15. 高档手表	20%
6. 薯类白酒	5%	16. 游艇	10%
7. 其他酒	5%	17. 木制一次性筷子	5%
8. 乘用车	8%	18. 实木地板	5%
9. 中轻型商用客车	5%	19. 电池	4%
10. 摩托车	6%	20. 涂料	7%

【例 3-6】 A 公司是一家生产化妆品的企业,在某品牌化妆品投放市场之前,将生产的化妆品作为广告样品,该化妆品的账面生产成本是 49 000 元。试确定该行为是否缴纳消费税?如果缴纳消费税,应纳消费税是多少?

解 A 公司需要缴纳消费税。因为将生产的化妆品用于广告,属于企业将自产的应税消费品用于其他方面,是视同销售。由于没有投放市场,无市场参照价格,只能以组成计税价格来确定计税依据,化妆品成本利润率为 5%。

$$组成计税价格=生产成本\times(1+成本利润率)/(1-化妆品消费税税率)$$
$$=49\,000\times(1+5\%)/(1-30\%)=73\,500(元)$$
$$应纳消费税=73\,500\times30\%=22\,050(元)$$

(三)复合计税方法计算

现行消费税的税目中,只有卷烟和白酒采用从价定率和从量定额相结合的复合计税方法。其基本计算公式为:

$$应纳税额=应税数量\times定额税率+销售额\times比例税率$$

(1)应税数量的确定:用于其他方面的移送使用数量。

(2)销售额的确定:企业有同类产品的销售,计税依据为同类产品的销售额;企业没有同类产品的销售,销售额按组成计税价格计算。

$$组成计税价格=\frac{成本+利润+移送使用数量\times定额税率}{1-比例税率}$$

或

$$组成计税价格=\frac{成本\times(1+成本利润率)+移送使用数量\times定额税率}{1-比例税率}$$

需要注意的是，复合计税方法下组成计税价格的构成与仅仅按从价定率方法征收的组成计税价格不同，分子上增加了从量征收的税额。

三、委托加工应税消费品

（一）委托方代收代缴消费税

1. 从量定额方法计算

委托加工应税消费品从量定额的计税依据是委托加工收回的数量，计算公式为：

$$应纳税额=委托加工收回数量\times单位税额$$

2. 从价定率方法计算

委托加工应税消费品，由受托方代收代缴的消费税应根据受托方有无同类应税消费品的销售价格做参照来分别确定。

（1）受托方有同类应税消费品的销售价格。

如果受托方有同类应税消费品的销售价格，则按照其销售价格计算缴纳消费税。“同类应税消费品的销售价格”是指受托方（即代收代缴人）当月销售的同类消费品的销售价格，如果当月同类消费品各期销售价格高低不同，应按销售数量加权平均计算。

（2）受托方无同类应税消费品的销售价格。

受托方没有同类应税消费品的销售价格时，应从受托方的角度来确定计税依据，按照组成计税价格计算纳税，计算公式为：

$$组成计税价格=\frac{材料成本+加工费}{1-适用税率}$$

$$应纳税额=组成计税价格\times适用税率$$

公式中，“材料成本”是指委托方在委托加工合同上如实注明的所提供加工材料的实际成本；“加工费”是指受托方在加工应税消费品时向委托方所收取的全部费用，但不包括收取的增值税税款。

【例 3-7】 某日化厂 4 月份委托 A 公司加工一批化妆品，向 A 公司提供原材料实际成本为 150 000 元，取得增值税专用发票注明加工费 60 000 元。假设：

（1）受托方 A 公司有同类化妆品销售价格，该批化妆品市场销售额是 350 000 元；

（2）受托方 A 公司无同类化妆品销售价格。

试就上述情况分别计算受托方 A 公司应代收代缴的消费税。

解 （1）受托方 A 公司有同类化妆品市场参照价格，以受托方 A 公司的销售额计算消费税：

$$受托方应代收代缴消费税=350\,000\times30\%=105\,000（元）$$

（2）受托方 A 公司无同类化妆品市场参照价格，以组成计税价格为计税依据计算消费税：

$$组成计税价格=(150\,000+60\,000)/(1-30\%)=300\,000（元）$$

$$受托方应代收代缴消费税=300\,000\times30\%=90\,000（元）$$

3. 复合计税方法计算

现行消费税的税目中，只有卷烟和白酒采用从价定率和从量定额相结合的复合计税方法。其基本计算公式为：

$$应纳税额 = 应税数量 \times 定额税率 + 销售额 \times 比例税率$$

（1）应税数量的确定：委托加工收回的数量。

（2）销售额的确定：受托方有同类产品的参照价格，计税依据为受托方同类产品的销售额；受托方没有同类产品的参照价格，按组成计税价格计算。

$$组成计税价格 = \frac{材料成本 + 加工费 + 委托加工收回数量 \times 定额税率}{1 - 比例税率}$$

（二）委托方收回后销售应税消费品

1. 受托方已代收代缴消费税

根据税法规定，已由受托方代收代缴消费税的，委托方收回后不进行加工直接销售，其消费税缴纳与否分以下两种情况处理：

（1）委托方将收回的应税消费品以不高于受托方的计税价格出售的，为直接销售，不再缴纳消费税。

（2）委托方将收回的应税消费品以高于受托方的计税价格出售的，需要按规定缴纳消费税。但是为了避免重复征税，在销售计税时准予扣除受托方已代收代缴的消费税。

【例 3-8】 接例 3-7，假设提货时受托方 A 公司以组成计税价格 300 000 元作为计税价格。在受托方没有同类化妆品市场参照价格的情况下，该日化厂将收回的化妆品未进一步加工分别按不含增值税价格 280 000 元和 320 000 元销售，试计算其应纳消费税。

解 （1）按 280 000 元销售，由于销售价格低于原计税价格，因而不用缴纳消费税。

（2）按 320 000 元销售，由于销售价格高于原计税价格，因而需要缴纳消费税。

$$销售应纳消费税 = 320\,000 \times 30\% = 96\,000（元）$$

由于受托方已经代收代缴消费税 90 000 元，在实际缴纳时可以扣除：

$$实际应纳消费税 = 96\,000 - 90\,000 = 6\,000（元）$$

2. 受托方未代收代缴消费税

受托方未按规定代收代缴税款的，由委托方负责补缴税款。对委托方负责补缴税款时计税依据的确定，主要有两种方式：检查时，委托加工收回的应税消费品已经直接销售的，按销售额计税；委托加工收回的应税消费品尚未销售或不能直接销售的，按组成计税价格计税。

【例 3-9】 接例 3-7，假设受托方没有代收代缴消费税，委托方收回后，直接按不含增值税价格 340 000 元对外销售。试计算委托方应补缴的消费税。

解 $$应补缴消费税 = 340\,000 \times 30\% = 102\,000（元）$$

四、进口应税消费品

（一）从量定额方法计算

进口应税消费品从量定额的计税依据是应税消费品的进口数量，计算公式为：

$$应纳税额=进口数量\times单位税额$$

（二）从价定率方法计算

由于进口货物与国内直接购买货物计算基数的口径要求保持一致，所以进口环节从价计征消费税的计算以组成计税价格作为计税依据，计算公式如下：

$$组成计税价格=\frac{关税完税价格+关税}{1-适用税率}$$

$$应纳税额=组成计税价格\times适用税率$$

公式中，"关税完税价格"是指以海关审定成交价格为基础的到岸价格。成交价格是进口货物的购买方为购买该项货物向卖方实际支付或应当支付的价格；到岸价格是货价加上货物运抵我国关境内输入地点起卸前的包装费、运费、保险费和其他劳务费等费用构成的一种价格。

【例 3-10】 3 月某外贸公司从国外进口一批葡萄酒，已知该批应税消费品的到岸价格为 180 万元，按规定应缴纳关税 36 万元。计算进口环节应缴纳的消费税、增值税。

解 葡萄酒属于其他酒，适用消费税税率为 10%，增值税税率为 17%。

$$组成计税价格=(180+36)/(1-10\%)=240（万元）$$

$$应纳消费税=240\times10\%=24（万元）$$

$$应纳增值税=240\times17\%=40.8（万元）$$

（三）复合计税方法计算

现行消费税的税目中，只有卷烟和白酒采用从价定率和从量定额相结合的复合计税方法。其基本计算公式为：

$$应纳税额=应税数量\times定额税率+销售额\times比例税率$$

（1）应税数量的确定：应税消费品的进口数量。

（2）销售额的确定：

$$组成计税价格=\frac{关税完税价格+关税+进口数量\times定额税率}{1-比例税率}$$

需要注意的是，复合计税方法下组成计税价格的构成与仅仅按从价定率方法征收的组成计税价格不同，分子上增加了从量征收的税额。

五、应税消费品已负担税款的扣除

如果某些最终应税消费品是用外购或委托加工收回的已负担消费税的应税消费品为原料生产的，在对生产的最终应税消费品计算征税时，为了避免对已负担消费税的应税消费品的重复征税，税法规定应按当期生产领用数量计算扣除该应税消费品原料已负担的消费税税额来确定实际应该缴纳的消费税。

（一）准予扣除已负担消费税的消费品范围

（1）以外购或委托加工收回的已税烟丝生产的卷烟。

（2）以外购或委托加工收回的已税化妆品生产的化妆品。

（3）以外购或委托加工收回的已税珠宝玉石生产的贵重首饰及珠宝玉石。

（4）以外购或委托加工收回的已税鞭炮、焰火生产的鞭炮、焰火。

（5）以外购或委托加工收回的已税摩托车生产的摩托车。

（6）以外购或委托加工收回的已税杆头、杆身和握把为原料生产的高尔夫球杆。

（7）以外购或委托加工收回的已税木制一次性筷子为原料生产的木制一次性筷子。

（8）以外购或委托加工收回的已税实木地板为原料生产的实木地板。

（9）以外购或委托加工收回的已税汽油、柴油、石脑油、燃料油、润滑油为原料生产的成品油。

确定准予扣除已负担消费税的应税消费品的范围时需要注意：

（1）准予扣税范围仅限于税法列举的上述项目，并非所有外购或委托加工收回的应税消费品都准予扣税，扣税项目将酒、小汽车、高档手表等排除在外。

（2）准予扣税项目之间的对应关系。例如，在准予扣税的项目“以外购或委托加工收回的已税烟丝生产的卷烟”中，对应关系是用已税烟丝生产卷烟销售时烟丝已负担的消费税是准予扣除的，而用已税烟丝生产雪茄烟销售时烟丝已负担的消费税是不允许扣除的。

（3）纳税人以外购或委托加工收回的已税珠宝玉石生产的改在零售环节征收消费税的金银首饰，在计税时一律不允许扣除已税珠宝玉石已负担的消费税税款。例如，某金银首饰生产企业将从钻石加工企业购买的钻石与自产的黄金项链组合生产镶钻项链，由于镶钻项链的消费税在零售环节征收，所以金银首饰生产企业销售时是不缴纳消费税的，外购钻石所负担的消费税也就不能扣除。

（二）准予扣除的已负担消费税税款的计算

1. 准予扣除的已负担消费税的计算公式

当期准予扣除的外购或委托加工收回应税消费品已负担消费税税款，是纳税人当期生产领用数量所负担的消费税税款，其计算公式为：

$$\text{当期准予扣除的应税消费品已负担税款}=\text{期初库存应税消费品已负担税款}+\text{当期增加应税消费品已负担税款}-\text{期末库存应税消费品已负担税款}$$

公式中相关的几点说明：

（1）如果已税消费品原料是外购的，当期生产领用数量所负担的消费税为当期允许扣除的外购应税消费品的买价与其适用税率的乘积，其中“买价”是指购货增值税专用发票上注明的销售额。

（2）如果已税消费品原料是委托加工收回的，当期生产领用数量所负担的消费税依据

《税收缴款书(代扣代收专用)》计算。

(3) 如果已税消费品原料是进口的，当期生产领用数量所负担的消费税依据《海关进口消费税专用缴款书》计算。

2. 不同来源的原料准予扣除已负担消费税的计算

依据上述的计算说明，纳税人使用已负担消费税的应税消费品生产最终应税消费品允许扣除的消费税计算如下：

(1) 原料是外购的应税消费品。

$$\text{当期准予扣除的应税消费品买价}=\text{期初库存应税消费品买价}+\text{当期外购应税消费品买价}-\text{期末库存应税消费品买价}$$

$$\text{当期准予扣除的应税消费品已负担税款}=\text{当期准予扣除的应税消费品买价}\times\text{原材料适用消费税税率}$$

(2) 原料是委托加工收回的应税消费品。

$$\text{当期准予扣除的应税消费品已负担税款}=\text{期初库存应税消费品《税收缴款书》注明消费税金额}+\text{当期委托加工收回应税消费品《税收缴款书》注明消费税金额}-\text{期末库存应税消费品《税收缴款书》注明消费税金额}$$

(3) 原料是进口的应税消费品，计算方法类似于委托加工收回的应税消费品。

3. 准予扣除已负担消费税的计算与增值税的不同

虽然消费税和增值税都有准予扣除已负担税款的计算，但二者有以下不同：

(1) 扣除的范围不同。消费税中准予扣除的仅仅局限于应税消费品所负担的消费税，而且是前面提到的9个项目中的应税消费品；而增值税进项税额扣除的不但有应税消费品，还有其他的货物，也包括其他增值税应税行为所负担的增值税。

(2) 扣税的计算方法不同。消费税扣税采用的是实耗扣税法，即只有生产领用应税消费品的已负担消费税才可以从其汇总的消费税中扣除，本期虽然购进但没有领用的不能扣除，所以在某纳税期间内可以扣除多少已负担消费税取决于这一纳税期间生产领用了多少外购或委托加工收回的已税消费品；增值税进项税额扣税采用的是购进扣税法，即当期购进行为所负担的进项税额可以从当期的销项税额中扣除，本期购进但没有领用的也能扣除，所以在某纳税期间内可以扣除多少进项税额取决于这一纳税期间外购行为负担了多少进项税额以及抵扣条件。

【例 3-11】 某化妆品生产企业为增值税一般纳税人，12月份期初库存化妆品账面购买成本100万元；从某日化厂购进化妆品取得日化厂开具的增值税专用发票注明金额500万元，外购化妆品取得增值税专用发票当月通过认证；期末库存化妆品账面购买成本300万元。当月对外销售开具增值税专用发票注明价款1 500万元。假设所购化妆品全部用于生产化妆品，计算该企业12月份应纳消费税和增值税。

解　(1) 消费税计算过程如下：

$$\text{允许扣除应税消费品买价}=100+500-300=300\text{(万元)}$$

$$\text{允许扣除消费税}=300\times30\%=90\text{(万元)}$$

$$应纳消费税=1\,500\times30\%-90=360(万元)$$

(2)增值税计算过程如下:

$$允许抵扣的进项税额=500\times17\%=85(万元)$$

$$销项税额=1\,500\times17\%=255(万元)$$

$$应纳增值税=销项税额-允许抵扣的进项税额=255-85=170(万元)$$

六、出口应税消费品退(免)税

纳税人出口应税消费品与已负担增值税出口货物一样,都享受退(免)税优惠。出口应税消费品同时涉及退(免)增值税和消费税,且退(免)消费税与出口货物退(免)增值税在退(免)税范围的限定、退(免)税办理程序、退(免)税审核及管理上都有许多一致的地方。

(一)出口应税消费品退(免)税政策

出口应税消费品退(免)消费税在政策上分为以下三种情况:

1. 出口免税并退税

适用这个政策的包括有出口经营权的外贸企业购进应税消费品直接出口,以及外贸企业受其他外贸企业委托代理出口应税消费品。这里需要强调的是,外贸企业只有受其他外贸企业委托代理出口应税消费品才可办理退(免)税,外贸企业受其他企业(主要是非生产性的商贸企业)委托代理出口应税消费品是不予退(免)税的。

2. 出口免税但不退税

适用这个政策的包括有出口经营权的生产性企业自营出口或生产性企业委托外贸企业代理出口自产的应税消费品,依据其实际出口数量免征消费税,不予办理退还消费税。这里,"免征消费税"是指对生产性企业按其实际出口数量免征生产环节的消费税;"不予办理退还消费税"是指因已免征生产环节的消费税,该应税消费品出口时已不含有消费税,所以也无须再办理退还消费税。这项政策规定与前述生产性企业自营出口或委托代理出口自产货物退(免)增值税的规定是不一样的。其政策有所区别的原因是,消费税仅在生产性企业的生产环节征收,生产环节免税了,出口的应税消费品就不含有消费税了;而增值税在货物销售的各个环节征收,生产性企业出口货物时已负担的增值税需要退还。

3. 出口不免税也不退税

适用这个政策的包括除生产性企业、外贸企业外的其他企业,具体是指一般商贸企业,这类企业委托外贸企业代理出口应税消费品一律不予退(免)税。

(二)出口退税率的规定

出口应税消费品应退消费税的税率或单位税额,依据《消费税税目、税率(税额)表》执行。这是退(免)消费税与退(免)增值税的一个重要区别。当出口的货物是应税消费品时,其退还增值税要按规定的退税率计算,其退还消费税则按该应税消费品所适用的消费税税率计算。企业应将不同消费税税率的出口应税消费品分开核算和申报,凡划分不清适用税率的，一律从低适用税率计算应退消费税税额。

（三）出口应税消费品退税额的计算

外贸企业从生产性企业购进货物直接出口或受其他外贸企业委托代理出口应税消费品的应退消费税税款，分三种情况处理：

（1）属于从量定额计征消费税的应税消费品，应依货物购进和报关出口的数量计算应退消费税税款，其公式为：

应退消费税税款＝出口数量×单位税额

（2）属于从价定率计征消费税的应税消费品，应依照外贸企业从工厂购进货物时征收消费税的不含增值税计税价格计算应退消费税税款，其公式为：

应退消费税税款＝出口货物的工厂销售额×比例税率

（3）属于复合计征消费税的应税消费品，按从价定率和从量定额的计税依据分别确定，其公式为：

应退消费税税款＝出口货物从价定率退税依据×比例税率＋出口数量×单位税额

（四）出口应税消费品办理退（免）税后的管理

出口应税消费品办理退税后发生退关或者国外退货，进口时予以免税的，报关出口者必须及时向其所在地主管税务机关申报补缴已退的消费税税款。

纳税人直接出口的应税消费品办理免税后发生退关或国外退货，进口时予以免税的，经所在地主管税务机关批准可暂不办理补税，待其转为国内销售时，再向其主管税务机关申报补缴消费税。

第四节 消费税的征收管理

小提示

本节内容包括消费税纳税义务发生时间、纳税期限及纳税地点。

一、消费税纳税义务发生时间

纳税人生产的应税消费品在销售或用于其他方面时缴纳消费税，进口应税消费品应当于应税消费品报关进口环节纳税，但金银首饰、钻石及钻石饰品在零售环节纳税。消费税纳税义务发生时间依货款结算方式或行为发生时间分别确定。

（1）纳税人销售应税消费品，其纳税义务发生时间为：① 纳税人采取赊销和分期收款结算方式的，为销售书面合同约定的收款日期的当天，书面合同没有约定收款日期或无书面合同的，为发出应税消费品的当天；② 纳税人采取预收货款结算方式的，为发出应税消费品的当天；③ 纳税人采取托收承付和委托银行收款方式的，为发出应税消费品并办妥托收手续的当天；④ 纳税人采取其他结算方式的，为收讫销售款或者取得索取销售款的凭据的当天。

（2）纳税人自产自用应税消费品，其纳税义务发生时间为移送使用的当天。

（3）纳税人委托加工应税消费品，其纳税义务发生时间为纳税人提货的当天。

（4）纳税人进口应税消费品，其纳税义务发生时间为报关进口的当天。

二、消费税纳税期限

消费税的纳税期限分别为1日、3日、5日、10日、15日、1个月或1个季度。纳税人的具体纳税期限由主管税务机关根据纳税人应纳税额的大小分别核定，不能按照固定期限纳税的，可以按次纳税。

纳税人以1个月或1个季度为纳税期限的，自期满之日起15日内申报纳税；以1日、3日、5日、10日或15日为一期纳税的，自期满之日起5日内预缴税款，于次月1日起15日内申报纳税并结清上月应纳税款。

纳税人进口应税消费品，应当自海关填发税款缴款书之日起15日内缴纳税款。

三、消费税纳税地点

（1）纳税人销售或自产自用应税消费品的，除国家另有规定外，应当向纳税人机构所在地或居住地主管税务机关申报纳税。

（2）委托加工应税消费品的，除受托方为个体经营者外，由受托方向其机构所在地或居住地主管税务机关代收代缴消费税税款。

（3）进口应税消费品的，由进口人或者其代理人向报关地海关申报纳税。

（4）纳税人到外县（市）销售或委托外县（市）代销自产应税消费品的，于应税消费品销售后，向机构所在地或居住地主管税务机关申报纳税。

（5）纳税人的总机构与分支机构不在同一县（市），但在同一省（自治区、直辖市）范围内的，经省财政厅、国家税务局审批同意，可以由总机构汇总向总机构所在地的主管税务机关申报纳税。省财政厅、国家税务局应将审批同意的结果上报财政部、国家税务总局备案。

（6）纳税人销售的应税消费品因质量等原因由购买者退回的，经所在地主管税务机关审核批准后，可退还已征收的消费税税款，但不能自行直接抵减应纳税款。

本章小结

本章主要介绍了消费税的概念、特点、纳税人、应税项目、税率、应纳税额的计算以及消费税的征收管理。

消费税是对在我国境内生产、委托加工、进口和零售应税消费品的单位和个人，就其销售额或销售数量征收的一种税，具有征收范围的选择性、征收环节的单一性、征收方法的多样性以及税收负担的转嫁性等特点。

消费税针对烟、酒、化妆品、成品油等15种非生活必需品，在生产、委托加工、进口和零售环节征收，主要采用了从价计征、从量计征、复合计征三种计算方法。

➢习　题≺

一、单项选择题

1. 除另有规定外，我国只是在对货物普遍征收增值税的基础上，选择部分消费品征收(　　)。

　A. 增值税　　B. 资源税　　C. 关税　　D. 消费税

2. 金银首饰应在(　　)征收消费税。

　A. 生产环节　　B. 进口环节　　C. 委托加工环节　　D. 零售环节

3. 下列消费品中，不征收消费税的是(　　)。

　A. 成品油　　B. 化妆品　　C. 实木地板　　D. 高档家具

4. 下列选项中，应当缴纳消费税的是(　　)。

　A. 商店零售化妆品　　B. 个人销售使用过的小轿车

　C. 酒厂销售白酒　　D. 生产企业销售金银首饰

5. 委托加工的特点是(　　)。

　A. 委托方提供原料或主要材料，受托方代垫辅助材料并收取加工费

　B. 委托方支付加工费，受托方提供原料或主要材料

　C. 委托方支付加工费，受托方以委托方的名义购买原料或主要材料

　D. 委托方支付加工费，受托方购买原料或主要材料再卖给委托方进行加工

6. 消费税采取从量定额计税的税目是(　　)。

　A. 黄酒　　B. 摩托车　　C. 化妆品　　D. 粮食白酒

7. 下列应税消费品中，采用复合计征方法的是(　　)。

　A. 啤酒　　B. 白酒　　C. 黄酒　　D. 葡萄酒

8. 纳税人自产自用应税消费品用于连续生产应税消费品的，(　　)。

　A. 视同销售缴纳消费税　　B. 于移送使用时缴纳消费税

　C. 按组成计税价格缴纳消费税　　D. 不缴纳消费税

9. 下列项目中，准予扣除已纳消费税的有(　　)。

　A. 外购已税实木地板生产实木地板　　B. 外购金银继续加工成金银镶嵌首饰

　C. 外购已税烟丝生产雪茄烟　　D. 外购酒精继续加工成白酒

10. 外购已税消费品用于生产应税消费品时，当期准予按(　　)扣除已负担的消费税。

　A. 当期购进数量　　B. 当期生产领用数量

　C. 当期出库数量　　D. 当期已出售的应税消费品的耗用数量

11. 进口应税消费品实行从价定率方法计算应纳消费税，计税依据为(　　)。

　A. 关税完税价格　　B. 应税消费品的销售额

　C. 组成计税价格　　D. 同类应税消费品的销售额

12. 某化妆品企业将一批自产的化妆品用做职工福利，化妆品的账面成本为40万元，该化妆品无同类产品市场销售价格。已知化妆品消费税税率为30%，成本利润率

为 5%，则该批化妆品应纳消费税为（　　）。

A. 12 万元　　B. 12.6 万元　　C. 17.14 万元　　D. 18 万元

13. 某实木地板厂将本厂研制的新型实木地板用于装修本企业办公室，新型实木地板的生产成本为 100 000 元，成本利润率为 5%，消费税税率为 5%，组成计税价格为（　　）。

A. 150 000 元　　B. 110 526 元　　C. 105 000 元　　D. 130 000 元

14. 某外资企业进口一批小汽车，海关核定关税完税价格为 600 万元，已知关税为 360 万元，消费税税率为 5%，该企业应纳消费税为（　　）。

A. 50.53 万元　　B. 60 万元　　C. 80.53 万元　　D. 48 万元

15. 甲厂将一批原材料送交乙厂委托加工应税消费品，该批原材料发出实际成本为 10 万元，受托方开具专用发票注明加工费 3.09 万元。假定该消费品消费税税率为 5%，则该项委托加工业务的组成计税价格为（　　）。

A. 13.68 万元　　B. 13.09 元　　C. 13.78 万元　　D. 13 万元

二、多项选择题

1. 下列项目中，属于流转税类的是（　　）。

A. 增值税　　B. 消费税　　C. 房产税　　D. 契税

2. 下列项目中，应征消费税的有（　　）。

A. 将自产应税消费品免费发给职工

B. 将自产应税消费品用于连续生产应税消费品

C. 将自产应税消费品用于广告

D. 将自产应税消费品用于赞助

3. 我国消费税应纳税额的计算采用（　　）方法。

A. 从价计征　　B. 从量计征　　C. 复合计征　　D. 核定征收

4. 下列消费品既征消费税又征增值税的有（　　）。

A. 卷烟的生产和批发环节　　B. 成品油的零售环节

C. 金银首饰的零售环节　　D. 化妆品的生产环节

5. 下列连续生产的应税消费品，在计算消费税时准予按当期生产领用数量计算扣除外购应税消费品已负担消费税税款的有（　　）。

A. 以外购汽油生产的成品油

B. 以外购已税烟丝生产的雪茄烟

C. 以外购已税化妆品生产的化妆品

D. 以外购已税两轮摩托车改装的三轮摩托车

6. 下列项目中，实行复合计税方法的有（　　）。

A. 卷烟　　B. 雪茄烟　　C. 白酒　　D. 黄酒

7. 下列项目中，关于计税依据的表述正确的是（　　）。

A. 销售应税消费品的，为应税消费品的销售数量

B. 自产自用应税消费品的，为应税消费品的移送使用数量

C. 委托加工应税消费品的，为纳税人收回的应税消费品数量

D. 进口应税消费品的，为海关核定的应税消费品进口征税数量

8. 下列项目中，在生产销售环节征收消费税的是(　　)。

A. 金银首饰　B. 成品油　C. 实木地板　D. 白酒

9. 下列商品中，属于消费税征收范围的是(　　)。

A. 小汽车　B. 高尔夫球及球具　C. 高档服饰　D. 普通护肤品

10. 从价计征的应税消费品，在确定销售额时，应包含在销售额中的项目是(　　)。

A. 增值税　B. 包装物租金

C. 向购买方收取的价款　D. 向购买方收取的手续费

11. 委托加工的应税消费品采用从价定率方法计征消费税，组成计税价格中包含(　　)。

A. 材料成本　B. 加工费　C. 消费税　D. 增值税

12. 我国消费税的特点包括(　　)。

A. 征收范围具有选择性　B. 征收环节具有单一性

C. 平均税率水平比较高且税负差异大　D. 征收方法具有多样性

13. 纳税人将自产的应税消费品用于(　　)的，应缴纳消费税。

A. 连续生产应税消费品　B. 连续生产非应税消费品

C. 职工福利　D. 管理部门

14. 卷烟的纳税环节包括(　　)。

A. 生产销售　B. 委托加工　C. 进口　D. 批发

15. 下列应税消费品中，采用定额税率的是(　　)。

A. 成品油　B. 摩托车　C. 啤酒　D. 化妆品

三、简答题

1. 简述我国消费税的特点。

2. 简要说明自产自用应税消费品的含义及税务处理。

3. 简要说明委托加工应税消费品的含义及税务处理。

四、计算题

1. 某化妆品厂 2015 年 8 月发生下列业务：

(1) 销售化妆品开具增值税专用发票注明价款 150 万元；

(2) 没收逾期未归还的包装物押金 0.351 万元；

(3) 将本企业生产的化妆品发给职工，同类化妆品不含增值税的价格为 6.5 万元；

(4) 将本厂新研制的化妆品用于广告，免费提供给消费者试用，该产品无同类产品销售价格，账面生产成本为 3 万元，成本利润率为 5%。

要求:计算该化妆品厂2015年8月应纳消费税。

2. 某摩托车生产企业为增值税一般纳税人,生产气缸容量为300毫升的摩托车,2015年7月业务情况如下:

(1) 销售给特约经销商X型号摩托车20辆,不含增值税出厂单价12 000元,另收取包装费和售后服务费每辆1 000元;

(2) 销售给使用者Y型号摩托车15辆,开具普通发票注明单价15 210元;

(3) 将X型号摩托车2辆以出厂价格提供给本厂售后服务部使用。

要求:计算当月应缴纳的消费税。

3. 某卷烟厂为增值税一般纳税人,2015年4月销售业务如下:

(1) 销售甲类卷烟15标准箱,开具增值税专用发票注明价款450万元;

(2) 销售乙类卷烟20标准箱,开具增值税专用发票注明价款150万元。

已知卷烟每标准箱是250条,每条10包,每包20支。

要求:计算该卷烟厂2015年4月应纳消费税。

4. 某药酒生产企业为增值税一般纳税人,2016年5月发生下列业务:

(1) 销售药酒开具增值税专用发票注明价款500 000元;

(2) 没收逾期未归还的包装物押金23 400元;

(3) 将自产的药酒分给职工作为福利和用于广告样品,同类药酒零售价为175 500元;

(4) 受托加工药酒一批,委托方提供原料实际成本200 000元,开具增值税专用发票注明加工费80 000元,但本企业无同类药酒销售价格。

要求:(1) 计算受托加工应代收代缴的消费税。

(2) 计算该药酒生产企业应纳消费税。

5. 某化妆品生产企业为增值税一般纳税人,2016年3月发生下列业务:

(1) 从国外进口A类化妆品,关税完税价格为820 000元,已缴纳关税230 000元;

(2) 委托某中外合资企业加工B类化妆品,提供原料实际成本680 000元,取得增值税专用发票注明加工费20 000元,该中外合资企业没有B类化妆品同类货物价格;

(3) 销售本企业生产的C类护肤品,开具普通发票注明价款678 600元;

(4) 妇女节向全体女职工发放C类护肤品,该护肤品市场零售价为136 000元。

要求:计算该企业各环节应缴纳的消费税。

第四章

城市维护建设税及教育费附加

学习目的

通过本章的学习，应理解城市维护建设税的概念和特点，掌握我国城市维护建设税及教育费附加的纳税人、适用税率、计税依据及应纳税额的计算。

学习重点

本章重点是城市维护建设税计税依据的确定及应纳税额的计算。

第一节 城市维护建设税概述

小提示

本节内容包括城市维护建设税的概念及其特点。城市维护建设税与其他税种不同，具有附加税、专款专用、征收管理事项不独立等特有的特点。

一、城市维护建设税的概念

城市维护建设税（以下简称城建税）是国家对缴纳增值税和消费税的单位和个人就其实际缴纳的增值税和消费税税额为计税依据而征收的一种税。现行城建税的基本规范是1985年2月8日国务院发布并于同年1月1日起实施的《中华人民共和国城市维护建设税暂行条例》。

二、城市维护建设税的特点

城建税属于特定目的税，是国家为加强城市的维护建设、扩大和稳定城市维护建设资金的来源而采取的一项税收措施。城建税具有以下四个特点：

(一)具有附加税性质

城建税不是以流转额、劳务收入额等为计税依据计税，而是以纳税人实际缴纳的增值税和消费税税额为计税依据，随增值税和消费税的征收而征收，本身没有特定的、独立的征税对象，其征管方法也比照增值税和消费税的有关规定办理。

(二)具有特定目的

城建税税款专门用于城市的公用事业和公共设施的维护建设，具体安排由地方人民政府确定。城建税为开发建设新兴城市、扩展和改造旧城市、发展城市公用事业、维护公共设施等提供了稳定的资金来源，使城市的维护建设随着经济的发展而不断发展，体现了对受益者课税、权利与义务相一致的原则。

(三)适用税率依纳税人所在地确定

城建税的适用税率不是依据交易标的物的形态和行业来确定的，而是按纳税人所在地的不同分别设置了7%、5%、1%三档税率，这样规定更符合城市、县城和其他地区对城市维护建设资金的不同需要。

(四)征收管理事项不独立

城建税的征收管理、纳税环节、惩罚等事项比照增值税和消费税的有关规定办理，其纳税时间、纳税地点和纳税环节同增值税和消费税的规定一致，可以避免征收管理方面的繁琐和混乱。

第二节　城市维护建设税的税制构成要素

小提示

本节内容包括城市维护建设税的纳税人、税率及税收优惠。城市维护建设税的纳税人涵盖了增值税和消费税的纳税人；税率有7%、5%和1%之分；随增值税和消费税的减免而减免、退库而退库。

一、纳税人

城建税的纳税人是指负有缴纳增值税和消费税义务的单位和个人，包括国有企业、集体企业、私营企业、股份制企业、外商投资企业、外国企业及其他企业，行政单位、事业单位、军事单位、社会团体及其他单位，以及个体工商户、外籍个人和其他个人。

二、税率

城建税按纳税人所在地的不同，设置了三档地区差别比例税率：

(1)纳税人所在地为市区的，税率为7%。

（2）纳税人所在地为县城、镇的，税率为5%。

（3）纳税人所在地不在市区、县城或者镇的，税率为1%；开采海洋石油资源的中外合作油（气）田所在地在海上，其城建税适用1%的税率。

城建税的适用税率应当按纳税人所在地的规定税率执行。但是，对下列两种情况，可按缴纳增值税和消费税所在地的规定税率就地缴纳城建税：第一，由受托方代扣代缴、代收代缴增值税和消费税的单位和个人，其代扣代缴、代收代缴的城建税按受托方所在地适用税率执行；第二，流动经营等无固定纳税地点的单位和个人，在经营地缴纳增值税和消费税的，其城建税的缴纳按经营地适用税率执行。

三、税收优惠

城建税原则上不单独减免，但因城建税具有附加税性质，当主税发生减免时，城建税也随之减免。城建税的减免具体有以下几种情况：

（1）城建税按减免后实际缴纳的增值税和消费税税额计征，即随增值税和消费税的减免而减免。

（2）因减免税而需进行增值税和消费税退库的，城建税也可同时退库。

（3）海关对进口产品代征的增值税、消费税，不征收城建税。

（4）对增值税和消费税实行先征后返、先征后退、即征即退办法的，除另有规定外，对随增值税和消费税附征的城建税一律不退（返）还。

（5）为支持国家重大水利工程建设，对国家重大水利工程建设基金免征城建税。

第三节　应纳城市维护建设税的计算

小提示

城市维护建设税是附加税，计税依据是增值税和消费税的税额之和，但不包括与增值税和消费税相关的滞纳金和罚款，适用“进口不征，出口不退”的规定。

一、计税依据的确定

城建税的计税依据是指纳税人实际缴纳的增值税和消费税税额。确定城建税的计税依据应注意以下几点：

（1）计税依据中包括纳税人运用免、抵、退税方法计算的当期免、抵的增值税，因为这部分增值税是用出口货物退税款抵顶的内销货物的应纳增值税，理应将其包括在计税依据中。

（2）计税依据中不包括进口环节缴纳的增值税和消费税，简称“进口不征”。

（3）计税依据中不包括纳税人违犯增值税和消费税有关税法而加收的滞纳金和罚款，因为这部分款项是税务机关对纳税人违法行为的经济制裁，不作为城建税的计税依据。

（4）城建税随增值税和消费税的补税而补税，即纳税人在被查补增值税和消费税及被处以罚款时，应同时对其偷漏的城建税进行补税、征收滞纳金和罚款。

（5）城建税随增值税和消费税的减免而减免，即免征或者减征增值税和消费税时，也要同时免征或者减征城建税。

（6）城建税随增值税和消费税的退库而退库，即纳税人发现多缴增值税和消费税而申请退税时可同时申请将多缴的城建税退回，但是对于国家鼓励出口而退回的增值税和消费税不同时退回城建税，简称“出口不退”。

二、应纳税额的计算

应纳税额＝纳税人实际缴纳的增值税、消费税税额之和×适用税率

【例 4-1】 某县城一生产企业为增值税一般纳税人，2015 年 4 月进口原材料一批，向海关缴纳进口环节增值税10万元；本期在国内销售甲产品缴纳增值税30万元、消费税50万元，由于缴纳消费税超过时限 10 天，被罚滞纳金 1 万元。计算该企业当月应纳城建税。

解 应纳城建税＝(30＋50)×5%＝4(万元)

【例 4-2】 青岛市区某酒厂(一般纳税人)主要生产各种葡萄酒，2014 年经营情况如下：

(1) 销售葡萄酒，共计收入 2 000 万元(不含增值税)；

(2) 12 月份收取包装物押金 5.85 万元；

(3) 10 月份厂庆，将自制葡萄酒发放给职工，总成本 50 万元；

(4) 购进各种货物准予抵扣的进项税额为 275 万元。

要求：计算该酒厂全年应纳的城建税(葡萄酒成本利润率为 5%，消费税税率为 10%)。

解

$$\text{应纳增值税} = 2\,000 \times 17\% + \frac{5.85}{1+17\%} \times 17\% + \frac{50 \times (1+5\%)}{1-10\%} \times 17\% - 275 = 75.77\text{（万元）}$$

$$\text{应纳消费税} = 2\,000 \times 10\% + \frac{5.85}{1+17\%} \times 10\% + \frac{50 \times (1+5\%)}{1-10\%} \times 10\% = 206.33\text{（万元）}$$

$$\text{应纳城建税} = (75.77 + 206.33) \times 7\% = 19.75\text{（万元）}$$

第四节　城市维护建设税的征收管理

一、纳税环节

城建税的纳税环节实际就是纳税人缴纳增值税和消费税的环节。纳税人只要发生增值税和消费税的纳税义务，就要在同样的环节分别计算缴纳城建税。

二、纳税期限

由于城建税是由纳税人在缴纳增值税和消费税时同时缴纳的，所以其纳税期限分别与增值税和消费税的纳税期限一致。根据税法的规定，增值税、消费税的纳税期限均分别为 1 日、3 日、5 日、10 日、15 日、1 个月或 1 个季度。增值税、消费税的纳税人的具体纳税期限由

主管税务机关根据纳税人应纳税额的大小分别核定，不能按照固定期限纳税的，可以按次纳税。

三、纳税地点

城建税以纳税人实际缴纳的增值税、消费税税额为计税依据，分别与增值税和消费税同时缴纳，所以纳税人缴纳增值税和消费税的地点就是该纳税人缴纳城建税的地点。但是，还存在下列几种特殊情况：

（1）代扣代缴、代收代缴增值税和消费税的单位和个人同时也是城建税的代扣代缴、代收代缴人，其城建税的纳税地点在代扣代收地。

（2）跨省开采的油田，下属生产单位与核算单位不在一个省内的，其生产的原油在油井所在地缴纳增值税，其应纳税款由核算单位按照各油井的产量和规定税率计算汇拨各油井缴纳。所以，各油井应纳的城建税应由核算单位计算，随同增值税一并汇拨油井所在地，由油井在缴纳增值税的同时一并缴纳。

（3）流动经营等无固定纳税地点的单位和个人，应随同增值税和消费税在经营地按适用税率缴纳城建税。

第五节 教育费附加的有关规定

小提示

本节内容包括教育费附加的概念、税收要素及计算。教育费附加与城市维护建设税都是附加税，其纳税人、计税依据以及减免等一致。

一、教育费附加概述

教育费附加是对缴纳增值税、消费税的单位和个人，以其实际缴纳的税额为计税依据而征收的一种附加税。

教育费附加是为加快地方教育事业的发展、扩大地方教育经费的来源而征收的一项专用基金。国务院于 1986 年 4 月 28 日颁布了《征收教育费附加的暂行规定》，自同年 7 月 1 日开始在全国范围内征收教育费附加。

二、教育费附加计征比率

教育费附加计征比率几经变化，现行教育费附加计征比率为 3%。

三、教育费附加的其他税收要素

教育费附加除计征比率外，其纳税人、征收范围、计税依据、减免等与城建税一致。

四、教育费附加的计算

应纳教育费附加 = 纳税人实际缴纳的增值税、消费税税额之和 × 计征比率

【例 4-3】某县城生产化妆品的纳税人本月缴纳增值税 14 万元、消费税 30 万元，补缴上月应纳消费税 2 万元，当月取得出口退还增值税 5 万元，缴纳进口关税 8 万元、进口增值税 20 万元、进口消费税 10 万元，计算本月应纳城建税和教育费附加。

解 应纳城建税 = (14 + 30 + 2) × 5% = 2.3（万元）

应纳教育费附加 = (14 + 30 + 2) × 3% = 1.38（万元）

本章小结

本章介绍了城建税和教育费附加的概念、特点、税收要素和应纳税额的计算。

城建税是以纳税人实际缴纳的增值税和消费税税额为计税依据而征收的一种附加税。城建税按纳税人所在地的不同，分别设置了 7%、5%、1% 三档税率。城建税具有附加税的性质，原则上不单独减免。

教育费附加是以纳税人实际缴纳的增值税和消费税税额为计税依据而征收的一种附加税。教育费附加的计征比率为 3%。除计征比率外，教育费附加的征收范围、计税依据等与城建税一致。

习 题

一、单项选择题

1. 现行教育费附加的计征比率为(　　)。

   A. 1%　　B. 2%　　C. 3%　　D. 5%

2. 位于某市的卷烟生产企业委托设在县城的烟丝加工厂加工一批烟丝，提货时加工厂代收代缴的消费税为 1 600 元，其城建税和教育费附加按以下(　　)办法处理。

   A. 在烟丝加工厂所在地缴纳城建税及教育费附加 128 元

   B. 在烟丝加工厂所在地缴纳城建税及教育费附加 80 元

   C. 在卷烟厂所在地缴纳城建税及教育费附加 80 元

   D. 在卷烟厂所在地缴纳城建税及教育费附加 112 元

3. 某市一家生产企业为增值税一般纳税人。本期进口原材料一批，向海关缴纳进口环节增值税 10 万元；本期在国内销售甲产品缴纳增值税 30 万元、消费税 50 万元、消费税滞纳金 1 万元；本期出口乙产品一批，按规定退回增值税 5 万元。该企业本期应缴纳城建税(　　)。

   A. 4.55 万元　　B. 4 万元　　C. 4.25 万元　　D. 5.6 万元

4. 下列项目属于城建税计税依据的是(　　)。

   A. 中外合资企业在华机构缴纳的企业所得税

B. 个体工商户拖欠增值税加收的滞纳金

C. 个人独资企业偷税被处的增值税罚款

D. 外资商场偷逃的增值税税金

5. 青岛市区某企业 2015 年 4 月份实际缴纳增值税 30 万元、消费税 15 万元。该企业本月应缴纳教育费附加(　　)。

A. 0.45 万元　　B. 0.9 万元　　C. 1.35 万元　　D. 3.15 万元

6. 流动经营的单位在经营地缴纳增值税和消费税的,其城建税应在(　　)缴纳。

A. 经营地按当地适用税率计算

B. 机构所在地按当地适用税率计算

C. 经营地但按机构所在地的适用税率计算

D. 机构所在地但按经营地的适用税率计算

7. 关于城建税和教育费附加的减免规定,下列表述正确的是(　　)。

A. 对海关进口产品征收的增值税、消费税,应征收城建税

B. 对增值税和消费税实行先征后返、先征后退、即征即退办法的,除另有规定外,对随同增值税和消费税附征的城建税一律不退(返)还

C. 对出口产品退还增值税、消费税的,可以同时退还已征的城建税

D. 对因减免税而需要进行增值税、消费税退库的,不可以同时退还已征的城建税

8. 地处市区的某内资企业为增值税一般纳税人,主要从事货物的生产与销售。2015 年 4 月按规定缴纳增值税 100 万元,同时补缴上一年度增值税 10 万元及相应的滞纳金 1.595 万元、罚款 20 万元。该企业本月应缴纳城建税(　　)。

A. 5.5 万元　　B. 7 万元　　C. 7.7 万元　　D. 9.17 万元

9. 位于县城的某外贸公司 2015 年 4 月出口货物退还增值税 15 万元、消费税 30 万元,进口半成品缴纳进口环节增值税 60 万元,内销产品缴纳增值税 200 万元。该公司本月应纳城建税和教育费附加(　　)。

A. 6 万元　　B. 14 万元　　C. 20 万元　　D. 16 万元

10. 关于教育费附加的说法,正确的是(　　)。

A. 某市区公司当月实际缴纳增值税 40 万元、滞纳金 0.5 万元,该公司以 40.5 万元为依据缴纳教育费附加

B. 某公司应缴纳增值税 30 万元,实际缴纳增值税 20 万元,该公司以 30 万元为计税依据缴纳教育费附加

C. 某公司进口铁矿石缴纳增值税 80 万元,应同时按 3% 缴纳教育费附加

D. 某公司出口电视机已退增值税 60 万元,但已缴纳的教育费附加不予退还

11. 某市专营进出口业务的生产企业 2015 年 3 月出口货物应退税额 10 万元,免抵税额 30 万元;当月进口货物向海关缴纳增值税 20 万元、消费税 25 万元。该企业当月应缴纳城建税(　　)。

A. 2.1 万元　　B. 2.2 万元　　C. 2.8 万元　　D. 2 万元

12. 位于市区的某企业 2015 年 2 月实际缴纳增值税 50 万元、消费税 10 万元、契税 6 万

元,取得增值税出口退税10万元。该企业当月应缴纳城建税(　　)。

A. 3万元　　B. 3.5万元　　C. 4.2万元　　D. 4.62万元

13. 某市一居民企业5月份被查补增值税5万元、消费税2万元、企业所得税3万元,加收滞纳金0.2万元,被处罚款0.8万元。该企业应补缴城建税和教育费附加(　　)。

A. 0.5万元　　B. 0.7万元　　C. 0.8万元　　D. 1万元

14. 市区某专营进出口业务的生产企业2015年2月计算出口货物应退税额20万元,免抵税额20万元;当月进口货物向海关缴纳增值税35万元、消费税25万元。该企业当月应缴纳城建税及教育费附加(　　)。

A. 5.6万元　　B. 1.4万元　　C. 4.2万元　　D. 2万元

15. 市区某企业无故拖欠了当年应缴纳的增值税20万元,经税务人员检查后,补缴了拖欠税款,另交罚款2万元、滞纳金0.3万元。该企业应补缴城建税(　　)。

A. 2万元　　B. 1.4万元　　C. 1.56万元　　D. 2.23万元

二、多项选择题

1. 下列属于城建税的特点的有(　　)。

A. 具有特定目的　　B. 实行从量定额征收

C. 征收范围广　　D. 属于一种附加税

2. 下列关于教育费附加的说法中正确的有(　　)。

A. 海关对进口产品代征消费税的,不代征教育费附加

B. 对于减免增值税、消费税而发生退税的,可以同时退还已征收的教育费附加

C. 出口产品退还增值税、消费税的,同时退还已经征收的教育费附加

D. 流动经营无固定纳税地点的单位和个人,不缴纳教育费附加

3. 市区某制药厂为一般纳税人,2015年3月缴纳增值税130万元,补缴上月漏缴的增值税55.8万元,则下列说法正确的是(　　)。

A. 本月应缴纳城建税9.1万元　　B. 本月应缴纳城建税9.28万元

C. 本月应补缴城建税3.91万元　　D. 本月应补缴城建税2.79万元

4. 企业发生的下列行为中,需要缴纳城建税和教育费附加的有(　　)。

A. 企业出租房屋　　B. 企业购买房屋

C. 油田开采天然原油并销售　　D. 外商投资企业销售货物

5. 下列各项中,符合城建税规定的有(　　)。

A. 纳税人偷漏增值税和消费税而加收的滞纳金、罚款,一并计入城建税的计税依据

B. 因减免增值税和消费税而退库的,相应的城建税可以同时退还

C. 出口产品退还增值税、消费税的,不退还城建税

D. 海关对进口货物征收增值税、消费税,不征收城建税

6. 下列各项中,属于城建税计税依据的有(　　)。

A. 偷逃增值税而被查补的税款　　B. 偷逃消费税而加收的滞纳金

C. 出口货物免抵的增值税税额　　　　D. 出口产品征收的消费税税额

7. 下列各项中,符合城建税征收管理规定的有(　　)。

A. 海关对进口产品代征增值税时,应同时代征城建税

B. 对增值税实行先征后返的,应同时返还附征的城建税

C. 对出口产品退还增值税的,不退还已经缴纳的城建税

D. 纳税人延迟缴纳增值税而加收的滞纳金,不作为城建税的计税依据

8. 下列关于城建税纳税地点的表述中,正确的是(　　)。

A. 无固定纳税地点的个人,为户籍所在地

B. 代收代缴增值税和消费税的单位,为税款代收地

C. 代扣代缴增值税和消费税的个人,为税款代扣地

D. 流动经营的单位应随同增值税和消费税在经营地缴纳

9. 下列关于城建税的表述中,正确的是(　　)。

A. 对外资企业不征收城建税

B. 城建税的纳税环节就是纳税人缴纳增值税和消费税的环节

C. 城建税实行地区差别比例税率,设置了7%、5%和1%三档税率

D. 城建税按实际缴纳的增值税和消费税税额计征,随增值税和消费税的法定减免而减免

10. 下列选项中,属于城建税和教育费附加的计税依据的是(　　)。

A. 进口产品征收的增值税

B. 查补的增值税和消费税

C. 享受税收优惠而减免的增值税和消费税

D. 出口产品征收的消费税

三、简答题

1. 简述城建税及教育费附加的计税依据。

2. 说明计算城建税时,“进口不征,出口不退”的含义。

四、计算题

1. 某县城一加工企业2015年2月因进口半成品缴纳增值税120万元,销售产品缴纳增值税280万元。计算该企业当月应纳城建税和教育费附加。

2. 某公司地处市区,2015年4月缴纳增值税、消费税共370万元,因违犯税法有关规定被处以罚款5万元,因产品出口退还增值税、消费税20万元。计算该公司当月应纳城建税和教育费附加。

3. 某县城卷烟厂2015年4月缴纳消费税40 000元、增值税30 000元,被查补消费税10 000元、增值税5 000元,处以罚款8 000元,加收滞纳金600元。计算该卷烟厂当月应纳城建税和教育费附加。

4. 某县城甲地板厂为外商投资企业，2015年3月初购进一批木材，取得增值税发票注明不含税价格80万元。当月委托位于县城的乙加工厂加工成实木地板，支付不含税加工费15万元。2015年3月末乙加工厂全部完工，交付给甲企业。已知实木地板消费税税率为5%，计算乙加工厂应代收代缴的城建税。

5. 某市区化妆品生产企业为增值税一般纳税人，2015年5月发生如下业务：

（1）从国外进口一批散装化妆品，关税完税价格150万元，关税60万元，散装化妆品验收入库；

（2）本月内企业将进口散装化妆品的80%生产加工为成套化妆品6 800件，对外批发销售6 000件，取得不含税销售额290万元；

（3）向消费者零售成套化妆品800件，取得含税销售额51.48万元。

要求：（1）计算该企业在进口环节应缴纳的消费税、增值税。

（2）计算该企业国内生产销售环节应缴纳的增值税、消费税。

（3）计算该企业应纳城建税、教育费附加。

第五章

企业所得税

学习目的

通过本章的学习，应了解企业所得税的概念、特点，掌握企业所得税的税制构成要素、应纳税所得额和应纳税额的计算方法等。

学习重点

本章重点是企业所得税的征税对象、纳税人、应纳税所得额的确定、应纳税额的计算以及境外所得税收抵免的计算。

第一节　企业所得税概述

小提示

本节内容包括企业所得税的概念及其特点。由于其对企业所得额征税，具有计算复杂、按年计征、税负不转嫁等特点。

一、企业所得税的概念

企业所得税是指国家对中华人民共和国境内企业和其他取得收入的组织生产经营所得和其他所得依法征收的一种税。它是国家参与企业利润分配的重要手段。本章内容依据的规范是2007年3月16日第十届全国人民代表大会第五次会议通过的《中华人民共和国企业所得税法》(以下简称《企业所得税法》)和2007年12月11日国务院公布的《中华人民共和国企业所得税法实施条例》。

二、企业所得税的特点

1. 征收范围广

企业所得税的纳税人为在我国境内取得收入的组织，不再区分内资和外资、国有和私营等，因此企业所得税具有征收上的广泛性。

2. 税负公平

企业所得税对企业不分所有制、不分行业和层次实行统一的比例税率，在普遍征收的基础上使各类企业税负大致公平。

3. 征税对象是所得额

企业所得税的课税对象是应纳税所得额，是对企业取得的收入依据税法规定扣除成本、费用和损失后的余额计征税款。

4. 应纳所得税的计算比较复杂

与流转税和其他税种比较，企业所得税的计算比较复杂，因为企业所得税的计算首先是确定企业取得的收入及收入配比的支出，然后计算应纳税所得额，最终计算应纳所得税。

5. 实行按年计征、分期预缴的征税办法

由于企业收入以及支出的确认计量持续时间较长，在纳税年度中的月份或季度结束时可能不能准确确定收入和支出的数据，因而采取了分期预缴、年度终了后汇算清缴的征收方式。

6. 纳税人与负税人一致

企业所得税属于终端税种，纳税人缴纳的所得税一般不易转嫁，而是由纳税人自己负担，是一种直接税。

第二节　企业所得税的税制构成要素

小提示

本节内容包括企业所得税的纳税人、征税对象、税率及其税收优惠。企业所得税的纳税人不包括个人独资企业和合伙企业；纳税人按照“登记注册地”和“实际管理机构所在地”标准划分为居民企业和非居民企业，居民企业就其境内、境外所得全面纳税；税率有25%和20%之分；税收优惠有项目优惠、高新技术企业优惠、加计扣除、环保设备抵税及加速折旧等内容。

一、纳税人

企业所得税的纳税人是指在中华人民共和国境内的企业和其他取得收入的组织，但是不包括个人独资企业、合伙企业。

（一）纳税人的内容

企业所得税的纳税人包括国有企业、集体企业、联营企业、股份制企业、私营企业、中外合资经营企业、中外合作经营企业、外国企业、事业单位、社会团体、民办非企业单位和从事经营活动的其他组织，也包括在我国未设机构、场所但有来源于我国境内所得的外国企业及其他经济组织等。

（二）纳税人的划分

《企业所得税法》采取“登记注册地”和“实际管理机构所在地”标准相结合的原则，将企业所得税的纳税人划分为居民企业和非居民企业。

1. 居民企业

居民企业是指依法在我国境内成立，或者依照外国（地区）法律成立但实际管理机构在我国境内的企业。居民企业具体包括两大类：

（1）依法在我国境内成立的企业。

此类企业是指依照我国法律、行政法规在我国境内成立的企业和事业单位、社会团体以及其他取得收入的组织。

“境内成立的企业”是指同时具备以下三个条件的企业：成立的依据是我国的法律、法规；在我国境内成立；属于取得收入的企业。具体包括企业和事业单位、社会团体、民办非企业单位、基金会、商会、农民专业合作社以及取得收入的组织。

（2）依照外国（地区）法律成立但实际管理机构在我国境内的企业。

此类企业是指依照外国（地区）法律、法规在我国境外成立且取得收入但其实际管理机构在我国境内的组织。

“实际管理机构”是指对企业的生产经营、人员、账务、财产等实施实质性全面管理和控制的机构，即实际管理机构必须同时具备三个方面的条件：

第一，对企业有实质性管理和控制，是指对企业的经营活动能够起到实质性的影响，通常可采取“最密切联系地”标准。

第二，对企业实行全面管理和控制，是指对企业的整体或者主要的生产经营活动有实际管理控制，对本企业的生产经营活动负总体责任。如果该机构只是对企业的一部分或并不关键的生产经营活动进行影响和控制，如只是对在我国境内的某一个生产车间进行管理，则不被认定为实际管理机构。

第三，管理和控制的内容包括企业的生产经营、人员、账务、财产等，这是界定实际管理机构的最关键标准。如果一个外国企业的生产经营、人员、账务、财产等重要事务是由在我国境内的一个机构来做出决策的，我们就应当认定其实际管理机构在我国境内。

2. 非居民企业

非居民企业是指依照外国（地区）法律成立且实际管理机构不在我国境内，但在我国境内设立机构、场所的，或者在我国境内未设立机构、场所，但有来源于我国境内所得的企业。非居民企业具体包括：

（1）在境内设立机构、场所的外国企业。

“设立机构、场所”是指外国企业在我国境内设立的从事生产经营活动的以下各类机构、场所：① 管理机构、营业机构、办事机构；② 工厂、农场、开采自然资源的场所；③ 提供劳务的场所；④ 从事建筑、安装、装配、修理、勘探等工程作业的场所；⑤ 有委托营业代理人的，视同设立机构、场所；⑥ 其他从事生产经营活动的机构、场所。

（2）未设机构、场所，但有来源于我国境内所得的外国企业。

“未设机构、场所，但有来源于我国境内所得的外国企业”是指在我国未设立任何的机构、场所，但通过持有我国境内企业的股权、转让其无形资产在境内使用或销售其位于境内的不动产等行为而在我国境内取得所得，依据我国法律、法规需要在境内缴纳所得税的外国企业。

【例 5-1】依据《企业所得税法》的规定，判定居民企业的标准有（　　）。

A. 登记注册地标准　　B. 所得来源地标准

C. 经营行为实际发生地标准　　D. 实际管理机构所在地标准

答案　AD。居民企业是指依法在我国境内成立，或者依照外国（地区）法律成立但实际管理机构在我国境内的企业。

【例 5-2】下列各项中不属于企业所得税纳税人的企业是（　　）。

A. 在美国注册成立但实际管理机构在我国境内的企业

B. 在福建注册成立的外商独资企业

C. 在浙江注册成立的个人独资企业

D. 在我国境内未设立机构、场所，但有来源于我国境内所得的企业

答案　C。个人独资企业和合伙企业缴纳个人所得税，不是企业所得税的纳税人。

二、征税对象

（一）征税对象的类型范围

（1）销售货物所得，是指企业销售商品、产品、原材料、包装物、低值易耗品以及其他存货取得的所得。

（2）提供劳务所得，是指企业从事建筑安装、修理修配、交通运输、仓储租赁、金融保险、邮电通信、咨询经纪、文化体育、技术服务、教育培训、餐饮住宿、中介代理以及其他劳务服务活动取得的所得。

（3）转让财产所得，是指企业转让固定资产、无形资产、股权、债权等所有权取得的所得。

（4）股息、红利等权益性投资收益，是指企业因权益性投资从被投资方取得的所得。

（5）利息所得，是指企业将资金提供给他人使用但不构成权益性投资，或者因他人占用本企业资金取得的所得，包括存款利息、贷款利息、债券利息等所得。

（6）租金所得，是指企业提供固定资产或者其他资产使用权取得的所得。

（7）特许权使用费所得，是指企业提供专利权、非专利技术、商标权以及其他特许权的

使用权取得的所得。

（8）接受捐赠所得，是指企业接受的来自其他企业、组织或者个人无偿给予的货币性资产、非货币性资产。

（9）其他所得，是指除以上所列举方面以外的应当缴纳企业所得税的其他所得，包括企业资产溢余所得、逾期未退包装物押金所得、确实无法偿付的应付款项、已做坏账损失处理后又收回的应收款项、债务重组所得、补贴所得、违约金所得、汇兑收益等。

（二）征税对象的地域范围

应纳税所得在地域方面应区分境内、境外所得，我国境内、境外所得的确定如表 5-1 所示。

表 5-1　应税所得的来源地

应税所得	来源地
销售货物所得	交易活动发生地
提供劳务所得	劳务发生地
转让财产所得	不动产转让按照不动产所在地确定
	动产转让按照转让动产的企业或者机构、场所所在地确定
	权益性投资资产转让按照被投资企业所在地确定
股息、红利等权益性投资所得	分配所得的企业所在地
利息所得、租金所得	负担或者支付所得的企业或者机构、场所所在地
特许权使用费所得	负担或者支付所得的企业或者机构、场所所在地
其他所得	由国务院财政、税务主管部门确定

【例 5-3】下列各项中，按照分配所得的企业所在地确定所得来源地的是（　　）。

A. 提供劳务所得　　B. 权益性投资资产转让所得

C. 权益性投资所得　　D. 特许权使用费所得

答案　C。提供劳务所得按照劳务发生地确定；权益性投资资产转让所得按照被投资企业所在地确定；权益性投资所得按照分配所得的企业所在地确定；利息所得、租金所得、特许权使用费所得按照负担、支付所得的企业或者机构、场所所在地确定。

三、税率

（一）基本税率 25%

基本税率 25%适用于居民企业和在我国境内设立机构、场所的非居民企业。这两类纳税人具有经过生产运营取得收入并发生相应的成本、费用等支出的共同特点。

（二）低税率 20%

低税率 20%适用于在我国境内未设立机构、场所的，或者虽设立机构、场所但取得的所得与其所设机构、场所没有实际联系的非居民企业。

（三）小型微利企业20%

优惠税率20%适用于符合条件的小型微利企业。符合条件的小型微利企业是指从事国家非限制和禁止行业，并符合下列条件的企业：

（1）工业企业，年度应纳税所得额不超过30万元，从业人数不超过100人，资产总额不超过3 000万元。

（2）其他企业，年度应纳税所得额不超过30万元，从业人数不超过80人，资产总额不超过1 000万元。

小型微利企业上一年度发生亏损，可用当年应纳税所得额予以弥补，按弥补亏损后的应纳税所得额来确定适用税率。

四、税收优惠

（一）鼓励发展农业的优惠

（1）企业从事下列项目的所得，免征企业所得税：① 蔬菜、谷物、薯类、油料、豆类、棉花、麻类、糖料、水果、坚果的种植；② 农作物新品种的选育；③ 中药材的种植；④ 林木的培育和种植；⑤ 牲畜、家禽的饲养；⑥ 林产品的采集；⑦ 灌溉、农产品初加工、兽医、农技推广、农机作业和维修等农、林、牧、渔服务业项目；⑧ 远洋捕捞。

（2）企业从事下列项目的所得，减半征收企业所得税：① 花卉、茶以及其他饮料作物和香料作物的种植；② 海水养殖、内陆养殖。

（二）鼓励发展高新技术企业的优惠

国家需要重点扶持的高新技术企业减按15%的税率征收企业所得税。高新技术企业是指同时符合以下6个条件的企业：

（1）拥有核心自主知识产权。这是指在我国境内注册的企业近3年内通过自主研发、受让、受赠、并购等方式，或通过5年以上的独占许可方式，对其主要产品（服务）的核心技术拥有自主知识产权。

（2）产品（服务）属于《国家重点支持的高新技术领域》规定的范围。

（3）研究开发费用占销售收入的比例不低于规定比例。这是指近3个会计年度的研究开发费用总额占销售收入总额的比例符合如下要求：① 最近1年销售收入小于5 000万元的企业，比例不低于6%；② 最近1年销售收入在5 000万元至20 000万元的企业，比例不低于4%；③ 最近1年销售收入在20 000万元以上的企业，比例不低于3%。其中，企业在我国境内发生的研究开发费用总额占全部研究开发费用总额的比例不低于60%。企业注册成立时间不足3年的，按实际经营年限计算。

（4）高新技术产品（服务）收入占企业总收入的比例不低于规定比例。这是指高新技术产品（服务）收入占企业当年总收入的60%以上。

(5) 科技人员占企业职工总数的比例不低于规定比例。这是指具有大学专科以上学历的科技人员占企业当年职工总数的30%以上,其中研发人员占企业当年职工总数的10%以上。

(6)《高新技术企业认定管理办法》规定的其他条件。

向经认定的高新技术企业颁发统一印制的高新技术企业证书。高新技术企业资格自颁发证书之日起有效期为3年。企业应在期满前3个月内提出复审申请,不提出复审申请或复审不合格的,其高新技术企业资格到期自动失效。

(三) 鼓励发展项目的优惠

(1) 企业从事国家重点扶持的公共基础设施项目的投资经营所得,自项目取得第一笔生产经营收入所属纳税年度起,第1年至第3年免征企业所得税,第4年至第6年减半征收企业所得税。

"国家重点扶持的公共基础设施项目"是指符合规定的港口码头、机场、铁路、公路、城市公共交通、电力、水利等项目。企业承包经营、承包建设和内部自建自用该公共基础设施项目,不得享受企业所得税优惠。

(2) 企业从事符合条件的环境保护、节能节水项目的所得,自项目取得第一笔生产经营收入所属纳税年度起,第1年至第3年免征企业所得税,第4年至第6年减半征收企业所得税。

"符合条件的环境保护、节能节水项目"包括公共污水处理、公共垃圾处理、沼气综合开发利用、节能减排技术改造、海水淡化等。

享受减免税优惠的项目,在减免税期限内转让的,受让方自受让之日起,可以在剩余期限内享受规定的减免税优惠;减免税期限届满后转让的,受让方不得就该项目重复享受减免税优惠。

(四) 鼓励技术转让所得的优惠

1. 技术转让所得优惠的内容

一个纳税年度内,居民企业技术转让所得不超过500万元的部分,免征企业所得税;超过500万元的部分,减半征收企业所得税。这里是指居民企业一个纳税年度内技术转让所得的总和。

2. 技术转让的范围界定

享受税收优惠的技术转让必须是居民企业转让其拥有符合条件的特定技术的所有权或5年以上(含5年)全球独占许可使用权的行为。"符合条件的特定技术"包括居民企业转让专利技术、计算机软件著作权、集成电路布图设计权、植物新品种、生物医药新品种,以及财政部和国家税务总局确定的其他技术。

3. 符合条件的技术转让所得的计算方法

$$技术转让所得 = 技术转让收入 - 技术转让成本 - 相关税费$$

（1）技术转让收入是指当事人履行技术转让合同后获得的价款，也包括与技术转让项目密不可分的技术咨询、技术服务、技术培训等收入，但不包括销售或转让设备、仪器、零部件、原材料等非技术性收入。

“与技术转让项目密不可分的技术咨询、技术服务、技术培训等收入”应同时符合以下条件：① 在技术转让合同中约定的与该技术转让相关的技术咨询、技术服务、技术培训；② 技术咨询、技术服务、技术培训收入与该技术转让项目收入一同收取。

（2）技术转让成本是指转让的无形资产的净值，即该无形资产的计税基础减除在资产使用期间按照规定计算的摊销扣除额后的余额。

（3）相关税费是指技术转让过程中实际发生的有关税费，包括除企业所得税和允许抵扣的增值税以外的各项税金及其附加、合同签订费用、律师费等相关费用及其他支出。

【例 5-4】甲公司为增值税一般纳税人，与乙公司于 2014 年 7 月签订新型生物技术和新医药技术转让合同。合同载明，新型生物技术和新医药技术转让收入 3 000 万元，与技术转让项目相关的技术咨询、技术服务、技术培训等收入 300 万元，转让设备、仪器等非技术性收入 700 万元。经核实，甲公司此项技术的原始成本为 1 000 万元，该项资产在使用期间按照规定已经摊销扣除了 400 万元，技术转让过程中发生的相关税费累计 30 万元。假设暂不考虑其他相关税款，根据上述资料计算甲公司 2014 年度该项目的应纳企业所得税。

解 甲公司转让新型生物技术和新医药技术，属于税收优惠范围：

技术转让所得额 =（3 000 − 700）−（1 000 − 400）− 30 = 1 670（万元）

应纳企业所得税 =（1 670 − 500）× 25% × 50% = 146.25（万元）

（五）税前加计扣除优惠

税前加计扣除优惠是指企业在确定应纳税所得额时，某项经济行为允许扣除的项目金额，除发生额可以据实扣除外，还可以再按实际发生数的一定比例扣除。具体内容有：

1. 研究开发费用

研究开发费用的加计扣除适用于会计核算健全、实行查账征收并能够准确归集研发费用的居民企业。依据范本是 2016 年 1 月 1 日开始实施的《财政部、国家税务总局、科学技术部关于完善研究开发费用税前加计扣除政策的通知》。

（1）研究开发费用的概念。

研究开发费用是指从事规定范围内的研发活动发生的相关费用。“研发活动”是指企业为获得科学技术新知识，创造性地运用科学技术新知识，或实质性改进技术、工艺、产品（服务）而持续进行的具有明确目标的系统性活动。

（2）税前加计扣除的比例。

在确定企业应纳税所得额时，研究开发费用计入当期损益未形成无形资产的，允许在按照规定据实扣除的基础上，按照研究开发费用实际发生额的 50% 加计扣除；研究开发费用形成无形资产的，按照无形资产成本的 150% 摊销，除法律另有规定外，摊销年限不得低于 10 年。

(3) 研究开发费用的范围。

① 人员人工费用。人员人工费用包括直接从事研发活动人员的工资薪金、基本养老保险费、基本医疗保险费、失业保险费、工伤保险费、生育保险费和住房公积金,以及外聘研发人员的劳务费用。

② 直接投入费用。直接投入费用包括研发活动直接消耗的材料、燃料和动力费用;用于中间试验和产品试制的模具、工艺装备开发及制造费,不构成固定资产的样品、样机及一般测试手段购置费,试制产品的检验费;用于研发活动的仪器和设备的运行维护、调整、检验、维修等费用,以及通过经营租赁方式租入的用于研发活动的仪器和设备租赁费。

③ 折旧费用。折旧费用包括用于研发活动的仪器和设备的折旧费。

④ 无形资产摊销费用。无形资产摊销费用包括用于研发活动的软件、专利权、非专利技术(包括许可证、专有技术、设计和计算方法等)的摊销费用。

⑤ 新产品设计费、新工艺规程制定费、新药研制的临床试验费、勘探开发技术的现场试验费。

⑥ 其他相关费用。包括与研发活动直接相关的其他费用,如技术图书资料费,资料翻译费,专家咨询费,高新科技研发保险费,研发成果的检索、分析、评议、论证、鉴定、评审、评估、验收费用,知识产权的申请费、注册费、代理费,差旅费,会议费等。此项费用总额不得超过可加计扣除研发费用总额的10%。

⑦ 财政部和国家税务总局规定的其他费用。

(4) 特别事项的处理。

① 企业委托外部机构或个人进行研发活动所发生的费用,按照费用实际发生额的80%计入委托方研发费用并计算加计扣除,受托方不得再进行加计扣除。企业委托境外机构或个人进行研发活动所发生的费用,不得加计扣除。

② 企业共同合作开发项目,由合作各方就自身实际承担的研发费用分别计算加计扣除。

③ 企业集团根据生产经营和科技开发的实际情况,对技术要求高、投资数额大、需要集中研发的项目,可以按照权利和义务对等、费用支出和收益分享配比的原则,合理确定研发费用的分摊方法,在受益成员企业间进行分摊,由相关成员企业分别计算加计扣除。

④ 企业为获得创新性、创意性、突破性的产品进行创意设计活动而发生的相关费用,可按照规定进行税前加计扣除。"创意设计活动"是指多媒体软件、动漫游戏软件开发,数字动漫、游戏设计制作;房屋建筑工程设计(绿色建筑评价标准为三星)、风景园林工程专项设计;工业设计、多媒体设计、动漫及衍生产品设计、模型设计等。

(5) 不适用税前加计扣除政策的情形。

① 不适用税前加计扣除政策的活动费用:企业产品(或服务)的常规性升级;对某项科研成果的直接应用,如直接采用公开的新工艺、材料、装置、产品、服务或知识等;企业在商品化后为顾客提供的技术支持活动;对现存产品、服务、技术、材料或工艺流程进行的重复或简单改变;市场调查研究、效率调查或管理研究;作为工业流程环节或常规的质量控制、测试分析、维修维护;社会科学、艺术或人文学方面的研究。

② 不适用税前加计扣除政策的行业：烟草制造业、住宿和餐饮业、批发和零售业、房地产业、租赁和商务服务业、娱乐业以及财政部和国家税务总局规定的其他行业。

（6）税前加计扣除的管理规定。

① 企业应按照国家财务会计制度要求，对研发支出进行会计处理；同时，对享受加计扣除的研发费用按研发项目设置辅助账，准确归集核算当年可加计扣除的各项研发费用实际发生额。

② 企业应对研发费用和生产经营费用分别核算，准确、合理归集各项费用支出，对划分不清的，不得实行加计扣除。

2. 企业安置残疾人员所支付的工资

企业安置残疾人员所支付工资费用的加计扣除，是指企业安置残疾人员的，在按照支付给残疾职工工资据实扣除的基础上，按照支付给残疾职工工资的100%加计扣除。残疾人员的范围适用《中华人民共和国残疾人保障法》的有关规定，是指在心理、生理、人体结构上，某种组织、功能丧失或者不正常，全部或者部分丧失以正常方式从事某种活动能力的人，包括视力残疾、听力残疾、言语残疾、肢体残疾、智力残疾、精神残疾、多重残疾和其他残疾的人。

（六）创投企业优惠

创业投资企业（简称创投企业）是指在中华人民共和国境内注册设立的主要从事创业投资的企业组织形式。“创业投资”是指向在中华人民共和国境内注册的处于创建或重建过程中的成长性企业进行投资，以期所投资的企业发育成熟或相对成熟后主要通过股权上市转让、股权协议转让、被投资企业回购等途径获得资本增值收益的投资方式。

创投企业从事国家需要重点扶持和鼓励的创业投资，采取股权投资方式投资于未上市的中小高新技术企业2年以上的，可以按照其投资额的70%在股权持有满2年的当年抵扣该创投企业的应纳税所得额，当年不足抵扣的，可以在以后纳税年度结转抵扣。

（七）加速折旧优惠

1. 固定资产采用加速折旧的条件

（1）一般规定。

企业的固定资产由于技术进步等原因，确需加速折旧的，可以缩短折旧年限或者采取加速折旧的方法。可采用以上折旧方法的固定资产是指：① 由于技术进步，产品更新换代较快的固定资产；② 常年处于强震动、高腐蚀状态的固定资产。

（2）补充规定。

① 对生物药品制造业，专用设备制造业，铁路、船舶、航空航天和其他运输设备制造业，计算机、通信和其他电子设备制造业，仪器仪表制造业，信息传输、软件和信息技术服务业6个行业（以下简称6个行业）的企业2014年1月1日后新购进的固定资产，对轻工、纺织、机械、汽车4个领域重点行业（以下简称4个领域重点行业）的企业2015年1月1日后新购进

的固定资产(包括自行建造,下同),可以缩短折旧年限或采取加速折旧的方法。

对6个行业的小型微利企业2014年1月1日后新购进的研发和生产经营共用的仪器、设备,以及4个领域重点行业的小型微利企业2015年1月1日后新购进的研发和生产经营共用的仪器、设备,单位价值不超过100万元的,允许一次性计入当期成本费用在计算应纳税所得额时扣除,不再分年度计算折旧;单位价值超过100万元的,可缩短折旧年限或采取加速折旧的方法。

② 对所有行业企业2014年1月1日后新购进的专门用于研发的仪器、设备,单位价值不超过100万元的,允许一次性计入当期成本费用在计算应纳税所得额时扣除,不再分年度计算折旧;单位价值超过100万元的,可缩短折旧年限或采取加速折旧的方法。

③ 对所有行业企业持有的单位价值不超过5 000元的固定资产,允许一次性计入当期成本费用在计算应纳税所得额时扣除,不再分年度计算折旧。

2. 固定资产采用加速折旧的方法

企业符合条件的固定资产,允许采用的加速折旧方法包括缩短折旧年限或其他加速折旧方法。其中,"缩短折旧年限"是指最低折旧年限不得低于《企业所得税法》规定的折旧年限的60%;"其他加速折旧方法"有双倍余额递减法和年数总和法等。最低折旧年限或加速折旧方法一经确定,不得改变。

(八)税额抵免优惠

税额抵免是指企业购置并实际使用《环境保护专用设备企业所得税优惠目录》《节能节水专用设备企业所得税优惠目录》和《安全生产专用设备企业所得税优惠目录》规定的环境保护、节能节水、安全生产等专用设备的,该专用设备投资额的10%可以从企业当年的应纳税额中抵免;当年不足抵免的,可以在以后5个纳税年度结转抵免。

享受该项优惠的企业应当实际购置并自身实际投入使用前款规定的专用设备;企业购置上述专用设备在5年内转让、出租的,应当停止享受企业所得税优惠,并补缴已经抵免的企业所得税税款。

(九)鼓励非居民企业的税收优惠

非居民企业在我国境内未设立机构、场所的,或者虽设立机构、场所但取得的所得与其所设机构、场所没有实际联系的,应当就其来源于我国境内的所得缴纳企业所得税,减按10%的税率征收企业所得税。

但对下列所得免征企业所得税:外国政府向我国政府提供贷款取得的利息所得;国际金融组织向我国政府和居民企业提供优惠贷款取得的利息所得;经国务院批准的其他所得。

(十)鼓励民族自治地方的优惠

民族自治地方的自治机关对本民族自治地方的企业应纳所得税中属于地方分享的部分,可以决定减征或者免征。自治州、自治县决定减征或者免征的,须报省、自治区、直辖市人民政府批准。

（十一）鼓励企业综合利用资源的优惠

企业综合利用资源，生产符合国家产业政策规定的产品所取得的收入，可以在计算应纳税所得额时减计收入。

减计收入是指企业以《资源综合利用企业所得税优惠目录》规定的资源作为主要原材料，生产国家非限制和禁止并符合国家和行业相关标准的产品取得的收入，减按90%计入收入总额。原材料占生产产品材料的比例不低于《资源综合利用企业所得税优惠目录》规定的标准。

（十二）国务院、财政部门规定的其他方面

由于企业所得税的税收减免多数为项目减免，所以要求企业同时从事适用不同企业所得税待遇的项目的，其优惠项目应当单独计算所得，并合理分摊企业的期间费用；没有单独计算的，不得享受企业所得税优惠。

第三节　资产的税务处理

通过对资产分类，区别资本性支出与收益性支出，确定准予扣除的项目和不准扣除的项目，正确计算应纳税所得额。资产的税务处理包括固定资产、生产性生物资产、无形资产、长期待摊费用、投资资产、存货等的税务处理。

企业的各项资产以历史成本为计税基础。历史成本是指企业取得该项资产时实际发生的支出。

一、固定资产

固定资产是指企业为生产产品、提供劳务、出租或者经营管理而持有的，使用时间超过12个月的非货币性资产，包括房屋、建筑物、机器、机械、运输工具以及其他与生产经营活动有关的设备、器具、工具等。

（一）固定资产的计税基础

（1）外购的固定资产，以购买价款和支付的相关税费以及直接归属于使该资产达到预定用途发生的其他支出为计税基础。

（2）自行建造的固定资产，以竣工结算前发生的支出为计税基础。

（3）融资租入的固定资产，以租赁合同约定的付款总额和承租人在签订租赁合同过程中发生的相关费用为计税基础；租赁合同未约定付款总额的，以该资产的公允价值和承租人在签订租赁合同过程中发生的相关费用为计税基础。

（4）盘盈的固定资产，以同类固定资产的重置完全价值为计税基础。

（5）通过捐赠、投资、非货币性资产交换、债务重组等方式取得的固定资产，以该资产的公允价值和支付的相关税费为计税基础。

（6）改建的固定资产，以改建过程中发生的改建支出增加计税基础。

（二）固定资产的折旧

1. 固定资产折旧范围

不得计算折旧扣除的固定资产有：房屋、建筑物以外未投入使用的固定资产；以经营租赁方式租入的固定资产；以融资租赁方式租出的固定资产；已足额提取折旧仍继续使用的固定资产；与经营活动无关的固定资产；单独估价作为固定资产入账的土地；其他不得计算折旧扣除的固定资产。

2. 固定资产折旧要素

（1）折旧的起止时间。企业应当自固定资产投入使用月份的次月起计算折旧；停止使用的固定资产应当自停止使用月份的次月起停止计算折旧。

（2）净残值。在固定资产计算折旧前，企业应当根据固定资产的性质和使用情况合理确定固定资产的预计净残值。固定资产的预计净残值一经确定，不得变更。

（3）折旧年限。除因特殊原因需要缩短折旧年限的，可由企业提出申请，逐级报国家税务总局批准以外，一般固定资产折旧不得短于规定年限：房屋、建筑物为20年；飞机、火车、轮船、机器、机械和其他生产设备为10年；与生产经营活动有关的器具、工具、家具等为5年；飞机、火车、轮船以外的运输工具为4年；电子设备为3年。

（4）折旧方法。纳税人固定资产折旧的计算，一般采取直线折旧法。对可以享受所得税税收优惠的固定资产可以采取一次性扣除、缩短折旧年限或者加速折旧方法计提折旧。采用缩短折旧年限方法的，最低折旧年限不得低于税法规定折旧年限的60%；采用其他加速折旧方法的，可以采用双倍余额递减法或者年数总和法。

【例5-5】某生物药品制造企业2014年4月20日购进一台研发新药的设备，取得的增值税专用发票上注明价款108万元，当月投入使用。该设备使用期限为10年，残值率5%。企业采用缩短折旧年限法按直线法计提折旧，试确定当年企业允许扣除的折旧额。

解 该设备用于研发并且单位价值超过100万元，企业可以采用税收优惠中的缩短折旧年限法，按使用年限的60%即6年计提折旧；固定资产的折旧从2014年5月开始计提，共8个月。

$$可扣除的折旧额 = 108\times(1-5\%)/6\times8/12 = 11.4（万元）$$

由于是专门用于研发，可加计扣除：

$$可加计扣除的折旧额 = 11.4\times50\% = 5.7（万元）$$

二、生产性生物资产

生产性生物资产是指为产出农产品、提供劳务或出租等目的而持有的生物资产，包括经济林、薪炭林、产畜和役畜等。

（一）生产性生物资产的计税基础

（1）外购的生产性生物资产，以购买价款和支付的相关税费为计税基础。

（2）通过捐赠、投资、非货币性资产交换、债务重组等方式取得的生产性生物资产，以该资产的公允价值和支付的相关税费为计税基础。

（二）生产性生物资产的折旧要素

1. 折旧的起止时间

企业应当自生产性生物资产投入使用月份的次月起计算折旧；停止使用的生产性生物资产，应当自停止使用月份的次月起停止计算折旧。

2. 净残值

企业应当根据生产性生物资产的性质和使用情况，合理确定生产性生物资产的预计净残值。生产性生物资产的预计净残值一经确定，不得变更。

3. 折旧年限

生产性生物资产计算折旧的最低年限是林木类生产性生物资产 10 年，畜类生产性生物资产 3 年。

4. 折旧方法

生产性生物资产按直线法计提折旧。

三、无形资产

无形资产是指企业为生产产品、提供劳务、出租或者经营管理而持有的没有实物形态的非货币性长期资产，包括专利权、商标权、著作权、土地使用权、非专利技术、商誉等。

（一）无形资产的计税基础

（1）外购的无形资产，以购买价款和支付的相关税费以及直接归属于使该资产达到预定用途发生的其他支出为计税基础。

（2）自行开发的无形资产，以开发过程中该资产符合资本化条件后至达到预定用途前发生的支出为计税基础。

（3）通过捐赠、投资、非货币性资产交换、债务重组等方式取得的无形资产，以该资产的公允价值和支付的相关税费为计税基础。

（二）无形资产的摊销

1. 无形资产摊销的范围

不得计算摊销费用扣除的无形资产有：自行开发的支出已在计算应纳税所得额时扣除的无形资产；自创商誉；与经营活动无关的无形资产；其他不得计算摊销费用扣除的无形资产。

2. 无形资产摊销的要素

（1）摊销的起止时间。企业应当自无形资产可供使用月份的当月起计算摊销；停止使用的无形资产，应当自停止使用月份的当月起停止计算摊销。

（2）摊销年限。受让或投资的无形资产，法律和合同或者企业申请书分别规定有效期限和受益年限的，按法定有效期限与合同或企业申请书中规定的受益年限孰短原则摊销；法律没有规定使用年限的，按照合同或者企业申请书的受益年限摊销；法律和合同或者企业申请书没有规定使用年限的，或者自行开发的无形资产，摊销期限不得少于10年。但是对于外购商誉的支出，在企业整体转让或者清算时，准予扣除。

(3) 摊销方法。无形资产按直线法摊销计算扣除。

四、长期待摊费用

长期待摊费用是指企业已经支出、摊销期限在1年以上(不含1年)的各项费用。尽管长期待摊费用是一次性支出的，但与支出对应的受益期间较长，按照收入支出配比的原则，应该将该费用支出在企业受益期间内平均摊销。

税法规定，企业发生的长期待摊费用按照要求摊销的，准予扣除：

(1) 已足额提取折旧的固定资产的改建支出，按照固定资产预计尚可使用年限分期摊销。所称“固定资产的改建支出”，是指改变房屋或者建筑物结构、延长使用年限等发生的支出。

(2) 租入固定资产的改建支出，按照合同约定的剩余租赁期限分期摊销。

(3) 固定资产的大修理支出，按照固定资产尚可使用年限分期摊销。“固定资产的大修理支出”是指同时符合下列条件的支出：修理支出达到取得固定资产时计税基础的50%以上；修理后固定资产的使用年限延长2年以上。

(4) 开办费等其他应当作为长期待摊费用的支出，自支出发生月份的次月起分期摊销，摊销年限不得低于3年。“开办费”是指企业在筹建期发生的费用，包括人员工资、办公费、培训费、差旅费、印刷费、注册登记费，以及不计入固定资产和无形资产成本的汇兑损益和利息等支出。“筹建期”是指从企业被批准筹建之日起至开始生产经营(包括试生产、试营业)之日的期间。

五、投资资产

投资资产是指企业对外进行权益性投资和债权性投资形成的资产。

通过支付现金方式取得的投资资产，以购买价款为计税基础；通过支付现金以外的方式取得的投资资产，以该资产的公允价值和支付的相关税费为计税基础。

企业在转让或者处置投资资产时，投资资产的成本准予扣除。

六、存货

存货是指企业持有以备出售的产品或者商品、处在生产过程中的在产品、在生产或者提供劳务过程中耗用的材料和物料等。

(一) 存货的计税基础

(1) 通过支付现金方式取得的存货，以购买价款和支付的相关税费为计税基础。

(2) 通过支付现金以外的方式取得的存货，以该存货的公允价值和支付的相关税费为计税基础。

(3) 生产性生物资产收获的农产品，以产出或者采收过程中发生的材料费、人工费和分摊的间接费用等必要支出为计税基础。

(二) 企业发出存货的成本计算方法

可以在先进先出法、加权平均法、个别计价法中选用一种。计价方法一经选用，不得随意变更。

第四节　应纳税所得额的确定

小提示

企业所得税的计税依据是应纳税所得额。应纳税所得额的计算一般采用间接计算法，即以会计利润为基础按税法的要求调整计算应纳税所得额，具体内容包括不征税收入、免税收入、支出标准、不允许扣除项目及亏损的弥补。

由于企业的实际经营情况不同，税法规定了查账征收所得税和核定征收所得税两种所得税的征收方法。查账征收适用于会计核算资料健全，能准确反映企业的收入和支出情况，并能按税法规定期限进行纳税申报的企业；核定征收适用于不能准确反映企业的收入和支出情况或不能及时足额申报纳税的企业。

要计算企业应纳所得税，首先需要准确地计算应纳税所得额，它是计算所得税的计税依据。应纳税所得额是指企业每一纳税年度的收入总额减除不征税收入、免税收入、各项扣除以及允许弥补的以前年度亏损后的余额，有直接计算法和间接计算法两种。直接计算法下，依据税法的要求确定应税收入、税法允许扣除项目，直接计算出应纳税所得额；间接计算法下，以会计利润为基础，按税法的要求调增或调减不同项目的金额，计算出应纳税所得额。计算公式分别是：

直接计算法：

应纳税所得额＝收入总额－不征税收入－免税收入－准予扣除项目金额－允许弥补的以前年度亏损

间接计算法：

应纳税所得额＝会计利润±纳税调整项目金额

或

应纳税所得额＝会计利润－不征税收入－免税收入＋超标准支出＋不允许扣除金额－允许弥补的以前年度亏损

在实际计算过程中，数据多来源于企业的财务资料，所以计算企业应纳税所得额基本采用间接计算法。

一、收入总额

（一）一般收入的确认

收入总额是指企业以货币形式和非货币形式从各种来源取得的收入。企业取得收入的货币形式包括现金、存款、应收账款、应收票据等。企业取得收入的非货币形式包括固定资产、生物资产、无形资产、股权投资、存货等。企业以非货币形式取得的收入应当按照公允价值确定收入额，即按照市场价格确定的价值确定。

1. 销售货物收入

销售货物收入是指企业销售商品、产品、原材料以及其他存货取得的收入。

2. 提供劳务收入

提供劳务收入是指企业从事修理修配、交通运输、金融保险、邮电通信、咨询经纪、文化体育、教育培训、餐饮住宿、旅游、娱乐、加工以及其他劳务服务活动取得的收入。

3. 转让财产收入

转让财产收入是指企业转让固定资产、无形资产、股权等财产取得的收入。

4. 股息、红利等权益性投资收益

股息、红利等权益性投资收益是指企业因权益性投资从被投资方取得的收入。股息、红利等权益性投资收益按照被投资方做出利润分配决定的日期确认收入。

5. 利息收入

利息收入是指企业将资金提供他人使用取得的收入，包括存款利息、贷款利息、债券利息、欠款利息等收入。利息收入按照合同约定的债务人应付利息的日期确认收入。

6. 租金收入

租金收入是指企业提供固定资产等其他有形资产的使用权取得的收入。租金收入按照合同约定的承租人应付租金的日期确认收入。

7. 特许权使用费收入

特许权使用费收入是指企业提供专利权、非专利技术、商标权以及其他特许权的使用权取得的收入。特许权使用费收入按照合同约定的特许权使用人应付特许权使用费的日期确认收入。

8. 接受捐赠收入

接受捐赠收入是指企业接受的来自其他企业、组织或者个人无偿给予的货币性资产、非货币性资产。接受捐赠收入按照实际收到捐赠资产的日期确认收入。

（1）企业接受捐赠的货币性资产并入当期的应纳税所得额。

（2）企业接受捐赠的非货币性资产按接受捐赠时资产的入账价值确认捐赠收入，并入当期应纳税所得额。受赠非货币资产计入应纳税所得额的内容包括受赠资产价值和由捐赠企业代为支付的增值税，不包括由受赠企业另外支付或应付的相关税费。

9. 其他收入

其他收入是指企业取得的企业资产溢余收入、逾期未退包装物押金收入、确实无法偿付的应付款项、已做坏账损失处理后又收回的应收款项、债务重组收入、补贴收入、违约金收入、汇兑收益等收入。

（二）特殊收入的确认

（1）以分期收款方式销售货物的，按照合同约定的收款日期确认收入。

（2）企业受托加工制造大型机械设备、船舶、飞机，以及从事建筑、安装、装配工程业务或者提供其他劳务等，持续时间超过12个月的，按照纳税年度内完工进度或者完成的工作量确认收入。

（3）企业发生非货币性资产交换，以及将货物、财产、劳务用于捐赠、偿债、赞助、集资、广告、样品、职工福利或者利润分配等用途的，应当视同销售货物、转让财产或者提供劳务，但国务院财政、税务主管部门另有规定的除外。

（三）处置资产收入的确认

（1）企业发生下列情形的处置资产，除将资产转移至境外以外，由于资产所有权属在形式和实质上均不发生改变，可作为内部处置资产，不视同销售确认收入：① 将资产用于生产、制造、加工另一产品；② 改变资产形状、结构或性能；③ 改变资产用途；④ 将资产在总机构及其分支机构之间转移；⑤ 上述两种或两种以上情形的混合；⑥ 其他不改变资产所有权属的用途。

（2）企业将资产移送他人的下列情形，因资产所有权属已发生改变而不属于内部处置资产，应按规定视同销售确定收入：① 用于市场推广或销售；② 用于交际应酬；③ 用于职工奖励或福利；④ 用于股息分配；⑤ 用于对外捐赠；⑥ 其他改变资产所有权属的用途。

（3）企业资产发生所有权改变时，属于企业自制的资产，应按企业同类资产同期对外销售价格确定销售收入；属于外购的资产，应按购入时的价格确定销售收入。

【例5-6】下列情况属于内部处置资产，无须缴纳企业所得税的有（　　）。

A. 将资产用于市场推广　　B. 将资产用于对外赠送

C. 将资产用于职工奖励　　D. 将自产商品用于企业职工食堂

答案　D。选项A、B、C都属于外部移送，应视同销售，计算缴纳企业所得税。

（四）相关收入实现的确认

企业销售收入的确认必须遵循权责发生制原则和实质重于形式原则。

（1）企业销售商品同时满足下列条件的，应确认收入的实现：① 商品销售合同已经签订，企业已将商品所有权相关的主要风险和报酬转移给购货方；② 企业对已售出的商品既没有保留通常与所有权相联系的继续管理权，也没有实施有效控制；③ 收入的金额能够可靠地计量；④ 已发生或将发生的销售方的成本能够可靠地核算。

（2）销售商品以旧换新的，应当按照销售商品收入确认条件确认收入，回收的商品作为购进商品处理。

（3）企业为促销而给予的商业折扣，应当按照扣除商业折扣后的金额确定销售收入金额；销售商品涉及现金折扣的，应当按扣除现金折扣前的金额确定销售商品收入金额，现金折扣在实际发生时作为财务费用扣除；销售商品涉及销售折让与退回的，应当在发生当期冲减当期销售商品收入。

（4）企业以买一赠一等方式组合销售本企业商品的，不属于捐赠，应将总的销售金额按各项商品的公允价值的比例来分摊确认各项的销售收入。

二、不征税收入和免税收入

（一）不征税收入

不征税收入是指与企业具体经营活动无关而形成的收入，大多是与财政管理有关的收入。

1. 财政拨款

它是指各级人民政府对纳入预算管理的事业单位、社会团体等组织拨付的财政资金，但国务院和国务院财政、税务主管部门另有规定的除外。企业实际收到的财政补贴及除所得税和增值税外的税收返还等属于政府补助的范畴，依然需要计入应税收入计征企业所得税。

2. 依法收取并纳入财政管理的行政事业性收费、政府性基金

行政事业性收费是指在实施社会公共管理以及在向公民、法人或者其他组织提供特定公共服务过程中，向特定对象收取并纳入财政管理的费用。政府性基金是指企业依照法律、行政法规等有关规定，代政府收取的具有专项用途的财政资金。

3. 国务院规定的其他不征税收入

它是指企业取得的，由国务院财政、税务主管部门规定专项用途并经国务院批准的财政性资金。

注意：由于不征税收入在计算应纳税所得额时不计入收入总额，所以将其用于支出所形成的费用也不得在计算应纳税所得额时扣除，用于支出所形成的资产的折旧、摊销也不得在计算应纳税所得额时扣除。

（二）免税收入

免税收入是指对企业的某些收入免予征税，即允许企业计算应纳税所得额时将这些收入从收入总额中减除。

1. 国债利息收入

国债利息收入是指企业持有国务院财政部门发行的国债取得的利息收入。这里特别要强调的是免税收入仅限于企业持有国债期间取得的利息收入，而企业通过市场转让取得的转让收入、持有外国国债和其他企业发行的企业债券取得的利息收入是不免税的。例如，企业2012年1月1日按面值购入国债100万元，3年期，年利率3%，到期还本付息。2013年

1月2日，卖出国债，转让价格105万元。其中，取得的持有收益3万元（100×3%）属于免税收入，而转让收益（105－100－3－购入和处置的费用）需要依法缴纳企业所得税。

2. 符合条件的居民企业之间的股息、红利等权益性投资收益

这里的“符合条件”是指居民企业直接投资于其他居民企业取得的股息、红利等投资收益。“直接投资”是指投资者将货币资金直接投入投资项目，形成实物资产或购买现有企业的投资。通过直接投资，投资者可以拥有全部或一定数量的被投资企业的资产或经营所有权，直接进行或参与被投资企业的经营管理。

由于股息、红利是从被投资企业税后利润中分配的，如果将股息、红利全额并入投资企业的应税收入中征收企业所得税，会出现对同一经济来源所得重复征税的情况。因此，税法规定对符合条件的居民企业之间的股息、红利等权益性投资收益免征企业所得税。

3. 在我国境内设立机构、场所的非居民企业从居民企业取得与该机构、场所有实际联系的股息、红利等权益性投资收益

非居民企业从居民企业取得的权益性投资收益免税需要具备以下两个条件：第一，非居民企业从居民企业取得的股息、红利等权益性投资收益需要与其境内设立的机构、场所有实际联系，即非居民企业取得的该部分投资收益是通过境内的机构、场所拥有或控制的股权取得的；第二，非居民企业从居民企业取得的股息、红利等权益性投资收益不包括连续持有居民企业公开发行并上市流通的股票不足12个月而取得的投资收益。

4. 符合条件的非营利组织的收入

非营利组织不以营利为目的，其所得基本上全部用于公益目的，以弥补政府在某些公共领域作用的不足。为了促进非营利组织和公益事业的发展，借鉴国际经验，有必要对非营利组织给予税收优惠。

注意：不征税收入不同于免税收入。不征税收入不列为征税范围的收入范畴，也不属于税收优惠的范围；免税收入是国家出于需要或避免重复征税等目的免征税款，属于税收优惠的范围。

【例5-7】 某工业企业为增值税一般纳税人，2014年收入情况如下：

（1）销售产品开具增值税专用发票注明价款2 000万元；

（2）销售边角料开具普通发票注明价款35.1万元；

（3）国庆节发放自产产品给员工作为节日礼物，账面成本为60万元，企业同期产品市场零售价93.6万元；

（4）持有国债取得利息收入30万元；

（5）12月接受捐赠设备一台，收到捐赠方开具的增值税专用发票注明价款40万元，企业支付运费取得运输方开具的专用发票注明价款0.8万元；

（6）从被投资居民企业分回利润200万元，被投资居民企业适用企业所得税税率15%；

（7）转让部分股权获得收入30万元。

要求：计算企业应纳税收入。

解 （1）（2）企业销售收入不含增值税，而普通发票含增值税：

$$收入=2\,000+35.1/(1+17\%)=2\,030(万元)$$

（3）视同销售收入不能按成本确定收入，而市场零售价含增值税：

$$收入=93.6/(1+17\%)=80(万元)$$

（4）国债利息收入30万元为免税收入。

（5）接受捐赠，收入按接受的全额计算：

$$收入=40\times(1+17\%)=46.8(万元)$$

（6）从被投资居民企业分回利润200万元为免税收入。

（7）股权转让收入30万元是应纳税收入。

$$企业应纳税收入额=2\,030+80+46.8+30=2\,186.8(万元)$$

三、准予扣除项目

企业实际发生的与取得收入有关的、合理的支出，包括成本、费用、税金、损失和其他支出，准予在计算应纳税所得额时扣除。

（一）准予扣除项目的基本范围

在计算应纳税所得额时，准予从收入额中扣除的项目应遵循权责发生制、真实性、合法性、合理性、相关性及划分收益性支出和资本性支出等原则。

1. 成本

成本是指企业在生产经营活动中发生的销售成本、销货成本、业务支出以及其他耗费。销售成本是生产性企业在生产产品过程中所耗费的原材料、直接人工以及耗费在产品上的辅助材料等。

2. 费用

费用是指企业在生产经营活动中发生的销售费用、管理费用和财务费用。

（1）销售费用。销售费用是指纳税人负担的为销售商品而发生的费用，包括广告费、运输费、装卸费、包装费、展览费、保险费、销售佣金、代销手续费、经营性租赁费及销售部门发生的差旅费、工资、福利费等费用。

（2）管理费用。管理费用是指纳税人的行政管理部门为管理组织经营活动、提供各项支援性服务而发生的费用，包括由纳税人统一负担的总部经费、研究开发费、社会保障性缴款、劳动保护费、业务招待费、工会经费、职工教育经费、股东大会或董事会费、开办费摊销、无形资产摊销、矿产资源补偿费、坏账损失、消防费、排污费、绿化费、外事费和法律、财务、资料处理及会计事务方面的成本等。

（3）财务费用。财务费用是指纳税人筹集经营性资金而发生的费用，包括利息净支出、汇兑净损失、金融机构手续费以及其他非资本化支出。

3. 税金

税金是指企业发生的除企业所得税和允许抵扣的增值税以外的各项税金及其附加。允许扣除的税金主要包括按规定缴纳的消费税、资源税、城市维护建设税、土地增值税、教育费附加等产品销售税金及附加，以及发生的房产税、车船税、城镇土地使用税、印花税等。企业缴纳的房产税、车船税、城镇土地使用税、印花税等，已经计入管理费用中扣除的，不再作为销售税金单独扣除。企业缴纳的关税、契税、车辆购置税、烟叶税及耕地占用税等计入相关资产的成本，不允许作为税金单独扣除。

4. 损失

损失是指企业在生产经营活动中发生的固定资产和存货的盘亏、毁损、报废损失，转让财产损失，坏账损失，自然灾害等不可抗力因素造成的损失以及其他损失。

5. 其他支出

其他支出是指除成本、费用、税金、损失外，企业在生产经营活动中发生的与生产经营活动有关的、合理的支出。

（二）部分扣除项目的具体范围和标准

税法对部分特殊项目规定了扣除标准，要求在实际操作时将企业的实际发生数与税法标准进行比较。实际发生数小于标准，按照实际发生数进行扣除；实际发生数大于标准，按照标准扣除。

1. 工资薪金支出

企业发生的合理的工资薪金支出，准予全额扣除。工资薪金是指企业每一纳税年度支付给在本企业任职或者受雇的员工的所有现金形式或者非现金形式的劳动报酬，包括基本工资、奖金、津贴、补贴、年终加薪、加班工资，以及与员工任职或者受雇有关的其他支出。但不包括雇员向纳税人投资而分配的股息性所得、各项劳动保护支出、雇员离退休和退职待遇的各项支出、独生子女补贴、纳税人负担的住房公积金等。

2. 职工福利费、职工工会经费、职工教育经费（简称“三项经费”）

（1）职工福利费。

企业实际发生的福利费按照合理的工资薪金总额的14%计算扣除。特别强调的是企业允许扣除的福利费是企业实际发生的部分，而非企业预提的部分，并且企业发生的职工福利费应该单独设置账册进行准确核算。没有单独设置账册准确核算的，税务机关应责令企业在规定的期限内进行改正。

企业职工福利费包括以下内容：① 尚未实行分离办社会职能的企业，其内设福利部门所发生的设备、设施和人员费用，包括职工食堂、职工浴室、理发室、医务所、托儿所、疗养院等集体福利部门的设备、设施及维修保养费用和福利部门工作人员的工资薪金、社会保险费、住房公积金、劳务费等；② 为职工卫生保健、生活、住房、交通等所发放的各项补贴和非货币性福利，包括企业向职工发放的因公外地就医费用、未实行医疗统筹企业职工医疗费用、职工供养直系亲属医疗补贴、供暖费补贴、职工防暑降温费、职工困难补贴、救济费、职工食堂经费补贴、职工交通补贴等；③ 按照其他规定发生的其他职工福利费，包括丧葬补助费、抚恤费、安家费、探亲假路费等。

（2）职工工会经费。

企业拨缴的工会经费按照合理的工资薪金总额的2%计算扣除。即建立工会组织的企业和事业单位、社会团体，按每月全部职工工资薪金总额的2%向工会拨缴经费，凭工会组织开具的工会经费拨缴款专用收据在税前扣除。凡不能出具工会经费拨缴款专用收据的，其提取的职工工会经费不得在企业所得税前扣除。

（3）职工教育经费。

企业实际发生的职工教育经费按照合理的工资薪金总额的2.5%扣除，超过部分准予在以后纳税年度结转扣除。从规定来看，企业实际发生的职工教育经费是允许全额扣除的，只是在扣除时间上做了相应的递延。

注意：职工福利费和工会经费超标准的部分不允许以后年度继续扣除，而教育经费超标准的部分可以无限期在以后年度继续扣除。

【例 5-8】某居民企业假设没有其他调整项目，两年内的相关业务如下：

（1）2014 年会计利润为 500 万元，实际发生的合理工资薪金总额是 200 万元，实际发生的教育经费 7 万元、福利费 30 万元、工会经费 3 万元；

（2）2015 年会计利润为 800 万元，实际发生的合理工资薪金总额是 220 万元，而当年实际发生的教育经费 2 万元、福利费 28 万元、工会经费 6 万元。

试计算 2014 年、2015 年允许扣除的职工教育经费、福利费、工会经费及应纳税所得额。

解　（1）2014 年三项经费扣除情况：教育经费标准是 5 万元（200×2.5%），实际发生 7 万元，允许扣除 5 万元，超标准的 2 万元当年需调增，但在以后年度可以继续扣除；福利费标准是 28 万元（200×14%），实际发生 30 万元，允许扣除 28 万元，超标准的 2 万元当年需调增，但以后年度不允许扣除；工会经费标准是 4 万元（200×2%），实际发生 3 万元，允许扣除 3 万元，不需调整。

间接计算法：

$$2014\text{ 年应纳税所得额} = 500 + 2 + 2 = 504\text{（万元）}$$

（2）2015 年三项经费扣除情况：教育经费标准是 5.5 万元（220×2.5%），实际发生 2 万元，当年的不需调整，但允许再扣除 2 万元（2014 年），需调减；福利费标准是 30.8 万元（220×14%），实际发生 28 万元，允许扣除当年 28 万元，不需调整；工会经费标准是 4.4 万元（220×2%），实际发生 6 万元，允许扣除 4.4 万元，超标准的 1.6 万元当年需要调增，但以后年度不允许扣除。

间接计算法：

$$2015\text{ 年应纳税所得额} = 800 - 2 + 1.6 = 799.6\text{（万元）}$$

3. 保险基金和保险费用

（1）企业依照国务院有关主管部门或者省级人民政府规定的范围和标准为职工缴纳的“五险一金”，即基本养老保险费、基本医疗保险费、失业保险费、工伤保险费、生育保险费等基本社会保险费和住房公积金，准予扣除。

（2）企业为投资者或者职工支付的补充养老保险费、补充医疗保险费，在国务院财政、税务主管部门规定的范围和标准内，准予扣除。

（3）企业按规定缴纳的财产保险、为特种职工支付的法定人身安全保险和符合国务院财政、税务主管部门规定可以扣除的商业保险费，可以在税前扣除。

（4）企业为投资者或者职工支付的商业保险费，不得扣除。

企业获得的无赔款优待，应计入当年应纳税所得额计算所得税。

4. 借款利息支出

借款利息支出首先要区分资本性支出和收益性支出，然后进行相应的处理。

（1）资本性支出。

企业发生的资本性支出应计入相关资产的成本，予以分期扣除或摊销，主要有：

① 企业为购置、建造固定资产、无形资产和经过12个月以上的建造才能达到预定可销售状态的存货发生借款的，在有关资产购置、建造期间发生的合理的借款费用，应当作为资本性支出计入有关资产的成本，依据资产税务处理方法扣除。

② 企业筹建期间发生的长期借款费用，除购置固定资产而发生的长期借款费用外，计入开办费，依据长期待摊费用办法扣除。

（2）收益性支出。

① 非金融企业向金融企业借款的利息支出、金融企业的各项存款利息支出和同业拆借利息支出、企业经批准发行债券的利息支出，可以全额据实扣除。

② 非金融企业向非金融企业借款的利息支出，不超过按照金融企业同期同类贷款利率计算的数额的部分，准予扣除。

金融企业是指各类银行、保险公司以及经中国人民银行批准从事金融业务的非银行金融机构。非金融企业是指除上述金融企业以外的所有企业、事业单位以及社会团体等企业或组织。

③ 关联企业之间的利息支出。关联企业之间接受的债权性投资与权益性投资的比例超过规定标准而发生的利息支出，不得在计算应纳税所得额时扣除。接受关联方债权性投资与其权益性投资比例标准：金融企业为5∶1；其他企业为2∶1。

【例5-9】某居民企业2013年会计利润200万元。2013年1月1日向其非关联企业借入款项100万元用于企业厂房的建设，年利率是12%（银行同期同类贷款年利率是9.6%）。2013年5月1日开始建造厂房，2014年3月竣工。假设没有其他调整项目，试确定2013年借款利息的税务处理。

解 由于企业2013年5月1日开始建造厂房，所以1—4月的利息属于收益性支出，计入费用，扣除标准以银行同期同类贷款利率为准：

$$税法允许扣除的利息 = 100 \times 9.6\% / 12 \times 4 = 3.2（万元）$$

$$会计扣除的利息 = 100 \times 12\% / 12 \times 4 = 4（万元）$$

企业计算会计利润扣除利息4万元，税法允许扣除3.2万元，需要调增0.8万元。

5—12月份的利息属于资本性支出，应计入厂房的成本，不允许税前扣除。

5. 业务招待费

企业发生的与生产经营活动有关的业务招待费支出按照发生额的60%扣除，但最高不得超过当年销售(营业)净收入的5‰。对于能提供证明真实性的有效凭证或资料的,在实际发生数的60%与当年销售收入的5‰之间进行比较,选二者中较小者扣除,超过部分不得在税前扣除。

业务招待费扣除标准的计算基数是全年销售(营业)净收入,包括纳税人从事生产经营活动取得的扣除销售折让与退回后的主营业务收入、其他业务收入和视同销售收入总额。

【例5-10】某家电生产居民企业2014年会计利润为300万元,销售产品取得销售收入2 000万元,销售部分原材料取得收入100万元,转让一项无形资产使用权取得收入200万元,销售一处闲置厂房取得净收入60万元,股权投资分得现金股利20万元。分别假设当年实际发生的业务招待费是40万元和15万元,试确定企业当年允许扣除的业务招待费及应纳税所得额(假设无其他调整项目)。

解 企业业务招待费最高扣除标准的计算基数是全年销售(营业)净收入。企业销售产品计入"主营业务收入",销售原材料计入"其他业务收入",转让无形资产使用权计入"其他业务收入",销售厂房计入"营业外收入",现金股利计入"投资收益"。全年销售(营业)净收入不包括营业外收入和投资收益。

$$全年销售(营业)净收入=2\,000+100+200=2\,300(万元)$$

$$扣除限额=2\,300\times5‰=11.5(万元)$$

(1)假设当年实际发生的业务招待费是40万元。

$$业务招待费的60\%=40\times60\%=24(万元)$$

由于24万元大于最高扣除限额11.5万元,所以当年允许扣除的业务招待费是11.5万元,剩余部分的28.5万元(40 − 11.5)需要调增,当年和以后年度均不允许扣除。

$$2014年应纳税所得额=300+28.5=328.5(万元)$$

(2)假设当年实际发生的业务招待费是15万元。

$$业务招待费的60\%=15\times60\%=9(万元)$$

由于9万元小于最高扣除限额11.5万元,所以当年允许扣除的业务招待费是9万元,剩余部分的6万元(15 − 9)需要调增,当年和以后年度均不允许扣除。

$$2014年应纳税所得额=300+6=306(万元)$$

6. 广告费与业务宣传费

企业发生的符合条件的广告费和业务宣传费支出,除国务院财政、税务主管部门另有规定外,不超过当年销售(营业)净收入15%的部分准予扣除,超过部分准予在以后纳税年度无限期结转扣除。广告费和业务宣传费的计算基数与业务招待费的计算基数相同。

企业申报扣除的广告费与业务宣传费支出应该与赞助支出严格区分,企业发生的赞助支出在确定应纳税所得额时不允许扣除。

【例5-11】接例5-10,假设2014年企业实际发生的符合条件的广告费和业务宣传费是500万元。2015年全年销售(营业)净收入是3 000万元,企业实际发生的符合条件的广告费和业务宣传费是200万元。试确定2014年、2015年准予税前扣除的广告费和业务宣传费(假设无其他调整项目)。

解 (1)2014年允许扣除的广告费和业务宣传费标准$=2\,300\times15\%=345$(万元)

当年实际发生广告费和业务宣传费500万元，允许扣除标准是345万元，实际发生数大于扣除标准数，所以扣除345万元，超支的155万元（500－345）结转以后年度继续扣除。

（2）2015年允许扣除的广告费和业务宣传费标准＝3 000×15%＝450（万元）

当年实际发生广告费和业务宣传费200万元，加上2014年结转的155万元，共355万元，允许扣除标准是450万元，实际发生和结转数之和小于扣除标准，所以2015年允许扣除的广告费和业务宣传费是355万元。

7. 公益性捐赠

公益性捐赠是指企业通过公益性社会团体或者县级以上人民政府及其部门，用于《中华人民共和国公益事业捐赠法》规定的救助灾害、救济贫困、教育、科学、环境保护以及福利等公益事业的捐赠。

公益性社会团体包括中国青少年发展基金会、希望工程基金会、宋庆龄基金会减灾委员会、中国红十字会、中国青年志愿者协会、全国老年基金会以及经民政部门批准成立的其他非营利公益性组织。

企业发生的公益性捐赠支出，不超过年度利润总额12%的部分准予扣除，超过部分不允许扣除。“年度利润总额”是指企业依照国家统一会计制度规定计算的年度会计利润。企业直接向受赠人进行的各项捐赠，不允许在确定应纳税所得额时扣除。

【例5-12】 某居民企业2014年会计利润总额是1 000万元。分析企业向符合条件的ABC基金会捐赠100万元或150万元的涉税处理。

解 若向符合条件的ABC基金会捐赠100万元，由于允许扣除的捐赠标准是120万元（1 000×12%），而实际发生额只有100万元，所以在确定应纳税所得额时允许扣除的捐赠额为100万元，间接计算法下确定应纳税所得额无须调整。

若向符合条件的ABC基金会捐赠150万元，由于允许扣除的捐赠标准是120万元，而实际发生额有150万元，所以在确定应纳税所得额时允许扣除的捐赠额为120万元，剩余的30万元当年和以后年度均不允许扣除，间接计算法下确定应纳税所得额需调增30万元。

8. 固定资产租赁费

固定资产租赁分为经营租赁和融资租赁。以经营租赁方式租入固定资产发生的租赁费支出，按照租赁期限均匀扣除；以融资租赁方式租入固定资产发生的租赁费支出，按照规定构成融资租入固定资产价值的部分应当提取折旧费用，分期扣除。

满足下列条件之一的，即可被认定为融资租赁：在租赁期满时，资产的所有权转移给承租人；承租人有购买租赁资产的选择权，所订立的购价预计远低于行使选择权时租赁资产的公允价值，因而在租赁开始日就可以合理地确定承租人将会行使这种选择权；租赁期占租赁资产使用寿命的大部分；就承租人而言，租赁开始日最低租赁付款额的现值几乎（90%以上）相当于租赁开始日租赁资产的公允价值；租赁资产性质特殊，如果不做较大修改，只有承租人才能使用。

9. 资产盘亏、毁损净损失

企业当期发生的固定资产和流动资产盘亏、毁损净损失，由其提供清查资料，经主管税务机关审核后准予扣除。企业因存货盘亏、毁损、报废等原因不得从销项税额中抵扣的进项税额,应视同企业财产损失,准予与存货损失一起在所得税前进行扣除。

需要强调的是,企业发生的允许扣除的损失是减除责任人赔偿和保险赔款后的余额,而非当时发生损失的全额。企业已经作为损失处理的资产,在以后纳税年度又全部收回或者部分收回时,应当计入收回当期的收入。

【例 5-13】 某工业企业为增值税一般纳税人,9 月因管理不善致使存放在仓库里的原材料被盗,被盗材料账面购买成本为 30 万元,后来取得保险公司赔偿 20 万元。试计算企业在确定应纳税所得额时允许扣除的损失。

解 结合前面学过的增值税知识,因管理不善被盗属于增值税不允许抵扣进项税额项目,该原材料所负担的进项税额做转出处理。

$$进项税额转出金额 = 30 \times 17\% = 5.1(万元)$$

$$计入待处理财产损溢的金额 = 30 + 5.1 = 35.1(万元)$$

$$允许企业扣除的损失 = 35.1 - 20 = 15.1(万元)$$

10. 企业用于环境保护、生态恢复等方面的专项资金

企业依照法律、行政法规有关规定提取的用于环境保护、生态恢复等方面的专项资金准予扣除,但上述专项资金提取后改变用途的,不准扣除。

11. 企业发生的合理的劳动保护支出

企业实际发生的用于工作服、安全保护用品等合理的支出,允许税前扣除。

以上扣除项目,企业依据会计准则在计算会计利润时允许按实际发生数扣除。以间接计算法为例,税法虽然也允许扣除,但对这些项目规定了一定的标准。如果实际发生数小于税法标准,一般无须对会计利润进行调整;如果实际发生数大于税法标准,则以会计利润为基础对超标准的金额调增确定应纳税所得额。

总结上述各项内容如表 5-2 所示。

表 5-2 各项费用扣除标准及限额

费用类别	扣除标准 / 限额比例	标准、限额比例的计算基数等
工资薪金支出	据实扣除	任职或受雇,合理
	加计 100% 扣除	支付残疾人员的工资
职工福利费	14%	工资薪金总额,比例内据实扣除,超标准部分不能结转
职工教育经费	2. 5%	工资薪金总额,超过标准部分准予在以后结转扣除
	全额扣除	软件生产企业的职工培训费用
职工工会经费	2%	工资薪金总额,凭工会组织开具的工会经费拨缴款专用收据和税务机关代收工会经费凭据扣除,超标准部分不能结转
利息支出	据实扣除	非金融企业向金融企业借款的利息支出、金融企业的各项存款利息支出和同业拆借利息支出、企业经批准发行债券的利息支出
	同期同类范围内可扣	非金融企业向非金融企业借款的利息支出,不超过按照金融企业同期同类贷款利率计算的数额可扣除,超标准部分不能结转

续表

费用类别	扣除标准／限额比例	标准、限额比例的计算基数等
业务招待费	（60%，5‰）	实际发生额的60%，且不超过当年销售（营业）净收入的5‰，超标准部分不能结转
广告费与业务宣传费	15%	当年销售（营业）净收入，超过部分在以后结转扣除
捐赠支出	12%	年度利润总额，公益性捐赠有捐赠票据，名单内所属年度内可扣，会计利润≤0元不能算限额，超标准部分不能结转
研究开发费用	加计50%扣除	未形成无形资产的，应在据实扣除的基础上按研发费用的50%加计扣除；形成无形资产的，按成本的150%摊销。从事国家规定项目的研发活动发生的研发费，年度汇算时向国家税务总局申请加计扣除
住房公积金	据实扣除	规定范围内
各类基本社会保障性缴款	据实扣除	规定范围内（“五险一金”：基本养老保险、基本医疗保险、失业保险、工伤保险、生育保险等基本社会保险和住房公积金）
补充养老保险	据实扣除	规定范围内
补充医疗保险	据实扣除	规定范围内
企业财产保险	据实扣除	
特殊工种职工的人身安全险	可以扣除	
其他商业保险	不得扣除	国务院财政、税务主管部门规定可以扣除的除外
税　金	可以扣除	企业所得税不得扣除，代缴的个人所得税不得直接扣除，允许抵扣的增值税不得扣除
环境保护、生态恢复等专项资金	据实扣除	按规定提取，改变用途的不得扣除
租入固定资产的租赁费	按租赁期均匀扣除	经营租赁租入
	分期扣除	融资租入构成融资租入固定资产价值的部分可提折旧
劳动保护支出	据实扣除	合　理
工作服饰费用	据实扣除	根据工作性质和特点，企业统一制作并要求员工工作时统一着装所发生的工作服饰费用可扣除

四、不得扣除项目

（1）向投资者支付的股息、红利等权益性投资收益款项。

（2）企业所得税税款。

（3）税收滞纳金。纳税人因违犯税法被处以的滞纳金，不得扣除。

（4）罚金、罚款和被没收财物的损失。纳税人的生产经营因违犯国家法律、法规和规章，被有关部门处以的罚款以及被没收财物的损失，不得扣除。纳税人逾期归还银行贷款，银行按规定加收的罚息，以及纳税人违反合同约定支付的违约金，不属于行政性罚款，允许在税前扣除。

(5) 非公益性捐赠支出。纳税人对受赠人直接进行的捐赠,不得扣除。

(6) 赞助支出。赞助支出是指企业发生的与生产经营活动无关的各种非广告性质的支出。

(7) 未经核定的准备金支出。这是指不符合国务院财政、税务主管部门规定的资产减值准备、风险准备等准备金支出。

(8) 企业之间支付的管理费、企业内营业机构之间支付的租金和特许权使用费,以及非银行企业内营业机构之间支付的利息。

(9) 与取得收入无关的其他支出,如纳税人为其他独立纳税人提供与本身应纳税收入无关的贷款担保等,因被担保方不能还清贷款而由该担保纳税人承担的本息等,不得在担保企业税前扣除。

【例 5-14】 下列各项中,在计算应纳税所得额时准予扣除的是(　　)。

A. 税收滞纳金　　B. 银行罚息　　C. 违法罚款　　D. 违约金

答案 BD。B、D 属于违约性处罚,是纳税人之间的经济处罚;A、C 属于违法性罚款,是由于违犯相关法律或行政条例而受到的处罚。

五、亏损弥补

这里所说的亏损不是企业财务报表中反映的年度会计利润总额小于零,而是企业依照规定将每一纳税年度的收入总额减除不征税收入、免税收入和税法允许的各项扣除后小于零的数额。

(一) 亏损弥补的法律规定

纳税人发生年度亏损的,可以用下一纳税年度的税前所得弥补;下一纳税年度的税前所得不足弥补的,可以逐年延续弥补,但是延续弥补期最长不得超过 5 年。

关于亏损弥补的几点说明:

(1) 亏损弥补期从亏损年度的下一年开始算起。

(2) 弥补期 5 年是指自亏损年度的下一年度开始连续不间断地计算 5 年,不因中间再度发生亏损而顺延。

(3) 先亏先补,按顺序连续计算亏损弥补期,不得将每个亏损年度的连续弥补期相加,更不得断开计算。

【例 5-15】 某服装制造企业的总人数为 500 人,开业以来每年当年的应纳税所得额分布情况如下表所示(单位:万元)。假设企业没有其他的税收优惠,确定各年实际的应纳税所得额并计算所得税款。

年　度	1	2	3	4	5	6	7	8	9	10	11
当年应纳税所得额	−50	20	33	−70	−30	10	20	20	10	36	40

解 第 1 年由于亏损,当年应纳税所得额为 0,第 1 年亏损弥补期是第 2～第 6 年。

第 2 年可弥补第 1 年的亏损 20 万元,补亏后当年应纳税所得额为 0。

第3年可弥补第1年的亏损30万元，补亏后当年应纳税所得额为3万元，当年应纳所得税为0.75万元(3×25%)。

第4年亏损，弥补期是第5～第9年，尽管第5年亏损，对第4年的弥补期也不能顺延。

第5年亏损，弥补期是第6～第10年。由于第6～第9年已经按照“先亏先补”的要求对第4年的亏损进行了弥补，所以只有第10年的税前所得额可以弥补第5年的亏损30万元。

第6～第9年由于弥补第4年的亏损，各年实际应纳税所得额为0。第4年的亏损到第9年已经弥补了60万元，尚有10万元亏损余额，不得再进行税前弥补。

第10年由于弥补第5年的亏损30万元，当年实际应纳税所得额为6万元，当年应纳所得税为1.5万元(6×25%)。

第11年已经不能在税前弥补以前年度的亏损，当年实际应纳税所得额是40万元，当年应纳所得税为10万元(40×25%)。

（二）亏损弥补的管理

纳税人可在税前弥补的亏损数额是指经主管税务机关按照税收法规规定核实、调整后的数额。纳税人发生年度亏损，必须在年度终了后45日内将本年度纳税申报表和财务决算报表报送当地主管税务机关。

第五节　应纳企业所得税的计算

小提示

企业所得税的计算有查账征收和核定征收之分。查账征收法下，居民企业具有全面纳税义务，境内外所得都需要纳税，境外所得纳税时采用分国不分项的抵免法。

一、查账征收应纳税额的计算

查账征收是税法规定的征收方法之一，主要适用于会计核算资料健全，能准确反映企业的收入和支出情况，并能按税法规定期限进行纳税申报的企业。

应纳税额是企业依照税法规定应向国家缴纳的所得税税款，公式如下：

应纳税额＝境内外应纳税所得额×适用税率－减免税额－抵免税额

或

应纳税额＝境内应纳税所得额×适用税率－减免税额－境内抵免税额＋境外应纳税所得额×适用税率－境外所得允许扣除已纳税额

（一）企业仅有境内所得时应纳税额的计算

【例5-16】某居民企业2014年产品销售收入2 000万元，会计利润总额300万元。经事务所审计，相关资料如下：

(1) 列支职工合理的工资 100 万元；
(2) 列支职工福利费 10 万元，职工工会经费 6 万元，职工教育经费 8 万元；
(3) 列支业务招待费 40 万元；
(4) 列支销售费用中符合条件的广告费 200 万元；
(5) 列支营业外支出中包括通过减灾委员会向受灾地区捐赠 50 万元；
(6) 列支营业外支出中包括向上级主管部门新开业公司赞助 20 万元。

试计算该企业本年应缴纳的企业所得税。

解 企业采用间接计算方法：

(1) 职工福利费经费扣除标准 = 100 × 14% = 14(万元)，职工福利费无须调整。
(2) 职工工会经费扣除标准 = 100 × 2% = 2(万元)
职工工会经费应调增所得额 = 6 − 2 = 4(万元)
(3) 职工教育经费扣除标准 = 100 × 2.5% = 2.5(万元)
职工教育经费应调增所得额 = 8 − 2.5 = 5.5(万元)
(4) 业务招待费实际发生数的 60% = 40 × 60% = 24(万元)
营业净收入的 5‰ = 2 000 × 5‰ = 10(万元)
业务招待费调增所得额 = 40 − 10 = 30(万元)
(5) 广告费扣除标准 = 2 000 × 15% = 300(万元)，广告费无须调整。
(6) 公益捐赠按会计利润的 12% 扣除，超标准不能扣除：
公益捐赠扣除标准 = 300 × 12% = 36(万元)
公益捐赠调增所得额 = 50 − 36 = 14(万元)
(7) 赞助支出不允许扣除，赞助支出调增所得额为 20 万元。
(8) 应纳税所得额 = 300 + 4 + 5.5 + 30 + 14 + 20 = 373.5(万元)
(9) 2014 年应纳企业所得税 = 373.5 × 25% = 93.375(万元)

(二) 企业有环境保护等专用设备投资时应纳税额的计算

企业购置并实际使用《环境保护专用设备企业所得税优惠目录》《节能节水专用设备企业所得税优惠目录》和《安全生产专用设备企业所得税优惠目录》规定的环境保护、节能节水、安全生产等专用设备的，该专用设备投资额的 10% 可以从企业当年的应纳税额中抵免；当年不足抵免的，可以在以后 5 个纳税年度结转抵免。

关于鼓励环境保护、节能节水和安全生产设备投资抵免政策的解释说明：

(1) 实行企业所得税税额抵免的设备范围。允许抵免的设备是指企业购置并实际使用的环境保护、节能节水、安全生产等专用设备。该专用设备应符合《环境保护专用设备企业所得税优惠目录》《节能节水专用设备企业所得税优惠目录》和《安全生产专用设备企业所得税优惠目录》的规定。

(2) 专用设备投资额的确定。2009 年 1 月 1 日以前购入的，计算的基数是该设备的含有增值税的价款；2009 年 1 月 1 日以后购进的为不含增值税的购买价款。

(3) 实行专用设备抵免的具体方式。设备投资抵免税额是指从企业购置专用设备当年的应纳税额中抵免；当年应纳税额不足抵免的，可用以后年度企业所得税延续抵免，但抵免期最长不得超过5年。

（4）享受设备投资抵免优惠后的设备处理。享受抵免的设备按规定计提的折旧仍然可以在计算所得税前扣除。

（5）享受税额抵免的条件限制。享受企业所得税优惠的应当是实际购置并自身实际投入使用符合规定的专用设备的企业；企业购置上述专用设备在5年内转让、出租的，应当停止享受企业所得税优惠，并补缴已经抵免的企业所得税税款。

【例5-17】某股份制工业企业2014年度国内生产经营收入3 000万元，允许税前扣除的成本、费用、税金和损失是2 700万元。企业国内购置并投入使用的环境保护设备取得增值税专用发票注明价款800万元，增值税136万元。试计算该企业2014年实际缴纳的企业所得税税额。

解 应纳所得税 =（3 000 − 2 700）× 25% = 75（万元）

设备投资抵免税额 = 800 × 10% = 80（万元）

2014年实际应纳所得税为0（因为设备投资抵免税额大于当年应纳所得税额），未抵免完的5万元，以后年度继续抵免税额。

（三）企业境外所得税收抵免的计算

居民企业来源于我国境外的应税所得和非居民企业取得发生在我国境外但与该机构、场所有实际联系的应税所得，已在境外缴纳的所得税额遵循分国不分项原则，可以从其汇总应纳税额中扣除，但不能超过抵免限额。公式如下：

应纳税额 = 境内外应纳税所得额 × 适用税率 − 减免税额 − 抵免税额

或

应纳税额 = 境内应纳税所得额 × 适用税率 − 减免税额 − 境内抵免税额 +
境外应纳税所得额 × 适用税率 − 境外所得允许扣除已纳税额

1. 税收抵免的适用对象

税收抵免适用于有来源于我国境外的生产经营所得、财产转让所得等应税所得的居民企业以及在我国境内设立机构、场所且取得发生在我国境外但与该机构、场所有实际联系的应税所得的非居民企业。

2. 抵免限额的计算

某国（地区）抵免限额 = 境外应纳税所得额 × 适用税率

纳税人在境外实际已纳税款低于境外所得按我国税法计算的应纳税额时，境外所得抵免税额为境外实际已纳税款；超过境外所得按我国税法计算的应纳所得税额时，其超过部分不得在本年度应纳税额中扣除，也不得列为费用支出，但允许用以后年度税额继续补扣，补扣期限最长不得超过5年。

在实际操作时，需要注意以下几点：

第一，已在境外缴纳的所得税税额是指企业来源于我国境外的所得按境外税收法律以及相关规定应当缴纳并已经实际缴纳的企业所得税性质的税款。

第二，5个年度是指从企业取得的来源于我国境外的所得，已经在我国境外缴纳的企业所得税性质的税额超过抵免限额的次年开始算起连续5个纳税年度。

第三，计算境外所得应纳税额时，其中的“境外应纳税所得额”应为“境外税前所得额”，“适用税率”一般为25%，符合条件的高新技术企业为15%。

第四，境外已纳税额允许扣除，要求纳税人必须提供境外税务机关填发的完税凭证原件。

由于我国实行分国不分项原则，因而不同国家的不能互抵，具体计算方法如下：

第一步，境内所得按我国税法计算应纳税额。

第二步，境外同一国家(地区)各项所得求和后按我国税法计算应纳税额为A。

第三步，境外同一国家(地区)各项所得实际已纳税额求和为B。

第四步，A与B进行比较，如果A大于B，需要补缴税额$(A-B)$；如果A小于B，以后5年的时间继续补扣。

第五步，其他国家(地区)所得已纳税款抵免的计算与上述第二至第四步相同。

【例5-18】2014年，某居民企业境内生产经营所得额是200万元，适用25%企业所得税率。在境外取得的所得情况如下：

(1)在A国获得股权投资收益是50万元，适用所得税率20%，已经缴纳所得税10万元；财产转让所得100万元，适用税率15%，已经缴纳所得税15万元。

(2)在B国的应纳税所得额是30万元，适用所得税率35%，已经缴纳所得税10.5万元。

假设该企业没有税收减免和投资抵免，计算该居民企业2014年应纳所得税(该居民企业均提供境外已纳税凭证原件)。

解 (1)A国：

$$\text{A国境外所得抵免限额}=(50+100)\times 25\%=37.5(\text{万元})$$

$$\text{A国境外实际缴纳所得税}=10+15=25(\text{万元})$$

由于A国境外所得抵免限额(37.5万元)大于A国境外实际缴纳税额(25万元)，所以A国在汇总纳税时允许扣除税款25万元。

(2)B国：

$$\text{B国境外所得抵免限额}=30\times 25\%=7.5(\text{万元})$$

$$\text{B国境外实际缴纳所得税}=10.5(\text{万元})$$

由于B国境外所得抵免限额(7.5万元)小于B国境外实际缴纳税额(10.5万元)，所以在汇总纳税时允许扣除税款7.5万元，在境外多缴纳的3万元以后年度就来源于B国的所得可以继续补扣。

$$\begin{aligned}\text{2014年实际应纳所得税}&=200\times 25\%+(50+100)\times 25\%-25+30\times 25\%-7.5\\&=62.5(\text{万元})\end{aligned}$$

二、核定征收应纳税额的计算

为了加强企业所得税的征收管理，对部分中小企业采取核定征收的办法计算其应纳税额。核定征收企业所得税的有关规定如下：

（一）核定征收企业所得税的适用范围

（1）依照法律、行政法规的规定可以不设置账簿的。

（2）依照法律、行政法规的规定应当设置但未设置账簿的。

（3）擅自销毁账簿或者拒不提供纳税资料的。

（4）虽设置账簿，但账目混乱或者成本资料、收入凭证、费用凭证残缺不全，难以查账的。

（5）发生纳税义务，未按照规定的期限办理纳税申报，经税务机关责令限期申报，逾期仍不申报的。

（6）申报的计税依据明显偏低，又无正当理由的。

（二）核定征收的办法

核定征收方式包括定额征收、核定应税所得率征收以及其他合理的办法。

1. 定额征收

定额征收是指税务机关按照一定的标准、程序和方法，直接核定纳税人年度应纳企业所得税额，由纳税人按规定进行申报缴纳的办法。

2. 核定应税所得率征收

核定应税所得率征收是指税务机关按照一定的标准、程序和方法，预先核定纳税人的应税所得率，由纳税人根据纳税年度的收入总额或成本、费用等项目的实际发生额，按预先核定的应税所得率计算缴纳企业所得税的办法。实行核定应税所得率征收办法的，计算公式如下：

$$\text{应纳企业所得税额} = \text{应纳税所得额} \times \text{适用税率}$$

$$\text{应纳税所得额} = \text{收入总额} \times \text{应税所得率}$$

或

$$\text{应纳税所得额} = \frac{\text{成本、费用支出额}}{1 - \text{应税所得率}} \times \text{应税所得率}$$

企业所得税应税所得率如表 5-3 所示。

表 5-3　应税所得率表

行　业	应税所得率 / %
农、林、牧、渔业	3～10
制造业	5～15
批发和零售贸易业	4～15
交通运输业	7～15
建筑业	8～20
饮食业	8～25

续表

行业	应税所得率 / %
娱乐业	15～30
其他行业	10～30

【例 5-19】某零售企业有职工 30 人，资产总额 800 万元。2014 年经税务机关鉴定，认为其能准确核算收入总额，但其成本、费用支出不能准确核算，因而应按核定应税所得率办法征收企业所得税。主管税务机关经过测算，核定该企业应税所得率为 10%。2014 年企业实现销售收入 260 万元，计算其应缴纳的企业所得税额。

解 应纳税所得额 = 收入总额 × 应税所得率 = 260 × 10% = 26（万元）

依据纳税人职工人数、资产总额及应纳税所得额，可以界定该企业为小微企业，使用优惠税率：

应纳企业所得税额 = 26 × 20% = 5.2（万元）

三、源泉扣缴所得税的计算

源泉扣缴是指以所得支付者为扣缴义务人，在每次向纳税人支付有关所得款项时，代为扣缴税款的做法。它是一种国际上通行的征收方式，即预提所得税的征收方式。

（一）源泉扣缴所得税的适用范围

对在我国境内未设立机构、场所的非居民企业，或者虽设立机构、场所但取得的所得与其所设机构、场所没有实际联系的，应当就其来源于我国境内的股息、红利、利息、租金、特许权使用费等所得应缴纳的所得税实行源泉扣缴，以支付人为扣缴义务人。税款由扣缴义务人在每次支付或者到期应支付时，从支付或者到期应支付的款项中扣缴。

（1）适用源泉扣缴所得税的纳税人，仅指在境内未设立机构、场所或虽设立机构、场所但取得的所得与其所设机构、场所没有实际联系的非居民企业。

（2）所得类型仅限来源于境内的股息、红利、利息、租金、特许权使用费、转让财产所得和其他所得等。

（3）所得支付人为法定扣缴义务人，在发生支付上述所得的同时要履行代扣代缴预提税的义务。支付人不履行扣缴义务将承担法律责任。

（二）源泉扣缴所得税的适用税率

非居民企业在我国境内未设立机构、场所的，或者虽设立机构、场所但取得的所得与其所设机构、场所没有实际联系的，应当就其来源于我国境内的所得缴纳企业所得税，现行依据国家之间签订的税收协定中的适用税率计算。

（三）源泉扣缴所得税的计算

代扣代缴所得税额 = 应纳税所得额 × 适用税率

应纳税所得额的确定方法：

（1）股息、红利、利息、租金、特许权使用费所得，以收入全额为应纳税所得额。

（2）转让财产所得，以收入全额减除财产净值后的余额为应纳税所得额。

（3）其他所得，参照前两项规定的方法计算应纳税所得额。

第六节　企业所得税的征收管理

一、企业所得税的纳税办法及纳税期限

企业所得税实行按年计征、分月或分季预缴、年终汇算清缴的征纳方法。

纳税人在月份或季度终了后15日内，向其机构所在地主管税务机关预缴所得税。分月或者分季预缴企业所得税时，按照月度或者季度的实际利润额预缴；按照月度或者季度的实际利润额预缴有困难的，可以按照上一纳税年度应纳税所得额的月度或者季度平均额预缴，或者按照经税务机关认可的其他方法预缴。预缴方法一经确定，该纳税年度内不得随意变更。

纳税人在纳税年度终了后5个月内，向税务机关报送年度企业所得税纳税申报表，并汇算清缴，结清应纳应退税款。纳税人在规定的年度纳税申报期内，发现纳税申报有误的，可在年度纳税申报期内重新办理纳税申报。

纳税人因不可抗力，不能按期办理纳税申报的，可按照规定办理延期纳税申报。

企业在纳税年度内无论盈利还是亏损，都应当依照《企业所得税法》规定的期限向税务机关报送预缴企业所得税纳税申报表、年度企业所得税纳税申报表、财务会计报告和税务机关规定应当报送的其他有关资料。

纳税人在年度中间发生解散、破产、撤销情形的，应在清算前报告主管税务机关，办理当期企业所得税汇算清缴；纳税人有其他情形依法终止纳税义务的，应当在停止生产经营之日起60日内，向主管税务机关办理当期所得税汇算清缴。

二、企业所得税的纳税地点

（一）居民企业

除税收法律、行政法规另有规定外，居民企业以企业登记注册地为纳税地点；但登记注册地在境外的，以实际管理机构所在地为纳税地点。居民企业在我国境内设立不具有法人资格的营业机构的，应当汇总计算并缴纳企业所得税。

（二）非居民企业

设有机构、场所的非居民企业取得的境内所得，以机构、场所所在地为纳税地点。

未设机构、场所但有来源于境内所得的或设有机构、场所但取得与机构、场所无关的所得的非居民企业取得的所得，以扣缴义务人所在地为纳税地点。

本章小结

本章主要介绍了企业所得税的概念、特点、纳税人、征税范围、税率、应纳税额的计算以及企业所得税的征收管理。

企业所得税是国家对中华人民共和国境内企业和其他取得收入的组织生产经营所得和其他所得依法征收的一种税。其纳税人依据“登记注册地”和“实际管理机构所在地”标准划分为居民企业和非居民企业。

企业所得税的计税依据是应纳税所得额,即以企业应税收入减去税法规定的允许扣除的成本、费用、税金、损失及允许弥补的以前年度的亏损后的余额。注意应税收入的范围、成本和费用等的扣除标准以及亏损弥补的期限等内容;汇总计算税款时考虑境外已纳税款的扣除方法以及分国不分项的原则。

企业所得税采用按年计征、分期预缴的征收方式。

习　题

一、单项选择题

1. 下列单位中,不缴纳企业所得税的是(　　)。
   A. 个人独资企业　B. 股份制企业　C. 私营企业　D. 国有企业
2. 高新技术企业适用的企业所得税税率为(　　)。
   A. 25%　B. 30%　C. 20%　D. 15%
3. 企业从事符合条件的环境保护、节能节水项目的所得,自(　　)起,第 1 年至第 3 年免征企业所得税,第 4 年至第 6 年减半征收企业所得税。
   A. 获利年度
   B. 盈利年度
   C. 项目取得第一笔生产经营收入所属纳税年度
   D. 领取营业执照
4. 计算应纳税所得额时,在以下项目中,不超过规定比例的准予扣除,超过部分准予在以后纳税年度结转扣除的是(　　)。
   A. 职工福利费　B. 职工工会经费　C. 职工教育经费　D. 业务招待费
5. 在计算企业所得税时,不允许扣除的税金是(　　)。
   A. 消费税　B. 资源税　C. 增值税　D. 印花税
6. 某公司 2015 年度的销售收入为 4 000 万元,实际发生的业务招待费支出为 100 万元,准予税前扣除的业务招待费支出为(　　)。
   A. 50 万元　B. 20 万元　C. 120 万元　D. 60 万元
7. 企业所得税的基本税率为(　　)。
   A. 20%　B. 25%　C. 30%　D. 33%

8. 企业发生的公益性捐赠支出在年度利润总额(　　)以内的部分,准予在计算应纳税所得额时扣除。

A. 3%　　B. 15%　　C. 10%　　D. 12%

9. 企业发生的职工教育经费不超过工资薪金总额(　　)的部分,可以扣除。

A. 1%　　B. 1.5%　　C. 2%　　D. 2.5%

10. 企业开发新产品、新技术、新工艺发生的研究开发费用,未形成无形资产计入当期损益的,可以在计算应纳税所得额时(　　)扣除。

A. 全额　　B. 加计 50%　　C. 减半　　D. 双倍

11. 下列属于企业免税收入的是(　　)。

A. 国债利息收入　　B. 财政拨款

C. 行政事业性收费　　D. 政府性基金

12. 企业在计算应纳税所得额时允许据实扣除的项目是(　　)。

A. 合理的工资薪金支出　　B. 职工福利费

C. 业务宣传费　　D. 业务招待费

13. 下列属于企业所得税纳税人的是(　　)。

A. 个人独资企业　　B. 合伙企业

C. 一人有限责任公司　　D. 个体工商户

14. 企业纳税年度发生亏损,准予向以后年度结转,用以后年度的所得弥补,但结转年限最长不得超过(　　)。

A. 5 年　　B. 3 年　　C. 10 年　　D. 不能弥补

15. 企业发生的下列支出,允许在计算应纳税所得额时加计扣除的是(　　)。

A. 公益性捐赠支出　　B. 业务招待费

C. 职工教育经费　　D. 残疾人员工资

二、多项选择题

1. 企业在计算应纳税所得额时不得扣除的项目是(　　)。

A. 被没收财物的损失　　B. 计提的固定资产减值准备

C. 迟纳税款的滞纳金　　D. 公益性捐赠支出

2. 下列属于企业免税收入的是(　　)。

A. 国债利息收入

B. 财政拨款

C. 行政事业性收费

D. 居民企业直接投资于其他居民企业取得的收益

3. 企业实际发生的(　　)支出,准予在计算应纳税所得额时据实扣除。

A. 合理的工资薪金　　B. 劳动保护费

C. 业务招待费　　D. 财产保险费

4. 下列属于企业所得税纳税人的是(　　)。

A. 合伙企业　　B. 个人独资企业

C. 一人有限责任公司　　D. 混合所有制企业

5. 企业所得税的纳税人分为(　　)。

A. 居民企业　　B. 非居民企业　　C. 国有企业　　D. 非国有企业

6. 下列项目属于企业不征税收入的是(　　)。

A. 国债利息收入　　B. 财政拨款　　C. 行政事业性收费　　D. 政府性基金

7. 小型微利工业企业的认定条件为(　　)。

A. 年度应纳税所得额不超过 30 万元　　B. 从业人数不超过 100 人

C. 资产总额不超过 3 000 万元　　D. 从业人数不超过 80 人

8. 下列有关企业的捐赠支出,表述正确的是(　　)。

A. 企业发生的公益性捐赠支出,不超过年度利润总额 30%的部分准予扣除

B. 企业发生的公益性捐赠支出,不超过年度利润总额 12%的部分准予扣除

C. 企业发生的公益性捐赠支出,允许据实扣除

D. 企业发生的非公益性捐赠支出,不允许税前扣除

9. 下列有关企业的三项经费支出,表述正确的是(　　)。

A. 企业发生的职工福利费支出,不超过工资薪金总额 14%的部分准予扣除

B. 企业拨缴的职工工会经费,不超过工资薪金总额 2%的部分准予扣除

C. 企业发生的职工教育经费支出,不超过工资薪金总额 2.5%的部分准予扣除

D. 企业发生的职工教育经费支出,超过规定比例的部分准予结转以后纳税年度扣除

10. 下列有关企业广告费和业务宣传费支出,表述正确的是(　　)。

A. 企业发生的符合条件的广告费和业务宣传费支出,不超过当年销售收入 15%的部分准予扣除

B. 企业发生的符合条件的广告费和业务宣传费支出,不超过当年销售收入 12%的部分准予扣除

C. 企业发生的符合条件的广告费和业务宣传费支出,超过规定比例的部分不得扣除

D. 企业发生的符合条件的广告费和业务宣传费支出,超过规定比例的部分准予结转以后纳税年度扣除

11. 居民企业的征税对象包括(　　)。

A. 我国境内销售货物所得　　B. 我国境内提供劳务所得

C. 我国境内转让财产所得　　D. 我国境外权益性投资所得

12. 下列有关企业亏损弥补的表述,正确的是(　　)。

A. 企业某一纳税年度发生的亏损可以用下一年度的税前所得弥补

B. 企业下一年度的所得不足以弥补上一年度亏损的,可以逐年延续弥补,但最长不得超过 6 年

C. 企业下一年度的所得不足以弥补上一年度亏损的,可以逐年延续弥补,但最长不

得超过5年

D. 企业在弥补亏损期间发生亏损,可将弥补期顺延

13. 企业从事下列农、林、牧、渔业项目,减半征收企业所得税的是(　　)。

A. 花卉、茶以及其他饮料作物和香料作物种植所得

B. 海水养殖、内陆养殖所得

C. 中药材的种植所得

D. 远洋捕捞所得

14. 下列项目投资经营所得,自项目取得第一笔生产经营收入所属纳税年度起,享受企业所得税“三免三减半”优惠的是(　　)。

A. 企业从事国家重点扶持的公共基础设施项目的投资经营所得

B. 企业从事环境保护项目的所得

C. 企业从事节能节水项目的所得

D. 企业承包经营项目所得

15. 企业发生的业务招待费支出,在计算应纳税所得额时的扣除方法是(　　)。

A. 业务招待费超标准支出不允许以后年度结转

B. 业务招待费支出按照发生额的60%扣除,但最高不得超过当年销售收入的5%

C. 业务招待费支出按照发生额的60%扣除,但最高不得超过当年销售收入的5‰

D. 业务招待费支出不超过当年销售收入15%的部分准予扣除

三、简答题

1. 简述企业所得税中不征税收入、免税收入的内容。

2. 简述企业所得税中不允许税前扣除的项目。

3. 简述企业所得税中小型微利企业的认定条件。

四、计算题

1. 某居民企业2015年度生产经营情况如下:

(1) 销售收入总额6 500万元,销售成本4 700万元;

(2) 缴纳增值税30万元,缴纳消费税、城建税和教育费附加共计47万元;

(3) 发生销售费用50万元、管理费用100万元(其中业务招待费20万元)、财务费用40万元;

(4) 通过减灾委员会向灾区捐款10万元,直接向灾区某学校捐赠3万元;

(5) 该企业2014年度发生经营亏损10万元。

要求:计算该企业2015年应纳企业所得税。

2. 某食品加工公司为增值税一般纳税人,职工人数是120人,资产总额是3 500万元,2015年经营情况如下:

(1) 主营业务收入1 250万元,其他业务收入10万元;

（2）增值税 84 万元，城建税及教育费附加 8.4 万元；

（3）发生销售成本 700 万元、销售费用 120 万元（其中符合条件的广告费 90 万元）、管理费用 80 万元（其中业务招待费 10 万元），支付其他单位借款利息 20 万元（超过银行年利率计算的利息 5 万元）；

（4）营业外支出 20 万元（其中被质检部门罚款 2 万元，向某商场店庆支付非广告性质赞助 3 万元）。

要求：计算该公司 2015 年应纳企业所得税。

3. 某公司 2015 年度生产经营收入总额为 3 200 万元，发生销售成本 2 500 万元、财务费用 50 万元、管理费用 300 万元（其中业务招待费 20 万元），上缴增值税 80 万元、消费税 120 万元、城建税 14 万元、教育费附加 6 万元，营业外支出 30 万元（其中包括违法经营被工商行政管理部门罚款 5 万元，通过民政部门向灾区捐赠 15 万元）。

要求：计算 2015 年度该公司应纳企业所得税。

4. 某中外合资家电生产企业 2014 年产品销售收入 5 000 万元，企业会计利润总额 600 万元，已预缴所得税 150 万元。在汇算清缴前，企业聘请某会计师事务所进行审计，发现以下问题：

（1）期间费用中广告费 800 万元、业务招待费 40 万元、研究开发费 60 万元；

（2）营业外支出 200 万元（其中被质检部门罚款 10 万元，通过镇政府部门向福利院捐款 80 万元，通过公益性社会团体捐款 30 万元，直接捐赠 6 万元）；

（3）计入成本、费用中的实发工资总额 150 万元，拨缴职工工会经费 3 万元，支付职工福利费 22 万元、职工教育经费 7 万元；

（4）7 月购置并投入使用安全生产专用设备，购置设备取得专用发票注明价款 200 万元，预计使用 10 年，假定不考虑残值，企业一次性作为费用扣除。

要求：计算该企业应纳企业所得税。

5. 某居民企业 2014 年境内生产经营应纳税所得为 2 000 万元，境外所得如下：

（1）A 国分支机构生产经营所得 500 万元，适用税率 40%；特许权使用费所得 100 万元，适用税率 20%。

（2）B 国分支机构生产经营税后所得 175 万元，适用税率 30%；租金税后所得 135 万元，适用税率 10%。

要求：计算该企业境内外所得汇总应纳企业所得税。

第六章

个人所得税

学习目的

通过本章的学习，应理解个人所得税的概念和特点，掌握我国个人所得税的征税对象及范围、纳税人的确定及划分、税率的适用及应纳税额的计算等内容。

学习重点

本章重点是个人所得税征税对象的范围、应纳税额的计算以及境外所得税收抵免。

第一节　个人所得税概述

小提示

本节内容包括个人所得税的概念及其特点。与企业所得税相比，个人所得税具有分类征收、比例税率和累进税率并存、定额和定率扣除方式并用等特点。

一、个人所得税的概念

个人所得税是对个人取得工资薪金所得和其他应税所得征收的一种税。它最早于1799年在英国创立，目前世界上已有140多个国家开征了这一税种。现行个人所得税的基本规范是最新的《中华人民共和国个人所得税法》（以下简称《个人所得税法》）以及《中华人民共和国个人所得税法实施细则》。

二、个人所得税的特点

（一）实行分类课征

世界各国的个人所得税制分为分类所得税制、综合所得税制和分类综合所得税制3种类型。我国目前实行的是分类所得税制，即把个人应税所得划分成11类，分别扣除不同的费用和适用不同的税率。

（二）多种税率形式并用

我国个人所得税采取了比例税率、累进税率、加成征收等方式，形成了集多种税率形式和多种税率水平于一体的税率结构。

（三）实行不同的费用扣除方式

个人所得税在征收时按分类所得税制的要求，对不同所得类型确定不同的费用扣除方式。目前，我国个人所得税的费用扣除方式有定额扣除、定率扣除、限定据实扣除、据实扣除、对消极所得不扣除费用以及内外有别等方式。

（四）源泉扣缴和自行申报两种征税方法并用

《个人所得税法》规定，符合源泉扣缴要求的工资薪金所得、劳务报酬所得等项目必须由源泉扣缴者扣缴税款，不能使用源泉扣缴方法、扣缴税款不彻底和未扣缴税款的个体工商户生产经营所得、企事业单位承包承租所得项目等要求纳税人必须自行申报纳税。

第二节 个人所得税的税制构成要素

小提示

本节内容包括纳税人、征税对象、应税项目、税率及税收优惠。纳税人按“住所”和“居住时间”标准划分为居民纳税人和非居民纳税人；应税项目包括工资薪金所得、个体工商户的生产经营所得、对企事业单位承包经营和承租经营所得、劳务报酬所得、稿酬所得等11个项目；税率有超额累进税率和比例税率两种。

一、纳税人

个人所得税纳税人是指在我国境内有所得的个人。我国境内是指我国大陆地区，目前还不包括我国香港、澳门和台湾地区。

（一）纳税人的内容

纳税人包括我国公民、个体工商户、个人独资企业、个人合伙企业以及在我国境内有所得的外籍人员和香港、澳门、台湾同胞。

（二）纳税人的划分

依据“住所”和“居住时间”标准，纳税人划分为居民纳税人和非居民纳税人，分别承担不同的纳税义务。

1. 居民纳税人

居民纳税人是指在我国境内有住所，或者无住所而在我国境内居住满1年的个人。

在我国境内有住所的个人是指因户籍、家庭、经济利益关系而在我国境内习惯性居住的个人。习惯性居住是指个人因学习、工作、探亲等原因消除之后，没有理由在其他地方继续居留时所要回到的地方，而不是指实际居住或在某一个特定时期内的居住地。在我国境内习惯性居住的纳税人，即使其在一个纳税年度内，甚至连续几个纳税年度未在我国境内居住过一天，也仍然是我国居民纳税人。

在境内居住满1年是指在一个纳税年度(即公历1月1日起至12月31日止)内，在我国境内居住满365日。在计算居住天数时，对临时离境应视同在华居住，不扣减其在华居住的天数。临时离境是指在一个纳税年度内一次不超过30日或者多次累计不超过90日的离境。例如，一名外籍人员2013年10月起在我国境内的公司任职，在2014纳税年度内，曾于3月7日至12日离境回国向其总公司述职，12月23日至2015年1月5日离境回国欢度圣诞节，后回到中国至今。2014年的这两次离境时间相加没有超过多次累计90日的标准，应视作临时离境，不能扣减其在华居住天数，因此该外籍人员2014年为居民纳税人。

居民纳税人具体包括两类：一是在我国境内定居的我国公民和外国侨民，但不包括虽具有我国国籍却并没有在我国大陆定居，而侨居海外的华侨和居住在香港、澳门、台湾的同胞；二是从公历1月1日起至12月31日止，居住在我国境内的外国人、海外侨胞和香港、澳门、台湾同胞。

2. 非居民纳税人

非居民纳税人是指无住所且在境内居住不满1年或在我国境内无住所又不居住但有来源于境内所得的个人。与居民纳税人相比较而言，非居民纳税人也包括两类：一是在我国境内无住所且居住不满1年的外籍人员、华侨或香港、澳门、台湾同胞；二是在我国境内不居住但有来源于境内所得的外籍人员、华侨或香港、澳门、台湾同胞，如持有我国境内企业股份取得分红的香港个人，将专利转让给我国境内企业使用取得特许权使用费的英国个人。

二、征税对象

(一)征税对象的具体内容

个人所得税的征税对象是个人取得的各类应税所得。

个人应税所得的形式包括现金、实物、有价证券和其他形式的经济利益。所得为实物的，应按取得凭证上所注明的价格确定应纳税所得额；无凭证的实物或者凭证上所注明价格明显偏低的，参照市场价格核定应纳税所得额。所得为有价证券的，根据票面价格和市场价格核定应纳税所得额。所得为其他形式的经济利益的，参照市场价格核定应纳税所得额。

(二)不同纳税人征税对象的确定

居民纳税人负有无限纳税义务，应就其来源于我国境内、境外全部所得缴纳个人所得税。

非居民纳税人承担有限纳税义务，仅就其来源于我国境内所得缴纳个人所得税。

（三）征税对象来源地的确定

对所得来源地的判断是确定该项所得是否征收以及在何处征收个人所得税的重要依据。各项所得来源地的确定如表 6-1 所示。

表 6-1　各项所得来源地的确定

应税所得	所得来源地
1. 工资薪金所得	纳税人任职、受雇的单位所在地
2. 生产经营所得	生产经营活动实现地
3. 劳务报酬所得	纳税人实际提供劳务地
4. 不动产转让所得	不动产所在地
5. 动产转让所得	实现转让的地点
6. 利息、股息、红利所得	支付利息、股息、红利的企业机构所在地
7. 特许权使用费所得	特许权的使用地

三、应税项目

（一）工资薪金所得

工资薪金所得是指个人因任职或者受雇而取得的工资、薪金、奖金、年终加薪、劳动分红、津贴、补贴以及与任职或者受雇有关的其他所得。工资薪金所得中不包括独生子女补贴、家属成员的副食品补贴、托儿补助费、差旅费津贴、误餐补助等。

（二）个体工商户的生产经营所得

个体工商户的生产经营所得主要包括个体工商户从事工业、手工业、建筑业、交通运输业、商业、饮食业、服务业、修理业及其他行业取得的所得，个人经有关部门批准从事办学、医疗、咨询以及其他有偿服务活动取得的所得。需要注意的是：

（1）个体工商户和从事生产经营的个人取得与生产经营活动无关的其他各项应税所得，应分别按照其他应税项目的有关规定计算征收个人所得税。例如，对外投资取得的股息所得应按“股息、利息、红利所得”项目的规定单独计征个人所得税。

（2）个人独资企业和个人合伙企业比照“个体工商户的生产经营所得”项目征税。

（三）对企事业单位的承包经营、承租经营所得

对企事业单位的承包经营、承租经营所得是指个人承包经营或承租经营以及转包、转租取得的所得，包括承包个人按月或者按次取得的工资薪金性质的所得。

（四）劳务报酬所得

劳务报酬所得指个人独立从事非雇佣的各种劳务所取得的所得，主要是指个人独立从事设计、装潢、安装、制图、化验、测试、医疗、法律、会计、咨询、讲学、新闻、广播、翻译、审稿、

技术服务、介绍服务、经纪服务、代办服务以及其他劳务。

在实际运用过程中，注意区分工资薪金所得和劳务报酬所得。是否存在雇佣与被雇佣关系是区分工资薪金所得和劳务报酬所得的一个重要标准，即工资薪金所得属于非独立个人劳动所得，是个人从事由他人指定、安排并接受管理的劳动而取得的报酬；劳务报酬所得则是个人独立从事各种技艺、提供各项劳务取得的报酬。

【例 6-1】下列项目中，属于劳务报酬所得的是(　　)。

A. 个人书画展卖取得的报酬

B. 提供著作的版权取得的报酬

C. 将国外的作品翻译出版取得的报酬

D. 高校教师受出版社委托进行审稿取得的报酬

答案　AD。选项 B，提供著作的版权取得的报酬属于特许权使用费所得；选项 C，将国外的作品翻译出版取得的报酬属于稿酬所得。

（五）稿酬所得

稿酬所得是指个人因其作品以图书、报刊形式出版、发表而取得的所得。

（六）特许权使用费所得

特许权使用费所得是指个人提供专利权、商标权、著作权、非专利技术以及其他特许权的使用权和所有权取得的所得。

（七）财产租赁所得

财产租赁所得是指个人出租建筑物、机器设备、车船以及其他财产取得的所得。个人取得的财产转租收入属于“财产租赁所得”的征税范围，由财产转租人缴纳个人所得税。

（八）财产转让所得

财产转让所得是指个人转让有价证券、股权、建筑物、土地使用权、机器设备、车船以及其他财产所有权取得的所得。国务院决定，对股票转让所得暂不征收个人所得税。

（九）利息、股息、红利所得

利息、股息、红利所得是指个人拥有债权、股权而取得的利息、股息、红利所得。

利息指个人拥有债权而取得的利息，包括存款利息、贷款利息和各种债券的利息。除国债和国家发行的金融债券利息外，利息所得应当依法缴纳个人所得税。

股息、红利指个人拥有股权取得的股息、红利。股息、红利所得，除另有规定外，都应当缴纳个人所得税。

（十）偶然所得

偶然所得是指个人得奖、中奖、中彩以及其他偶然性质的所得。得奖是指参加各种有奖竞赛活动取得名次得到的奖金；中奖、中彩是指参加各种有奖活动，如有奖销售、有奖储蓄或者购买彩票，经过规定程序抽中、摇中号码而取得的奖金。偶然所得应纳个人所得税款一律由发奖单位或机构代扣代缴。

（十一）经国务院财政部门确定征税的其他所得

除上述列举的各项个人应税所得外，其他确有必要征税的个人所得，由国务院财政部门确定。个人取得的所得，难以界定应纳税所得项目的，由主管税务机关确定。

四、税率

个人所得税的税率按所得项目不同分别确定。

（一）工资薪金所得

工资薪金所得适用七级超额累进税率，税率为3%～45%（表6-2）。

表6-2 工资薪金所得适用的税率和速算扣除数表

级 数	全月应纳税所得额	税率/%	速算扣除数/元
1	不超过1 500元的部分	3	0
2	1 500元至4 500元的部分	10	105
3	4 500元至9 000元的部分	20	555
4	9 000元至35 000元的部分	25	1 005
5	35 000元至55 000元的部分	30	2 755
6	55 000元至80 000元的部分	35	5 505
7	超过80 000元的部分	45	13 505

（二）个体工商户的生产经营所得和对企事业单位的承包经营、承租经营所得

个体工商户的生产经营所得和对企事业单位的承包经营、承租经营所得适用5%～35%的五级超额累进税率（表6-3）。个人独资企业和合伙企业的生产经营所得也适用该五级超额累进税率。

表6-3 个体工商户的生产经营所得个人所得税税率和速算扣除数表

级 数	全年应纳税所得额	税率/%	速算扣除数/元
1	不超过15 000元的部分	5	0
2	15 000元至30 000元的部分	10	750
3	30 000元至60 000元的部分	20	3 750
4	60 000元至100 000元的部分	30	9 750
5	超过100 000元的部分	35	14 750

（三）劳务报酬所得

劳务报酬所得适用比例税率 20%。

劳务报酬所得一次收入畸高的采用加成征收。“劳务报酬所得一次收入畸高”是指个人一次取得劳务报酬的应纳税所得额超过 20 000 元。对应纳税所得额超过 20 000 元至 50 000 元的部分，计算应纳税额后再按照应纳税额加征 5 成，实际适用税率为 30%；超过 50 000 元的部分加征 10 成，实际适用税率为 40%。因此，劳务报酬所得实际上适用 20%、30%、40%的三级超额累进税率（表 6-4）。

表 6-4　劳务报酬所得个人所得税税率和速算扣除数表

级　数	每次应纳税所得额	税率 / %	速算扣除数 / 元
1	不超过 20 000 元的部分	20	0
2	20 000 元至 50 000 元的部分	30	2 000
3	超过 50 000 元的部分	40	7 000

（四）稿酬所得

稿酬所得适用比例税率 20%按应纳税额减征 30%，其实际税率为 14%。

（五）特许权使用费所得，财产租赁所得，财产转让所得，利息、股息、红利所得，偶然所得和其他所得

特许权使用费所得，财产租赁所得，财产转让所得，利息、股息、红利所得，偶然所得和其他所得适用比例税率 20%。其中，个人按市场价格出租居住房屋的税率为 10%。

五、税收优惠

（一）免征个人所得税项目

（1）省级人民政府、国务院部委和我国人民解放军军以上单位以及外国组织颁发的科学、教育、技术、文化、卫生、体育、环境保护等方面的奖金。

（2）国债和国家发行的金融债券利息。国债利息指个人持有中华人民共和国财政部发行的债券而取得的利息所得；国家发行的金融债券利息指个人持有经国务院批准发行的金融债券而取得的利息所得。

（3）按照国家统一规定发给的补贴、津贴。这是指按照国务院规定发给的政府特殊津贴和国务院规定免纳个人所得税的补贴、津贴。

（4）福利费、抚恤金、救济金。福利费是指根据国家有关规定，从企业和事业单位、国家机关、社会团体提留的福利费或者工会经费中支付给个人的生活补助费；抚恤金是指国家或组织发给因公受伤或残疾的人员，或因公牺牲以及病故人员家属的费用；救济金是指国家民政部门支付给个人的生活困难补助费。

（5）按照国家统一规定发给干部、职工的安家费、退职费、退休工资、离休工资、离休生

活补助费。

（6）企业和个人按照省级以上人民政府规定的比例提取并缴付的住房公积金、基本医疗保险金、基本养老保险金、失业保险金等，不计入个人当期的工资薪金收入，免予征收个人所得税。超过规定比例缴付的部分计征个人所得税。

（7）个人领取原提存的住房公积金、基本养老保险金等时，不征收个人所得税。

（8）发给符合条件的见义勇为者的奖金。这是指乡、镇（含乡、镇）以上人民政府或经县（含县）以上人民政府主管部门批准成立的有机构、有章程的见义勇为基金或者类似性质组织，奖励见义勇为者的奖金或奖品。

（9）保险赔款。

（10）军人的转业费、复员费。

（11）个人举报、协查各种违法、犯罪行为获得的奖金。

（12）个人办理代扣代缴税款手续，按规定取得的扣缴手续费。

（13）个人转让自用达5年以上并且是唯一的家庭居住用房取得的所得。

（14）个人取得单张有奖发票奖金所得不超过800元（含800元）的，暂免征收个人所得税；个人取得单张有奖发票奖金所得超过800元的，应全额按照《个人所得税法》规定的"偶然所得"项目征收个人所得税。

（15）自2013年1月1日起，对个人从公开发行和转让市场取得的上市公司股票，股息、红利所得实行差别化个人所得税政策：持股期限1个月以内（含1个月）的，其股息、红利所得全额计入应纳税所得额，实际税率为20%；持股期限1个月至1年（含1年）的，其股息、红利所得暂减按50%计入应纳税所得额，实际税率为10%；持股期限超过1年的，其股息、红利所得暂减按25%计入应纳税所得额，实际税率为5%。

（16）外籍个人以非现金形式或实报实销形式取得住房补贴、伙食补贴、搬迁费、洗衣费。

（17）外籍个人按合理标准取得的境内外出差补贴。

（18）外籍个人取得的探亲费、语言训练费、子女教育费等，仅限于外籍个人在我国受雇地与其家庭所在地（包括配偶或父母居住地）之间搭乘交通工具，且每年不超过两次的费用。

（19）外籍个人从外商投资企业取得的股息、红利所得。

（20）经国务院财政部门批准免税的其他所得。

（二）经批准可以减征个人所得税项目

（1）残疾、孤老人员和烈属的所得。

（2）因严重自然灾害造成重大损失的。

（3）其他经国务院财政部门批准减税的。

（三）其他减免项目

1. 企业促销展业赠送礼品有关个人所得税问题

企业促销展业赠送礼品是指企业和单位在营销活动中以折扣折让、赠品、抽奖等方式向个人赠送现金、消费券、物品、服务等。

（1）属于下列情形之一的，不征收个人所得税：① 企业通过价格折扣、折让方式向个人销售商品和提供服务；② 企业在向个人销售商品和提供服务的同时给予赠品，如通信企业对个人购买手机赠话费、入网费，或者购话费赠手机等；③ 企业对累积消费达到一定额度的个人按消费积分反馈礼品。

（2）属于下列情形之一的，应依法缴纳个人所得税，由赠送礼品企业代扣代缴：① 企业在业务宣传、广告等活动中随机向本单位以外的个人赠送礼品，对个人取得的礼品所得按照“其他所得”项目全额适用20%的税率缴纳个人所得税；② 企业在年会、座谈会、庆典以及其他活动中向本单位以外的个人赠送礼品，对个人取得的礼品所得按照“其他所得”项目全额适用20%的税率缴纳个人所得税；③ 企业对累积消费达到一定额度的顾客给予额外抽奖机会，个人的获奖所得按照“偶然所得”项目全额适用20%的税率缴纳个人所得税。

2. 房屋赠与有关个人所得税问题

（1）属于以下情形之一的，对当事双方不征收个人所得税：① 房屋产权所有人将房屋产权无偿赠与配偶、父母、子女、祖父母、外祖父母、孙子女、外孙子女、兄弟姐妹；② 房屋产权所有人将房屋产权无偿赠与对其承担直接抚养或者赡养义务的抚养人或者赡养人；③ 房屋产权所有人死亡，法定继承人、遗嘱继承人或者受遗赠人依法取得房屋产权。

（2）除上述情形外，房屋产权所有人将房屋产权无偿赠与他人的，受赠人因无偿受赠房屋取得的受赠所得，按照“经国务院财政部门确定征税的其他所得”项目缴纳个人所得税。

第三节　应纳个人所得税的计算

小提示

个人所得税的计征分为按年计征、按月计征和按次计征三种。按年计征的有个体工商户（个人独资企业）的生产经营所得、对企事业单位的承包经营和承租经营所得；按月计征的有工资薪金所得、财产租赁所得；其余项目按次计征。确定应纳税所得额的扣除方式有实际扣除、定额扣除和定率扣除。居民纳税人的境外所得采用分国抵免法。

由于个人所得税的应税项目不同，且取得某项所得所需费用也不相同，因此个人应纳税所得额需按不同应税项目分项计算。首先以某项应税项目的收入额减去税法规定的允许扣除的费用后的余额确定应纳税所得额，然后以其应纳税所得额与其适用税率相乘，得出应纳个人所得税税额。

一、工资薪金所得

（一）个人取得月工资薪金所得

工资薪金所得项目的计算以“月”作为计算标准。其应纳税所得额以月工资薪金总收入扣除税法规定项目来确定。

$$月应纳税所得额 = 月工资薪金收入 - 非工资收入 - “三险一金” - 费用扣除额(免征额)$$

$$月应纳个人所得税 = \sum 各级应纳税所得额 \times 适用税率$$

或

$$月应纳个人所得税 = 应纳税所得额全额 \times 最高级次适用税率 - 速算扣除数$$

1. 非工资收入

非工资收入是指独生子女补贴、误餐补助等不计入工资薪金的所得。

2.“三险一金”

“三险一金”是指由纳税人个人按国家规定比例负担的基本养老保险、基本医疗保险、失业保险和住房公积金。如果个人只是支付某几类保险,则按实际支付部分扣除。

3. 费用扣除额(免征额)

费用扣除额(免征额)是指为满足纳税人生活、赡养家庭以及教育等需要而免于征税的所得。费用扣除额(免征额)的标准有两个:一是 3 500 元。2011 年 9 月 1 日起调整为 3 500 元,适用于在我国境内有住所并在境内取得工资薪金所得的个人。二是 4 800 元。2011 年 9 月 1 日起调整为 4 800 元,适用于在我国境内外商投资企业和外国企业中工作的外籍人员,应聘在我国境内的企业和事业单位等组织中工作的外籍专家,在我国境内有住所而在我国境外任职或者受雇取得工资薪金所得的个人和国务院财政、税务主管部门确定的其他人员。

【例 6-2】我国某居民纳税人 2014 年 3 月扣除非工资收入和基本保险及公积金等后月薪 5 500 元。计算其该月应纳个人所得税税额。

解

$$应纳税所得额 = 5\,500 - 3\,500 = 2\,000(元)$$

$$应纳税额 = 1\,500 \times 3\% + 500 \times 10\% = 2\,000 \times 10\% - 105 = 95(元)$$

【例 6-3】在某外商投资企业中工作的美国专家,2014 年 3 月份取得由该企业发放的工资收入 10 000 元人民币。请计算其应纳个人所得税税额。

解

$$应纳税所得额 = 10\,000 - 4\,800 = 5\,200(元)$$

$$应纳税额 = 5\,200 \times 20\% - 555 = 485(元)$$

(二)个人取得全年一次性奖金所得

全年一次性奖金是指行政机关、企事业单位等扣缴义务人根据其全年经济效益和对雇员全年工作业绩的综合考核情况,向雇员发放的一次性奖金。

居民纳税人取得全年一次性奖金,单独作为一个月工资薪金所得计算纳税,按以下计税办法处理:

(1) 在发放一次性奖金的当月,雇员工资薪金所得高于费用扣除额:第一,纳税人当月工资按正常情况计算缴纳;第二,将取得的全年一次性奖金单独作为一个月工资薪金所得计算纳税,在计征时,应先将雇员取得的全年一次性奖金除以 12 个月,按其商数确定适用税率和速算扣除数,但年终奖金不得扣除费用。计算公式为:

$$全年一次性奖金应纳税额 = 雇员当月取得的全年一次性奖金 \times 适用税率 - 速算扣除数$$

（2）在发放一次性奖金的当月，雇员工资薪金所得低于费用扣除额：第一，纳税人当月工资不纳税；第二，将取得的全年一次性奖金单独作为一个月工资薪金所得计算纳税，在计征时，应将全年一次性奖金减除“雇员当月工资薪金所得与费用扣除额的差额”后的余额除以 12 个月，按其商数确定适用税率和速算扣除数。计算公式为：

$$\text{全年一次性奖金应纳税额}=\left(\text{雇员当月取得的全年一次性奖金}-\text{雇员当月工资薪金所得与费用扣除额的差额}\right)\times\text{适用税率}-\text{速算扣除数}$$

使用此方法应注意：一是在一个纳税年度内，对每一个纳税人，该计税办法只允许采用一次；二是雇员取得除全年一次性奖金以外的其他各种名目奖金，如半年奖、季度奖、加班奖、先进奖、考勤奖等，一律与当月工资薪金收入合并缴纳个人所得税。

【例 6-4】 我国公民李某 2014 年 12 月取得当月工资且有全年一次性奖金 24 000 元，试就下列情况分别计算其应纳个人所得税：

（1）12 月工资扣除不计税金额为 3 700 元；

（2）12 月工资扣除不计税金额为 3 400 元。

解 （1）当月工资扣除不计税金额为 3 700 元，高于免征额。

① 当月工资：应纳个人所得税 =（3 700 − 3 500）× 3% = 6（元）。

② 奖金：将一次性奖金额除以 12，商数为 2 000 元，适用税率为 10%，速算扣除数为 105 元，应纳个人所得税 = 24 000 × 10% − 105 = 2 295（元）。

③ 李某合计应纳个人所得税 = 2 295 + 6 = 2 301（元）。

（2）当月工资扣除不计税金额为 3 400 元，低于免征额。

① 当月工资：不缴纳所得税。

② 奖金：费用扣除额 3 500 元与工资的差额为 100 元（3 500 − 3 400），奖金减去这个差额后的余额为 23 900 元，23 900 元除以 12 等于 1 991.67 元，适用税率为 10%，速算扣除数为 105 元，应纳个人所得税 =［24 000 −（3 500 − 3 400）］× 10% − 105 = 2 285（元）。

③ 李某合计应纳个人所得税 = 2 285（元）。

二、个体工商户的生产经营所得

个人独资企业、合伙企业与个体工商户在适用税率、收入的确定、成本费用的扣除等方面基本是相同的，下面的内容如果没有特别说明也适用于个人独资企业和合伙企业。

（一）查账征收

个体工商户的生产经营所得，以每一纳税年度的收入总额减除成本、费用以及损失后的余额为年应纳税所得额。

$$\text{年应纳税所得额}=\text{收入总额}-\text{税法允许扣除项目金额}$$

$$\text{年应纳个人所得税}=\sum\text{各级应纳税所得额}\times\text{适用税率}$$

或

$$\text{年应纳个人所得税}=\text{年应纳税所得额}\times\text{最高级次适用税率}-\text{速算扣除数}$$

需要注意的是，个人独资企业的投资者以全部生产经营所得为应纳税所得额；合伙企业的投资者按照合伙企业的全部生产经营所得和合伙协议约定的分配比例确定应纳税所得额，合伙协议没有约定分配比例的，以全部生产经营所得和合伙人数量平均计算每个投资者的应纳税所得额。

1. 收入总额

个体工商户的收入总额是指个体工商户从事生产经营以及与生产经营有关的活动所取得的各项收入，包括商品销售收入、营运收入、劳务服务收入、财产出租或转让收入、利息收入和其他业务收入等。个体工商户的各项收入应当按权责发生制原则确定。

2. 允许扣除的项目

（1）允许扣除的项目主要是成本、费用、税金和损失。

成本是指个体工商户从事生产经营所发生的销售成本、销货成本、业务支出和其他耗费。

费用是指个体工商户在生产经营活动中发生的销售费用、管理费用、财务费用，已经计入成本的有关费用除外。

税金是指个体工商户按国家要求依法缴纳的，除个人所得税和允许抵扣的增值税以外的税金，包括消费税、城市维护建设税、资源税、土地使用税、土地增值税、房产税、车船税、印花税以及教育费附加等。

损失是指个体工商户在生产经营过程中发生的各项营业外支出，包括资产等盘亏、报废、毁损和出售的净损失，自然灾害等不可抗力因素造成的损失等。个体工商户发生的损失应该是损失总额减除责任人赔偿和保险赔款后的余额。个体工商户已经作为损失处理的资产，在以后纳税年度又全部收回或者部分收回时，应当计入收回当期的收入。

（2）扣除标准。

① 个体工商户的生产经营所得依法计征个人所得税时，个体工商户业主、个人独资企业和合伙企业投资者本人的工资薪金支出不得税前扣除。从 2011 年 9 月 1 日起，个体工商户业主、个人独资企业和合伙企业投资者本人的费用扣除标准统一确定为 42 000 元/年，即 3 500 元/月。

② 个体工商户业主在生产经营中应当分别核算生产经营费用和个人、家庭费用，生产经营与个人、家庭生活混用难以分清的费用，其 40% 视为与生产经营有关，准予扣除。

个人独资企业和合伙企业投资者及其家庭发生的生活费用与企业生产经营费用混合在一起且难以划分的，全部视为投资者个人及其家庭发生的生活费用，不允许在税前扣除。

③ 个体工商户向其从业人员实际支付的合理的工资薪金支出，允许在税前据实扣除。

④ 个体工商户拨缴的工会经费以及发生的职工福利费、职工教育经费支出分别在工资薪金总额 2%、14%、2.5% 的标准内据实扣除。教育经费超过部分，准予在以后纳税年度结转扣除。个体工商户业主本人向当地工会组织缴纳的工会经费以及实际发生的职工福利费、职工教育经费支出，以当地（地级市）上年度社会平均工资的 3 倍为计算基数，在规定比例内据实扣除。

⑤ 个体工商户按照规定的范围和标准为其业主和从业人员缴纳的基本养老保险费、基

本医疗保险费、失业保险费、生育保险费、工伤保险费和住房公积金，准予扣除。

个体工商户为从业人员缴纳的补充养老保险费、补充医疗保险费，分别在不超过从业人员工资总额5%内的部分可据实扣除，超过部分不得扣除。

个体工商户业主本人缴纳的补充养老保险费、补充医疗保险费，以当地（地级市）上年度社会平均工资的3倍为计算基数，分别在不超过该计算基数5%标准内的部分据实扣除，超过部分不得扣除。

个体工商户发生的与生产经营有关的财产保险、运输保险以及为特殊工种从业人员支付的人身安全保险费，可以扣除。

个体工商户业主本人或者为从业人员支付的商业保险费，不得扣除。

⑥ 个体工商户在生产经营过程中的借款利息支出：向金融企业借款的利息支出准予据实扣除；向非金融企业和个人借款的利息支出，不超过按照金融企业同期同类贷款利率计算的数额的部分准予扣除。

⑦ 个体工商户每一纳税年度发生的与其生产经营业务直接相关的业务招待费支出，按照发生额的60%扣除，但最高不得超过当年营业收入的5‰。

⑧ 个体工商户每一纳税年度发生的广告费和业务宣传费用不超过当年营业收入15%的部分，可据实扣除；超过部分，准予在以后纳税年度结转扣除。

⑨ 个体工商户通过公益性社会团体或者县级以上人民政府及其部门进行的公益捐赠，捐赠额不超过其应纳税所得额30%的部分可以据实扣除。个体工商户直接对受益人的捐赠不得扣除。

⑩ 个体工商户在生产经营过程中租入固定资产而支付的费用：以融资租赁方式租入固定资产发生的租赁费，计入固定资产价值，不得直接扣除，而应以折旧方式扣除；以经营租赁方式租入固定资产发生的租赁费，可以据实扣除。

⑪ 个体工商户研究开发新产品、新技术、新工艺所发生的开发费用，以及研究开发新产品、新技术而购置的单台价值在10万元以下的测试仪器和试验性装置的购置费准予直接扣除；单台价值在10万元以上（含10万元）的测试仪器和试验性装置，按固定资产管理，不得在当期直接扣除。

⑫ 个体工商户的年度经营亏损允许用下一年度的经营所得弥补，下一年度不足弥补的，允许逐年延续弥补，但最长不得超过5年。个人独资企业和合伙企业投资者兴办2个或2个以上企业的，企业的年度经营亏损不能跨企业弥补。

⑬ 财政部、国家税务总局规定的其他扣除标准。

3. 不允许扣除的项目

（1）个人所得税税款以及个体工商户代其从业人员或者他人负担的税款。

（2）税收的滞纳金。

（3）罚金、罚款和被没收财物的损失。

（4）不符合扣除规定的捐赠支出。

（5）赞助支出。

（6）用于个人和家庭的支出。

（7）与生产经营无关的其他支出。

（8）财政部、国家税务总局规定不准扣除的其他支出。

（二）核定征收

1. 核定征收的范围

从事生产经营的纳税人未提供完整、准确的纳税资料，不能正确计算应纳税所得额的，由主管税务机关核定其应纳税所得额。

2. 核定征收的方式

核定征收的方式包括定额征收、核定应税所得率征收以及其他合理的征收方式。

实行核定应税所得率征收方式的，计算公式如下：

$$应纳个人所得税额 = 应纳税所得额 \times 适用税率$$

$$应纳税所得额 = 收入总额 \times 应税所得率$$

或

$$应纳税所得额 = 成本、费用支出额 /（1 - 应税所得率）\times 应税所得率$$

个人所得税应税所得率如表 6-5 所示。

表 6-5　个人所得税应税所得率表

行　业	应税所得率 / %
工业、交通运输业、商业	5～20
建筑业、房地产开发业	7～20
饮食服务业	7～25
娱乐业	20～40
其他行业	10～30

企业多业经营的，无论其经营项目是否单独核算，均应根据主营项目确定应税所得率。

实行核定征收的投资者，不能享受个人所得税的优惠政策。

三、对企事业单位的承包经营、承租经营所得

对企事业单位的承包经营、承租经营所得，以每一纳税年度的收入总额减除必要费用后的余额为应纳税所得额。应减除的月固定费用从 2011 年 9 月 1 日起为 3 500 元。

$$年应纳税所得额 = 经营利润 + 年工资薪金收入 - 12 \times 每月固定费用$$

$$年应纳个人所得税 = \sum 各级应纳税所得额 \times 适用税率$$

或

$$年应纳个人所得税 = 年应纳税所得额 \times 最高级次适用税率 - 速算扣除数$$

【例 6-5】某个人与事业单位签订承包合同经营招待所，承包期为 3 年。承包当年招待所实现承包经营利润 150 000 元，按合同规定承包人每年应从承包经营利润中上交承包费 30 000 元。计算承包人当年应纳个人所得税。

解 年应纳税所得额 = 承包经营利润 − 上交费用 − 每年费用

$$=150\,000-30\,000-3\,500\times 12=78\,000（元）$$

$$应纳税额=年应纳税所得额\times 适用税率-速算扣除数$$

$$=78\,000\times 30\%-9\,750=13\,650（元）$$

四、劳务报酬所得

（一）劳务报酬所得“次”的确定

（1）只有一次性收入的，以取得该项收入为一次。例如，从事设计、安装等劳务，按照客户的要求完成一次劳务后取得收入，属于一次性的收入，应以每次提供劳务取得的收入为一次。

（2）属于同一事项连续取得收入的，以一个月内取得的收入为一次。

（二）应纳税所得额的确定

应纳税所得额是每次取得的收入定额减除 800 元或定率减除收入的 20%后的余额。

（1）每次收入不足 4 000 元的：

$$每次应纳税所得额=每次收入-800$$

（2）每次收入在 4 000 元以上的：

$$每次应纳税所得额=每次收入额\times（1-20\%）$$

（三）应纳税额的计算

劳务报酬所得存在加成征收，其实际适用税率为三级超额累进税率，计算如下：

$$每次应纳税额=\sum 各级应纳税所得额\times 适用税率$$

或

$$每次应纳税额=每次应纳税所得额全额\times 最高级次适用税率-速算扣除数$$

【例 6-6】 歌星刘某一次取得表演收入 40 000 元，计算其应纳个人所得税。

解 刘某该次收入为 40 000 元，大于 4 000 元，因而：

$$应纳税所得额=每次收入额\times（1-20\%）=40\,000\times（1-20\%）=32\,000（元）$$

$$应纳税额=应纳税所得额\times 适用税率-速算扣除数$$

$$=20\,000\times 20\%+12\,000\times 30\%$$

$$=32\,000\times 30\%-2\,000$$

$$=7\,600（元）$$

五、稿酬所得

（一）稿酬所得“次”的确定

一般以每次出版、发表取得的收入为一次，具体又可细分为：

（1）同一作品再版取得的所得，应视作另一次稿酬所得计征个人所得税。

（2）同一作品先在报刊上连载，然后再出版，或先出版，再在报刊上连载的，应视为两次稿酬所得征税。即连载作为一次，出版作为另一次。

（3）同一作品在报刊上连载取得收入的，以连载完成后取得的所有收入合并为一次，计征个人所得税。

（4）同一作品在出版和发表时，以预付稿酬或分次支付稿酬等形式取得的稿酬收入，应合并计算为一次。

（5）同一作品出版和发表后，因添加印数而追加稿酬的，应与以前出版和发表时取得的稿酬合并计算为一次，计征个人所得税。

（二）应纳税所得额的确定

（1）每次收入不足 4 000 元的：

$$每次应纳税所得额 = 每次收入 - 800$$

（2）每次收入在 4 000 元以上的：

$$每次应纳税所得额 = 每次收入额 \times (1 - 20\%)$$

（三）应纳税额的计算

稿酬所得存在税额 30% 的减免，其应纳税额计算如下：

$$每次应纳税额 = 应纳税所得额 \times 20\% \times (1 - 30\%) = 应纳税所得额 \times 14\%$$

【例 6-7】我国公民孙某系自由职业者，2014 年各项收入情况如下：出版中篇小说一部，取得报酬 50 000 元，后因小说加印和报刊连载，分别取得出版社报酬 10 000 元和报社报酬 3 800 元。计算其应纳个人所得税。

解 （1）出版中篇小说，加印稿酬与第一次取得稿酬合并作为一次：

$$应纳税所得额 = (50\,000 + 10\,000) \times (1 - 20\%) = 48\,000（元）$$

$$应纳个人所得税 = 应纳税所得额 \times 适用税率 = 48\,000 \times 14\% = 6\,720（元）$$

（2）报刊连载作为单独的一次：

$$应纳税所得额 = 3\,800 - 800 = 3\,000（元）$$

$$应纳个人所得税 = 3\,000 \times 14\% = 420（元）$$

六、特许权使用费所得

（一）特许权使用费所得“次”的确定

特许权使用费所得以某项特许权使用权的一次转让所取得的收入为一次。对特许权使用费所得的“次”的界定，明确为每一项特许权使用权的每次转让所取得的收入为一次。如果该次转让取得的收入是分笔支付的，则应将各笔收入相加为一次的收入，计征个人所得税。

（二）应纳税所得额的确定

（1）每次收入不足 4 000 元的：

$$每次应纳税所得额 = 每次收入 - 800$$

（2）每次收入在 4 000 元以上的：

$$每次应纳税所得额 = 每次收入额 \times (1 - 20\%)$$

（三）应纳税额的计算

特许权使用费所得适用税率为 20%，应纳税额的计算如下：

$$每次应纳税额 = 应纳税所得额 \times 20\%$$

【例 6-8】李某有 A 和 B 两项专利。当年 A 专利分别转让给甲、乙两企业使用，取得报酬分别是 50 000 元和 80 000 元；B 专利转让给丙企业使用，取得报酬是 3 000 元。计算李某应纳个人所得税。

解 （1）A 专利转让给甲企业：

$$应纳税所得额 = 50\,000 \times (1 - 20\%) = 40\,000(元)$$

$$应纳个人所得税 = 应纳税所得额 \times 适用税率 = 40\,000 \times 20\% = 8\,000(元)$$

（2）A 专利转让给乙企业：

$$应纳税所得额 = 80\,000 \times (1 - 20\%) = 64\,000(元)$$

$$应纳个人所得税 = 应纳税所得额 \times 适用税率 = 64\,000 \times 20\% = 12\,800(元)$$

（3）B 专利转让给丙企业作为单独的一次：

$$应纳税所得额 = 3\,000 - 800 = 2\,200(元)$$

$$应纳个人所得税 = 应纳税所得额 \times 适用税率 = 2\,200 \times 20\% = 440(元)$$

七、财产租赁所得

（一）财产租赁所得“次”的确定

财产租赁所得以 1 个月内取得的收入为一次。

（二）应纳税所得额的确定

财产租赁所得一般以个人每次取得的收入定额或定率减除规定费用后的余额为应纳税所得额。

1. 财产租赁所得与劳务报酬所得、稿酬所得、特许权使用费所得的处理比较

（1）相同点：应纳税所得额的确定方法相同，即每次收入不超过 4 000 元定额减除费用 800 元，每次收入在 4 000 元以上定率减除 20% 的费用。

（2）不同点：第一，纳税人在出租财产过程中缴纳的房产税、城建税及教育费附加等相关税费，可持完税（缴款）凭证，从其财产租赁收入中扣除；第二，纳税人在出租财产过程中负担的该出租财产实际开支的修缮费用，能够提供有效、准确凭证的，从其财产租赁收入中扣除。

2. 个人出租财产依次扣除的费用

（1）财产租赁过程中缴纳的税费。准予扣除的税费必须提供完税（缴款）凭证。

（2）由纳税人负担的该出租财产实际开支的修缮费用。允许扣除的修缮费用不但需要

提供有效、准确的证明，而且每月以 800 元为限，一次扣除不完的，准予在下一次继续扣除，直到扣完为止。

(3) 费用扣除标准。定额扣除 800 元或定率扣除剩余收入的 20%。

3. 应纳税所得额的计算公式

(1) 每次(月)收入不足 4 000 元的：

应纳税所得额 = 每次(月)收入额 − 准予扣除税费 − 修缮费用 − 800

(2) 每次(月)收入在 4 000 元以上的：

应纳税所得额 = [每次(月)收入额 − 准予扣除税费 − 修缮费用]×(1 − 20%)

(三) 应纳税额的计算

财产租赁所得适用 20% 的比例税率，但个人按市场价格出租住房适用 10% 的税率征收个人所得税。其应纳税额的计算公式为：

应纳税额 = 应纳税所得额 × 适用税率

【例 6-9】 我国公民陈某将一幢自有住房出租，全年租金为 6 万元。2015 年陈某为该出租房产缴纳房产税 2 400 元，城镇土地使用税 1 200 元，已经取得相关凭证。6 月陈某对房产进行了一次修缮，共耗资 2 200 元。试确定陈某应缴纳的个人所得税。

解　月租金 = 60 000 / 12 = 5 000(元)

月税金 = (2 400 + 1 200) / 12 = 300(元)

6 月的修缮费用 2 200 元可以在 6、7、8 月分摊扣除。由于 1—5 月和 9—12 月没有修缮费用的扣除，各月个人所得税相同：

每月应纳税所得 = (5 000 − 300) × (1 − 20%) = 3 760(元)

每月应纳个人所得税 = 3 760 × 10% = 376(元)

6、7 月可以扣除修缮费用，且最高都可以扣除 800 元，两月相同：

每月应纳税所得 = (5 000 − 300 − 800) × (1 − 20%) = 3 120(元)

每月应纳个人所得税 = 3 120 × 10% = 312(元)

由于 8 月可以扣除修缮费用 600 元：

月应纳税所得 = (5 000 − 300 − 600) × (1 − 20%) = 3 280(元)

月应纳个人所得税 = 3 280 × 10% = 328(元)

全年应纳个人所得税 = 376 × 9 + 312 × 2 + 328 = 4 336(元)

八、财产转让所得

(一) 财产转让所得"次"的确定

财产转让所得以转让一项财产所有权作为一次。

(二) 应纳税所得额的确定

应纳税所得额是转让财产的收入额减除财产原值和合理费用后的余额。

每次应纳税所得额 = 收入总额 − 财产原值 − 合理费用

公式中,"财产原值"是指纳税人取得该项财产时支付的总价款。纳税人未提供完整、准确的财产原值凭证,不能正确计算财产原值的,由主管税务机关核定其财产原值。"合理费用"是指卖出财产时按照规定支付的有关费用。

(三)应纳税额的计算

财产转让所得的适用税率为20%,其应纳税额的计算公式如下:

每次应纳税额 = 每次应纳税所得额 × 20%

九、利息、股息、红利所得,偶然所得和其他所得

(一)利息、股息、红利所得,偶然所得和其他所得"次"的确定

利息、股息、红利所得以支付利息、股息、红利时取得的收入为一次,偶然所得和其他所得以每次收入为一次。

(二)应纳税所得额的确定

利息、股息、红利所得,偶然所得和其他所得的获得在确定应纳税所得额时不允许有任何费用的扣除,其应纳税所得额等于其收入额。

每次应纳税所得额 = 收入额

(三)应纳税额的计算

利息、股息、红利所得,偶然所得和其他所得适用税率为20%,其应纳税额的计算公式如下:

每次应纳税额 = 每次应纳税所得额 × 适用税率

【例6-10】我国公民王某就职于国内A上市公司,2014年收入情况如下:

(1)1月1日起将其位于市区的一套公寓住房按市价出租,租期1年,每月收取租金3 800元,相关税费没有凭证;1月因卫生间漏水发生修缮费用1 200元,已取得合法有效的支出凭证。

(2)在国内另一家公司担任独立董事,取得该公司独立董事津贴35 000元。

(3)取得年度一次性奖金36 000元,其当月工资扣除非计税工资等后为4 500元。

(4)参加某商场的满积分抽奖活动,获得市场售价为4 800元的冰箱。

(5)将一项专利转让给一家民营企业使用,取得收入40 000元。

(6)与一家培训机构签订了3个月的劳务合同,每周六为该培训中心授课1次,每次报酬为3 000元。前2个月月均为培训中心授课4次,第3个月为5次。

要求:确定上述行为的应税项目并计算个人所得税。

解 (1)住房租金属于"财产租赁所得"项目,按月征税,适用税率10%。由于相关税费没有凭证,不得扣除。1月的修缮费用1 200元可以在1月和2月分摊扣除。

1月应纳所得税 =(3 800 − 800 − 800)× 10% = 220(元)

2 月应纳所得税 =（3 800 − 400 − 800）× 10% = 260（元）

3—12 月每月应纳所得税 =（3 800 − 800）× 10% = 300（元）

全年应纳个人所得税 = 220 + 260 + 300 × 10 = 3 480（元）

（2）独立董事津贴属于“劳务报酬所得”项目，按次征税，适用加成征收。

应纳税所得额 = 35 000 ×（1 − 20%）= 28 000（元）

应纳所得税 = 20 000 × 20% + 8 000 × 30% = 28 000 × 30% − 2 000 = 6 400（元）

（3）工资及奖金属于“工资薪金所得”项目，按月征税，适用七级超额累进税率。

当月工资应纳所得税 =（4 500 − 3 500）× 3% = 30（元）

月奖金为 3 000 元（36 000/12），确定其适用 10% 的税率，速算扣除数 105 元。

一次性奖金应纳所得税 = 36 000 × 10% − 105 = 3 495（元）

（4）抽奖获奖属于“偶然所得”项目，按次征税，适用税率 20%。

应纳所得税 = 4 800 × 20% = 960（元）

（5）转让专利技术属于“特许权使用费所得”项目，按次征税，适用税率 20%。

应纳所得税 = 40 000 ×（1 − 20%）× 20% = 6 400（元）

（6）个人对外培训属于“劳务报酬所得”项目，按次征税，适用加成征收。属于同一事项连续取得收入的，以 1 个月内取得的收入为一次。

前 2 个月月均应纳税收入 = 3 000 × 4 = 12 000（元）

前 2 个月月均应纳所得税 = 12 000 ×（1 − 20%）× 20% = 1 920（元）

第 3 个月应纳税收入 = 3 000 × 5 = 15 000（元）

第 3 个月应纳所得税 = 15 000 ×（1 − 20%）× 20% = 2 400（元）

综上，应税项目应纳税所得额的计算方法归纳如表 6-6 所示。

表 6-6 应税项目应纳税所得额的计算方法

应税项目	税 率	扣除方法	扣除标准	应纳税所得额
工资薪金所得	七级超额累进税率	定额扣除，按月计征	3 500 元 / 月，外籍人员等 4 800 元 / 月	月应纳税所得额 = 月工资薪金收入 − 非工资收入 −“三险一金” − 费用扣除额（免征额）
个体工商户的生产经营所得	五级超额累进税率	会计核算办法扣除，按年计征	以每一纳税年度的收入总额扣除成本、费用、税金和损失	年应纳税所得额 = 收入总额 − 税法允许扣除项目金额
对企事业单位的承包经营、承租经营所得	五级超额累进税率	定额扣除，按年计征	3 500 元 / 月	年应纳税所得额 = 经营利润 + 年工资薪金收入 − 12 × 每月固定费用
劳务报酬所得	比例税率，实际是三级超额累进税率	按次计征	定额与定率相结合的扣除方法：每次（月）收入 ≤ 4 000 元，定额扣除 800 元；每次（月）收入 > 4 000 元，定率扣除 20%	每次（月）应纳税所得额 = 每次收入 − 800 每次（月）应纳税所得额 = 每次收入 ×（1 − 20%）
稿酬所得	比例税率，14%			
特许权使用费所得	比例税率，20%			
财产租赁所得	比例税率，20%	按月计征		

续表

应税项目	税　率	扣除方法	扣除标准	应纳税所得额
财产转让所得	比例税率，20%	会计核算办法	财产转让收入扣除财产原值和合理费用	每次应纳税所得额 = 收入总额 - 财产原值 - 合理费用
利息、股息、红利所得 偶然所得 其他所得	比例税率，20%	无任何费用扣除	无	每次应纳税所得额 = 收入额

十、其他规定

（一）个人进行公益救济性捐赠的所得税问题

公益救济性捐赠是指个人将其所得通过我国境内公益性社会团体、县级（含县级）以上人民政府及其部门用于公益事业的捐赠。纳税人通过其他的社会团体或国家机关进行的公益救济性捐赠，捐赠额未超过纳税人申报的原应纳税所得额30%的部分，可以从其原应纳税所得额中扣除，超过部分不允许扣除。

（二）两个或两个以上的纳税人共同取得同一项所得的所得税问题

两个或两个以上的纳税人共同取得同一项所得的，可以先按每个人付出的多少将收入分开，然后对其分得的收入分别减除费用，并计算各自应纳的税款，即实行“先分、后扣、再税”的办法。

【例 6-11】 甲和乙两人主要从事同台演出，一次取得报酬 10 万元。甲分得报酬 8 万元，通过减灾委员会捐给受灾地区 3 万元；乙分得报酬 2 万元，直接捐给儿童福利院 1 万元。计算各自应纳个人所得税。

解　甲：

$$原应纳税所得额 = 8 \times (1 - 20\%) = 6.4（万元）$$

公益捐赠扣除比例为 30%，捐赠限额为 1.92 万元（$6.4 \times 30\%$）。由于实际捐赠额 3 万元大于捐赠限额 1.92 万元，所以：

$$应纳税所得额 = 6.4 - 1.92 = 4.48（万元）$$

$$应纳个人所得税 = 2 \times 20\% + 2.48 \times 30\% = 1.144（万元）$$

乙（直接进行捐赠，其捐赠额不允许全额扣除）：

$$应纳税所得额 = 2 \times (1 - 20\%) = 1.6（万元）$$

$$应纳个人所得税 = 1.6 \times 20\% = 0.32（万元）$$

（三）居民纳税人取得两处或两处以上工资薪金的所得税问题

在实际征收过程中，居民纳税人取得两处或两处以上工资薪金所得，凡是由雇佣单位和派遣单位分别支付的，支付单位应按税法规定代扣代缴个人所得税。税法规定对雇佣单位和派遣单位分别支付工资薪金的，采取由支付者中的一方减除费用的方法，具体方法如下：

（1）雇佣单位。只由雇佣单位在支付工资薪金时按税法规定减除费用，计算扣缴个人所得税。

当月应纳税所得额 = 工资薪金收入 − 不计税收入 − 免征额

雇佣单位当月代扣税额 = 当月应纳税所得额 × 最高级次适用税率 − 速算扣除数

（2）派遣单位。派遣单位支付的工资薪金不再减除费用，以支付金额直接确定适用税率，计算扣缴个人所得税。

当月应纳税所得额 = 工资薪金收入 − 不计税收入

派遣单位当月代扣税额 = 当月应纳税所得额 × 最高级次适用税率 − 速算扣除数

（3）纳税人。应持两处支付单位提供的原始明细工资薪金单（书）和完税凭证原件，选择并固定到一地税务机关申报每月工资薪金收入，汇算清缴其工资薪金收入的个人所得税，多退少补。具体申报期限由各省、自治区、直辖市税务机关确定。

两处月工资薪金总收入 = $\sum$各处工资薪金收入

两处月应纳税所得额 = 两处月工资薪金总收入 − 不计税收入 − 免征额

两处月应纳税额 = 两处月应纳税所得额 × 最高级次适用税率 − 速算扣除数

应补缴金额 = 两处月应纳税额 − 雇佣单位当月代扣税额 − 派遣单位当月代扣税额

【例 6-12】我国公民李某为某一中外合资企业的中方工作人员，2014 年该公民从中外合资企业 A 领取工资 64 800 元，同时还收到其派遣单位 B 即中方股东公司发给的工资 14 400 元。计算该公民全年应缴纳的个人所得税税额（假设已经扣除非工资薪金、保险和住房公积金）。

解 （1）A 单位：

该公民月工资 = 64 800 / 12 = 5 400（元）

A（雇佣）单位代扣代缴：

月应纳税所得额 = 5 400 − 3 500 = 1 900（元）

代扣代缴月所得税 = 1 900 × 10% − 105 = 85（元）

（2）B 单位：

该公民月工资 = 14 400 / 12 = 1 200（元）

B（派遣）单位代扣代缴：

代扣代缴月所得税 = 1 200 × 3% = 36（元）

两单位共代扣代缴月所得税 = 85 + 36 = 121（元）

代扣代缴年所得税 = 121 × 12 = 1 452（元）

（3）纳税人应纳个人所得税：

月工资薪金收入 = 5 400 + 1 200 = 6 600（元）

月应纳税所得额 = 6 600 − 3 500 = 3 100（元）

月应纳个人所得税 = 3 100 × 10% − 105 = 205（元）

年应纳个人所得税 = 205 × 12 = 2 460（元）

应补缴年个人所得税 = 2 460 − 1 452 = 1 008（元）

（四）特定行业职工取得工资薪金的所得税问题

为了照顾采掘业、远洋运输业、远洋捕捞业因季节、产量等因素的影响，职工的工资薪金收入呈现较大幅度波动的实际情况，这三个特定行业的职工取得的工资薪金所得可按月预缴，年度终了后30日内，合计其全年工资薪金所得，再按12个月平均并计算应纳税款，多退少补。用公式表示为：

月应纳税所得额 = 全年工资薪金收入/12 − 费用扣除标准

月应纳个人所得税 = 月应纳税所得额 × 税率 − 速算扣除数

年应纳个人所得税 = 月应纳个人所得税 × 12

补(或退)所得税 = 年应纳个人所得税 − 已预缴所得税

（五）企业年金和职业年金的所得税问题

1. 企业年金和职业年金缴费的个人所得税处理

（1）企业和事业单位根据政策规定为在本单位任职或者受雇的全体职工缴付的年金（包括企业年金或职业年金），在计入个人账户时，个人暂不缴纳个人所得税。

（2）个人根据政策规定缴付的年金，在不超过本人缴费工资计税基数的4%标准内的部分，暂时可以从个人当期的应纳税所得额中扣除。

（3）超过上述规定的标准缴付的年金单位缴费和个人缴费部分，应并入个人当期的工资薪金所得，依法计征个人所得税。税款由建立年金的单位代扣代缴，并向主管税务机关申报解缴。

（4）企业年金个人缴费工资计税基数为本人上一年度月平均工资。月平均工资按国家统计局规定列入工资总额统计的项目计算。月平均工资超过职工工作地所在设区城市上一年度职工月平均工资300%以上的部分，不计入个人缴费工资计税基数。

职业年金个人缴费工资计税基数为职工岗位工资和薪级工资之和。职工岗位工资和薪级工资之和超过职工工作地所在设区城市上一年度职工月平均工资300%以上的部分，不计入个人缴费工资计税基数。

2. 年金基金投资运营收益的个人所得税处理

年金基金投资运营收益分配计入个人账户时，个人暂不缴纳个人所得税。

3. 领取年金的个人所得税处理

（1）个人达到国家规定的退休年龄，按月领取的年金，全额按照“工资薪金所得”项目适用的税率计征个人所得税；按年或按季领取的年金，平均分摊计入各月，每月领取额全额按照“工资薪金所得”项目适用的税率计征个人所得税。

（2）对单位和个人在2014年1月1日之前开始缴付年金缴费，个人在2014年1月1日以后领取年金的，允许其从领取的年金中减除2014年1月1日之前缴付的年金单位缴费和个人缴费且已经缴纳个人所得税的部分，就其余额按照规定征税。在个人分期领取年金的情况下，可按2014年1月1日之前缴付的年金缴费金额占全部缴费金额的百分比减计当期的应纳税所得额，按减计后的余额计算缴纳个人所得税。

（3）对个人因出境定居而一次性领取的年金个人账户资金，或个人死亡后其指定的受益人或法定继承人一次性领取的年金个人账户余额，允许领取人将一次性领取的年金个人账户资金或余额按12个月分摊到各月，就其每月分摊额计算缴纳个人所得税。对个人除上述特殊原因外一次性领取年金个人账户资金或余额的，则不允许采取分摊的方法，而是就其一次性领取的总额单独作为1个月的工资薪金所得计算缴纳个人所得税。

（4）个人领取年金时，其应纳税款由受托人代表委托人委托托管人代扣代缴。

（六）股权的所得税问题

（1）对个人在上海证券交易所、深圳证券交易所转让从上市公司公开发行和转让市场取得的上市公司股票所得，继续免征个人所得税。

（2）个人转让持有的限售股，按"财产转让所得"项目征收个人所得税。纳税人未能提供完整、真实的限售股原始凭证，不能准确计算限售股原值的，主管税务机关一律按限售股转让收入的15%核定限售股原值及合理税费。

纳税人同时持有限售股及该股流通股的，其股票转让所得按照限售股优先原则，即转让股票视同为先转让限售股，按规定计征个人所得税。

（七）个人取得拍卖收入的所得税问题

个人通过拍卖市场拍卖取得的所得，以该项财产最终拍卖价格为其转让收入额，按以下规定征税：

（1）作者将自己的文字作品手稿原件或复印件拍卖取得的所得，按照"特许权使用费所得"项目征收个人所得税。

（2）个人拍卖除文字作品原稿及复印件外的其他财产，应以其转让收入额减除财产原值和合理费用后的余额为应纳税所得额，按照"财产转让所得"项目征收个人所得税。

（八）个人因与用人单位解除劳动关系而取得的一次性补偿收入的所得税问题

（1）企业按照国家有关法律规定宣告破产，企业职工从该破产企业取得的一次性安置收入，免征个人所得税。

（2）个人因与用人单位解除劳动关系而取得的一次性补偿收入，其收入在当地上年职工平均工资3倍数额以内的部分，免征个人所得税；超过的部分计算征收个人所得税。

（九）个人提前退休取得补贴收入的所得税问题

机关及企事业单位对未达到法定退休年龄、正式办理提前退休手续的个人，按照统一标准支付一次性补贴，不属于免税的离退休工资收入，应按照"工资薪金所得"项目征收个人所得税。

十一、居民纳税人境外所得的税额扣除

居民纳税人具有全面的纳税义务，应就其来源于境内外的所得缴纳税款。居民纳税人从我国境内和境外取得的所得，应当分别计算应纳税额。纳税人从我国境外取得的所得，准予其在境外所得应纳税额中扣除已在境外缴纳的个人所得税税额，但扣除额不得超过该纳税人境外所得依照我国税法规定计算的应纳税额。

这里需要解释的是：

（1）“已在境外缴纳的个人所得税税额”是指纳税人从我国境外取得的所得，依照该所得来源国家或者地区的法律应当缴纳并且实际已经缴纳的税额。

（2）“依照我国税法规定计算的应纳税额”是指纳税人从我国境外取得的所得，区别不同国家或者地区和不同应税项目，依照我国税法规定计算的应纳税额。同一国家或者地区内不同应税项目依照我国税法计算的应纳税额之和，为该国家或者地区的扣除限额。

纳税人在我国境外某个国家或者地区实际已经缴纳的个人所得税税额，低于依照上述规定计算出的该国家或者地区扣除限额的，应当在我国就其差额部分补缴所得税款；超过该国家或者地区扣除限额的，其超过部分不得在本纳税年度的应纳税额中扣除，但是可以在以后纳税年度的该国家或者地区扣除限额的余额中补扣，补扣期限最长不得超过5年。

（3）纳税人申请扣除已在境外缴纳的个人所得税税额时，应当提供境外税务机关填发的完税凭证原件。

由于我国实行分国原则，因而不同国家的不能互抵，具体计算方法如下：

第一步，境内各项所得分别按我国税法计算应纳税额。

第二步，境外同一国家（地区）各项所得分别按我国税法计算应纳税额并求和为 A。

第三步，境外同一国家（地区）各项所得实际已纳税额求和为 B。

第四步，A 与 B 进行比较，如果 A 大于 B，需要补缴税额 $(A-B)$；如果 A 小于 B，以后5年的时间继续补扣。

第五步，其他国家（地区）各项所得实际已纳税款的计算与上述第二至第四步相同。

【例 6-13】 我国某居民纳税人2013年和2014年收入如下：

（1）2013年：① 来自境内的特许权使用费收入5 000元。② 来自甲国的收入有两项：稿酬收入8 000元，已缴个人所得税900元；劳务报酬收入15 000元，已缴个人所得税3 600元。③ 来自乙国的特许权使用费收入5 800元，已缴个人所得税720元。

（2）2014年：仅有来自甲国的特许权使用费收入8 000元，已缴个人所得税600元。

计算该居民纳税人2013年和2014年应纳个人所得税。

解 （1）2013年：

① 来自境内的特许权使用费收入5 000元，大于4 000元，所以：

$$\text{境内应纳个人所得税} = 5\,000 \times (1-20\%) \times 20\% = 800（元）$$

② 来自甲国的所得分别按我国税法计算的应纳个人所得税是：

$$\text{稿酬应纳个人所得税} = 8\,000 \times (1-20\%) \times 14\% = 896（元）$$

$$\text{劳务报酬应纳个人所得税} = 15\,000 \times (1-20\%) \times 20\% = 2\,400（元）$$

$$甲国所得扣除限额 = 896 + 2\,400 = 3\,296(元)$$

$$在甲国实际缴纳所得税 = 900 + 3\,600 = 4\,500(元)$$

在甲国实际缴纳所得税大于甲国所得扣除限额,超过部分以后5个年度内(2014—2018年)继续从扣除限额中补扣,补扣数额为1 204元(4 500 − 3 296)。

③ 来自乙国的所得按我国税法计算的应纳个人所得税是:

$$特许权使用费应纳个人所得税 = 5\,800 \times (1 - 20\%) \times 20\% = 928(元)$$

所以,乙国所得扣除限额为928元,而在乙国实际缴纳所得税720元。由于在乙国实际缴纳所得税小于乙国所得扣除限额,应就其差额在境内补缴,补缴208元(928 − 720)。

可见,2013年该居民纳税人共应缴纳所得税1 008元(800 + 208)。

(2) 2014年,在甲国的所得按我国税法计算的应纳个人所得税是:

$$特许权使用费应纳个人所得税 = 8\,000 \times (1 - 20\%) \times 20\% = 1\,280(元)$$

所以,甲国所得扣除限额为1 280元,而在甲国实际缴纳所得税600元。由于在甲国实际缴纳所得税小于甲国所得扣除限额,应就其差额680元(1 280 − 600)补缴,但考虑到2013年有甲国已经多缴的所得税1 204元,2014年甲国所得不用补缴税款,且还有524元(1 204 − 680)在以后年度(2015—2018年)继续补扣。

第四节　个人所得税的征收管理

个人所得税的纳税办法有代扣代缴和自行申报纳税两种。

一、代扣代缴方式

代扣代缴是指按照税法规定负有扣缴税款义务的单位或者个人,在向个人支付应纳税所得时,应先计算应纳税额,从其所得中扣除并缴入国库,同时向税务机关报送扣缴个人所得税报告表的一种方法。

(一) 扣缴义务人

凡支付个人应纳税所得的企业(公司)和事业单位、机关、社团组织、军队、驻华机构、个体工商户等单位或者个人,为个人所得税的扣缴义务人。

(二) 代扣代缴范围

扣缴义务人向个人支付下列所得,应代扣代缴个人所得税:① 工资薪金所得;② 对企事业单位的承包经营、承租经营所得;③ 劳务报酬所得;④ 稿酬所得;⑤ 特许权使用费所得;⑥ 利息、股息、红利所得;⑦ 财产租赁所得;⑧ 财产转让所得;⑨ 偶然所得;⑩ 经国务院财政部门确定征税的其他所得。

扣缴义务人对纳税人的应扣未扣税款,其应纳税款仍然由纳税人缴纳,扣缴义务人应承担应扣未扣税款50%以上至3倍的罚款。

（三）代扣代缴期限

扣缴义务人每月所扣的税款应当在次月7日内缴入国库，并向主管税务机关报送扣缴个人所得税报告表。

扣缴义务人因有特殊困难不能按期报送扣缴个人所得税报告表及其他有关资料的，经县级税务机关批准，可以延期申报。

二、自行申报纳税

自行申报纳税是由纳税人自行在税法规定的纳税期限内，向税务机关申报取得的应税所得项目和数额，如实填写个人所得税纳税申报表，并按照税法规定计算应纳税额，据此缴纳个人所得税的一种方法。

（一）自行申报纳税的纳税人

（1）年所得12万元以上的。

（2）从我国境内两处或者两处以上取得工资薪金所得的。

（3）从我国境外取得所得的。

（4）取得应纳税所得，没有扣缴义务人的。

（5）国务院规定的其他情形。

其中，年所得12万元以上的纳税人，无论取得的各项所得是否已足额缴纳了个人所得税，均应当按照规定，于纳税年度终了后向主管税务机关办理纳税申报；其他情形的纳税人，均应当按照自行申报纳税管理办法的规定，于取得所得后向主管税务机关办理纳税申报。同时需注意的是，年所得12万元以上的纳税人不包括在我国境内无住所且在一个纳税年度内在我国境内居住不满1年的个人。从我国境外取得所得的纳税人是指在我国境内有住所，或者无住所而在一个纳税年度内在我国境内居住满1年的个人。

（二）自行申报纳税的内容

年所得12万元以上的纳税人，在纳税年度终了后，应当填写个人所得税纳税申报表，并在办理纳税申报时报送主管税务机关，同时报送个人有效身份证件复印件以及主管税务机关要求报送的其他有关资料。

1. 构成12万元的所得

该项所得是指个人取得的各项应税所得。

2. 不包含在12万元中的所得

（1）免税所得。即个人所得税中适用于居民纳税人的免税项目。

（2）暂免征税所得。如依照我国有关法律规定应予免税的各国驻华使馆、领事馆的外交代表、领事官员和其他人员的所得，我国政府参加的国际公约、签订的协议中免税的所得。

（3）可以免税的来源于我国境外的所得。如按照国家规定单位为个人缴付和个人缴付的基本养老保险费、基本医疗保险费、失业保险费、住房公积金。

3. 各项所得的年所得计算方法

(1) 工资薪金所得。按照未减除费用及附加减除费用的收入额计算。

(2) 劳务报酬所得、特许权使用费所得。不得减除纳税人在提供劳务或让渡特许权使用权过程中缴纳的有关税费。

(3) 财产租赁所得。不得减除纳税人在出租财产过程中缴纳的有关税费;纳税人一次取得跨年度财产租赁所得的,全部视为实际取得所得年度的所得。

(4) 个人转让房屋所得。采取核定征收个人所得税的,按照实际征收率(1%、2%、3%)分别换算为应税所得率(5%、10%、15%),据此计算年所得。

(5) 企业债券利息所得。全部视为纳税人实际取得所得年度的所得。

(6) 个体工商户、个人独资企业投资者的所得。按照征收率核定个人所得税的,将征收率换算为应税所得率,据此计算应纳税所得额。

(7) 股票转让所得。以一个纳税年度内个人股票转让所得与损失盈亏相抵后的正数为申报所得数额;盈亏相抵为负数的,此项所得按"零"填写。

(三)自行申报纳税的纳税期限

(1) 年所得12万元以上的纳税人,在年度终了后3个月内到主管税务机关办理纳税申报。

(2) 账册健全的个体工商户的生产经营所得的应纳税款按年计算,分月或分季预缴,由纳税人每月或每季终了后15日内申报预缴,年度终了后3个月内汇算清缴,多退少补。

(3) 纳税人年终一次性取得承包经营、承租经营所得的,自取得收入之日起30日内申报纳税;在1年内分次取得承包经营、承租经营所得的,应在取得每次所得后的15日内申报预缴,年度终了后3个月内汇算清缴,多退少补。

(4) 从我国境外取得所得的纳税人,其来源于我国境外的应纳税所得,在纳税年度终了后的30日内向我国主管税务机关申报纳税。

(四)自行申报纳税的申报方式

纳税人可以由本人或委托他人或采用邮寄方式在规定的申报期限内申报纳税。邮寄申报纳税的,以寄出地的邮戳日期为实际申报日期。

纳税人确有困难,不能按期办理纳税申报的,经主管税务机关核准,可以延期申报。

(五)自行申报纳税的申报地点

(1) 在我国境内有任职、受雇单位的,向任职、受雇单位所在地主管税务机关申报。

(2) 在我国境内有两处或者两处以上任职、受雇单位的,选择并固定向其中一处单位所在地主管税务机关申报。

(3) 在我国境内无任职、受雇单位,年所得项目中无生产经营所得的或从我国境外取得所得的,向户籍所在地主管税务机关申报。在我国境内有户籍,但户籍所在地与我国境内经常居住地不一致的,选择并固定向其中一地主管税务机关申报。在我国境内没有户籍的,向我国境内经常居住地主管税务机关申报。

（4）在我国境内无任职、受雇单位，年所得项目中有个体工商户的生产经营所得或者对企事业单位的承包经营、承租经营所得的，向其中一处实际经营所在地主管税务机关申报。

（5）个体工商户有两处或两处以上经营机构的，选择并固定向其中一处经营机构所在地主管税务机关申报。

（6）个人独资、合伙企业投资者兴办两个或两个以上企业的，区分不同情形确定纳税申报地点：兴办的企业全部是个人独资性质的，分别向各企业的实际经营管理所在地主管税务机关申报；兴办的企业中含有合伙性质的，向经常居住地主管税务机关申报；兴办的企业中含有合伙性质，个人投资者经常居住地与其兴办企业的经营管理所在地不一致的，选择并固定向其参与兴办的某一合伙企业的经营管理所在地主管税务机关申报；除以上情形外，纳税人应当向取得所得所在地主管税务机关申报。

纳税人不得随意变更纳税申报地点，因特殊情况变更纳税申报地点的，须报原主管税务机关备案。

本章小结

本章主要介绍了个人所得税的概念、特点、纳税人、应税项目、税率、应纳税额的计算以及个人所得税的征收管理。

个人所得税是对个人取得工资薪金所得和其他应税所得征收的一种所得税类的税种。个人所得税主要对工资薪金所得、个体工商户的生产经营所得、对企事业单位的承包经营和承租经营所得、劳务报酬所得、稿酬所得等 11 种所得征收。个人所得税实行分类分项、定额扣除与定率扣除结合的征收方式。

习　题

一、单项选择题

1. 下列不属于按次计算个人所得税的项目为（　　）。

A. 利息、股息、红利所得　　B. 特许权使用费所得

C. 财产转让所得　　D. 对企事业单位的承包经营所得

2. 李先生 2014 年 3 月购买体育彩票中得奖金 15 000 元，应缴纳个人所得税为（　　）。

A. 免征　　B. 3 000 元　　C. 1 500 元　　D. 4 500 元

3. 下列项目中，可以实行加成征收的是（　　）。

A. 财产转让所得　　B. 特许权使用费所得

C. 劳务报酬所得　　D. 稿酬所得

4. 下列项目中，属于免征个人所得税项目的是（　　）。

A. 稿酬所得　　B. 退休工资、离休工资

C. 财产转让所得　　D. 特许权使用费所得

5. 下列项目中，适用税率为20%并按应纳税额减征30%的是(　　)。

A. 特许权使用费所得　　B. 财产租赁所得

C. 劳务报酬所得　　D. 稿酬所得

6. 下列项目中，不适用代扣代缴方式纳税的是(　　)。

A. 工资薪金所得　　B. 劳务报酬所得

C. 稿酬所得　　D. 个人独资企业生产经营所得

7. 钱某2015年出版了中篇小说一部，取得稿酬50 000元，同年该小说在一家晚报连载，取得稿酬10 000元。钱某的稿酬所得应纳个人所得税为(　　)。

A. 12 000元　　B. 9 600元　　C. 8 400元　　D. 6 720元

8. 两人以上共同取得同一项目收入的个人所得税的计税方法为(　　)。

A. 先分、后扣、再税　B. 先扣、后税、再分　C. 先分、后税　　D. 先税、后分

9. "劳务报酬所得一次收入畸高的，可以实行加成征收"是指(　　)。

A. 个人一次取得劳务报酬收入超过20 000元

B. 个人一次取得劳务报酬收入超过50 000元

C. 个人一次取得劳务报酬，其应纳税所得额超过20 000元

D. 个人一次取得劳务报酬，其应纳税所得额超过60 000元

10. 我国对自然人居民和非居民纳税人的划分标准是(　　)。

A. 习惯性住所标准　　B. 居住时间标准

C. 永久性住所标准　　D. 习惯性住所和居住时间标准

11. 章某于2014年初购买了某上市公司的股票，2014年10月16日取得该上市公司分配的股息5 000元。该股息所得应缴纳个人所得税为(　　)。

A. 1 000元　　B. 500元　　C. 800元　　D. 750元

12. 公民马某2015年1月工资4 000元，被评为单位先进个人，获得奖金2 000元，则马某1月应纳个人所得税为(　　)。

A. 75元　　B. 36元　　C. 145元　　D. 15元

13. 某演员获得表演收入50 000元，通过市民政局向贫困地区捐赠12 600元。演员表演收入应纳个人所得税为(　　)。

A. 4 600元　　B. 6 400元　　C. 5 200元　　D. 7 200元

14. 下列项目中，属于稿酬所得的是(　　)。

A. 发表论文取得的报酬　　B. 提供著作的版权取得的报酬

C. 审稿收入　　D. 翻译外文作品取得的收入

15. 2014年某个体工商户全年销售收入800万元，实际发生业务招待费8万元。当年该个体工商户计算个人所得税时允许扣除的业务招待费为(　　)。

A. 8万元　　B. 4.8万元　　C. 6万元　　D. 4万元

二、多项选择题

1. 下列各项所得，按次征收个人所得税的是(　　)。

A. 工资薪金所得　　B. 合伙企业生产经营所得

C. 劳务报酬所得　　D. 偶然所得

2. 下列各项所得，在计算个人所得税时不得减除费用的有(　　)。

A. 股息、利息、红利所得　　B. 特许权使用费所得

C. 劳务报酬所得　　D. 偶然所得

3. 免征个人所得税的项目有(　　)。

A. 国债和国家发行的金融债券利息

B. 保险赔款

C. 企业按政府规定比例提取并缴付的住房公积金

D. 退休工资

4. 下列稿酬所得，应合并为一次所得征税的有(　　)。

A. 同一作品在报刊上连载分次取得的稿酬

B. 同一作品出版后追加印数取得的稿酬

C. 同一作品再版取得的稿酬

D. 同一作品分三次取得的稿酬

5. 在计算个人应纳税所得额时，适用附加减除费用的是(　　)。

A. 在我国境内的外商投资企业工作取得工资薪金所得的外籍人员

B. 在我国境内的事业单位工作取得工资薪金所得的外籍专家

C. 在我国境内有住所而在我国境外任职取得工资薪金所得的个人

D. 在我国境内的外商投资企业工作取得工资薪金所得的我国台湾专家

6. 下列各项中，适用5%～35%五级超额累进税率征收个人所得税的是(　　)。

A. 个体工商户生产经营所得　　B. 合伙企业生产经营所得

C. 个人独资企业生产经营所得　　D. 工资薪金所得

7. 下列各项中，属于居民纳税人的是(　　)。

A. 在我国境内无住所，但1个纳税年度内在我国境内居住满1年的个人

B. 在我国境内无住所且不居住的个人

C. 在我国境内无住所，但在我国境内居住超过6个月不满1年的个人

D. 在我国境内有住所的个人

8. 个人出租房屋取得财产租赁收入，在计算个人所得税时允许扣除的费用包括(　　)。

A. 财产租赁过程中缴纳的税费

B. 由纳税人负担的该出租财产实际开支的修缮费用

C. 税法规定的费用扣除标准

D. 个人所得税

9. 根据《个人所得税法》，自行申报纳税的纳税人包括(　　)。

A. 年所得12万元以上的居民

B. 从我国境内两处或者两处以上取得工资薪金所得的个人

C. 从我国境外取得所得的居民

D. 取得应税所得,没有扣缴义务人的个人

10. 个人所得税根据个人所得项目的不同,采用的税率形式有(　　)。

A. 比例税率　B. 定额税率　C. 超额累进税率　D. 超率累进税率

11. 下列各项个人所得,适用税率20%的是(　　)。

A. 个体工商户生产经营所得　B. 偶然所得

C. 特许权使用费所得　D. 利息、股息、红利所得

12. 下列各项个人所得,由扣缴义务人向个人支付所得,代扣代缴个人所得税的是(　　)。

A. 个人独资企业投资者取得的所得　B. 偶然所得

C. 特许权使用费所得　D. 劳务报酬所得

13. 下列属于偶然所得的项目是(　　)。

A. 个人参加有奖销售活动取得的奖金

B. 个人购买彩票中奖取得的奖金

C. 个人参加有奖竞赛活动取得名次得到的奖金

D. 个人被评为单位先进个人获得的奖金

14. 个人独资企业生产经营所得采用查账征税方式计算应纳税所得额时,表述正确的是(　　)。

A. 个人独资企业从业人员的合理工资薪金支出允许税前据实扣除

B. 投资者及其家庭发生的生活费用不允许在税前扣除

C. 个人独资企业投资者本人的费用扣除标准为42 000元/年

D. 个人独资企业投资者的工资允许据实扣除

15. 下列项目中,免征工资薪金所得个人所得税的是(　　)。

A. 独生子女补贴　B. 托儿补助费　C. 差旅费津贴　D. 岗位津贴

三、简答题

1. 简述个人所得税的应税项目。
2. 简述稿酬所得"每次收入"的确定。
3. 简述个人所得税纳税人必须自行申报纳税的应税项目。

四、计算题

1. 作家莫某2015年12月取得收入如下:

(1) 文化传媒公司支付12月份工资8 000元;

(2) 文化传媒公司支付年终奖66 000元;

(3) 在某电视台文艺栏目担任嘉宾主持,取得报酬50 000元;

(4) 到某大学讲座一次,取得报酬6 000元;

(5) 某作品参加竞赛获一等奖,取得奖金45 000元。

要求:分别计算莫某12月各项收入应纳个人所得税。

2. 我国公民钱某2015年12月份取得以下收入:

(1) 当月工资收入6 500元;

(2) 国债利息收入2 000元;

(3) 全年一次性奖金54 000元;

(4) 专题讲座收入5 000元;

(5) 为某单位进行管理咨询取得收入20 000元;

(6) 出版专著取得稿酬收入45 000元,通过民政局向灾区捐赠6 000元。

要求:计算钱某12月份各项收入应纳个人所得税。

3. 我国公民李某2015年度取得如下收入:

(1) 将自有房屋自2015年1月开始出租给他人居住,每月取得租金收入6 000元,在出租的第一个月发生修缮费用2 000元,由李某承担并能够提供合法票据;

(2) 李某购买国家发行的金融债券获得利息收入3 000元;

(3) 2015年1月至3月,李某每月获得工资收入6 500元,2015年1月获得年终奖42 000元,2015年4月李某正式退休,每月获得退休工资4 500元。

要求:计算李某2015年各项收入应纳个人所得税。

4. 我国公民王某为某公司高级研究员,2014年12月收入情况如下:

(1) 取得扣除非工资收入等的工资7 000元,当年一次性奖金36 000元;

(2) 参加公司组织的国外旅游,免交旅游费15 000元,取得3 000元的福利卡;

(3) 担任企业董事会成员,取得董事费20 000元;

(4) 将解禁的限售股转让,取得转让收入100 000元,限售股原值无法确定;

(5) 出席某电视台访谈栏目取得收入20 000元;

(6) 为他人提供贷款担保取得报酬5 000元;

(7) 取得省政府颁发的科技发明奖200 000元;

(8) 私人小汽车被盗获得保险公司赔偿款250 000元。

要求:依据上述资料,确定王某各项应税项目及应纳个人所得税。

5. 我国公民高某系某大学教授,2014年收入情况如下:

(1) 将其拥有的2处住房中的1处已使用7年的住房出售,取得收入430 000元,该房产买价120 000元,另支付其他可以扣除的相关税费4 000元;

(2) 4月取得2013年8月购入的境内上市公司股票股息收入10 000元;

(3) 1个月内为某集团公司做专题讲座4次,每次3 000元;

(4) 取得单张有奖发票奖金1 000元;

(5) 取得国债利息收入3 235元,1年期定期储蓄存款利息收入375元,某上市公司发行的企业债券利息收入1 000元;

(6) 翻译英文著作获得报酬20 000元;

(7) 与其他2位老师合编教材,共取得报酬30 000元,3人平分;

(8) 在某上市公司担任独立董事,取得董事费收入150 000元,并通过市民政局向儿童福利院捐赠了 50 000 元；

（9）在 B 国出版论著 1 部，取得报酬 160 000 元，已按 B 国税法规定在该国缴纳了个人所得税 16 000 元；

（10）12 月取得工资 12 000 元，按规定缴付“三险一金”1 900 元，12 月取得年终奖 56 000 元。

要求：依据上述资料，确定高某各项应税项目及应纳个人所得税。

第七章

其他税种

学习目的

通过本章的学习，应理解关税、资源税、印花税、车辆购置税、车船税、契税、房产税的相关内容。

学习重点

本章重点是关税、资源税、印花税、车辆购置税、车船税、契税、房产税的征税范围、计税依据、税率以及应纳税额的计算。

第一节　关　税

小提示

本节内容包括关税的概念、税收要素、计算及其征收管理。关税与其他税种不同，是对进出关境的货物和物品征收且由海关征收的税种。关税有进口关税和出口关税之分；应纳税额是关税完税价格与适用税率的乘积。

一、关税概述

（一）关税的概念

关税是海关依法对进出关境（以下简称进出境）的货物和物品征收的一种流转税。

（1）关税由海关征收。关税征税主体是国家，关税不是由税务机关征收的，而是由海关征收的。

（2）关税的征税对象是准许进出境的货物和物品。

（3）关税是对有形的货品征税，对无形的货品不征关税。

（4）关税的征税范围是进出境的货物和物品，其征收范围以是否进出境为准。

（二）关税的分类

1. 按征税对象分类，分为进口关税、出口关税

（1）进口关税。进口关税是海关对进口货物和物品所征收的关税，它是关税中最主要的一种征税形式。进口关税有正税和附加税之分。正税是按照税则中法定税率征收的进口关税；附加税则是在征收进口正税的基础上额外加征关税，如反倾销税、反补贴税、报复关税等。附加税不是一个独立的税种，是从属于进口正税的。

（2）出口关税。出口关税是海关对出口货物和物品所征收的关税。

2. 按征税标准分类，分为从量关税、从价关税

（1）从量关税。从量关税是以货物的质量、长度、面积、数量等计量单位作为征税标准，以每一计量单位应纳的关税金额作为税率而征收的关税。

（2）从价关税。从价关税是以货物的价格作为征税标准而征收的关税。从价关税的税率表现为货物价格的百分比。经海关审定作为计征关税依据的价格称为完税价格。我国对进口商品基本上都实行从价关税。

（3）复合关税。复合关税是指对同一种进口货物同时使用从价计征和从量计征的一种关税。

二、关税的税制构成要素

1. 纳税人

关税的纳税人是进口货物的收货人、出口货物的发货人以及进出境物品的所有人。

进出口货物的收货人、发货人是依法取得对外贸易经营权，并进口或者出口货物的法人或者其他社会团体。

进出境物品的所有人包括该物品的所有人和推定为所有人的人。携带进境的物品，推定其携带人为所有人；对分离运输的行李，推定相应的进出境旅客为所有人；对以邮递方式进境的物品，推定其收件人为所有人；对以邮递或其他运输方式出境的物品，推定其寄件人或托运人为所有人。

2. 征税对象

关税的征税对象是准许进出境的货物和物品。货物指贸易性商品；物品指入境旅客随身携带的行李物品、个人邮递物品、各种运输工具上的服务人员携带进口的自用物品、馈赠物品以及其他方式进境的个人物品。

3. 税率

关税的税率参照进出口税则。进出口税则是一国政府通过一定的立法程序制定并公布实施的进出口货物和物品应税的关税税率表。《中华人民共和国海关进出口税则》是我国海关凭以征收关税的法律依据，包括《中华人民共和国进出口关税条例》《中华人民共和国海

关进口税则》《中华人民共和国海关出口税则》等附录。

三、应纳关税的计算

（一）计税依据的确定

进出口货物的关税以完税价格作为计税依据。进出口货物的完税价格由海关以该货物的成交价格为基础审查确定，成交价格不能确定时，完税价格由海关依法估定。

1. 进口货物的完税价格

（1）以成交价格为基础的完税价格。

进口货物的完税价格包括货物的货价、货物运抵我国境内输入地点起卸前的运输及相关费用、保险费。货物的货价以成交价格为基础。

进口货物的成交价格是指买方为购买该货物，按规定调整后的实付或应付价格。“实付或应付价格”指买方为购买进口货物直接或间接支付的总额，即由买方向卖方或为履行买方义务向第三方已经支付或将要支付的全部款项。

① 下列费用若未包括在进口货物的实付或者应付价格中，应当计入完税价格：

第一，由买方负担的除购货佣金以外的佣金和经纪费。

第二，由买方负担的与该货物视为一体的容器费用。

第三，由买方负担的包装材料和包装劳务费用。

第四，与该货物的生产和向中华人民共和国境内销售有关的，由买方以免费或者以低于成本的方式提供并可以按适当比例分摊的料件、工具等的价款，以及在境外开发、设计等相关服务的费用。

第五，与该货物有关并作为卖方向我国销售该货物的一项条件，应当由买方直接或间接支付的特许权使用费。

第六，卖方直接或间接从买方对该货物进口后转售、处置或使用所得中获得的收益。

上述费用应当由进口货物的收货人向海关提供客观量化的数据资料。

② 下列费用若能与该货物实付或者应付价格区分，不得计入完税价格：

第一，厂房、机械、设备等货物进口后的基建、安装、装配、维修和技术服务的费用。

第二，货物运抵境内输入地点之后的运输费用、保险费和其他相关费用。

第三，进口关税及其他国内税收。

第四，为在境内复制进口货物而支付的费用。

第五，境内外技术培训及境外考察费用。

（2）进口货物海关估价方法。

进口货物的价格不符合成交价格条件或者成交价格不能确定的，海关应当依次以相同货物成交价格方法、类似货物成交价格方法、倒扣价格方法、计算价格方法及其他合理方法确定的价格为基础，估定完税价格。

2. 出口货物的完税价格

（1）以成交价格为基础的完税价格。

出口货物的完税价格由海关以该货物向境外销售的成交价格为基础审查确定，并应包括货物运至我国境内输出地点装载前的运输及其相关费用、保险费，但其中包含的出口关税税额应当扣除。出口货物的成交价格是指该货物出口销售到我国境外时买方向卖方实付或应付的价格。出口货物的成交价格中含有支付给境外的佣金的，如果单独列明，应当扣除。

（2）出口货物海关估价方法。

出口货物的成交价格不能确定时，完税价格由海关依次使用下列方法估定：同时或大约同时向同一国家或地区出口的相同货物的成交价格；同时或大约同时向同一国家或地区出口的类似货物的成交价格；根据境内生产相同或类似货物的成本、利润和一般费用，境内发生的运输及相关费用、保险费计算所得的价格；按照合理方法估定的价格。

3. 进出口货物完税价格中的运输及相关费用、保险费的计算

（1）以一般陆运、空运、海运方式进口的货物。

陆运、空运和海运进口货物的运费和保险费应当按照实际支付的费用计算。如果进口货物的运费无法确定或未实际发生，海关应当按照该货物进口同期运输行业公布的运费率（额）计算运费，按照“货价加运费”两者总额的3‰计算保险费。

（2）以其他方式进口的货物。

邮运的进口货物应当以邮费作为运输及相关费用、保险费；以境外边境口岸价格条件成交的铁路或公路运输进口货物，海关应当按照货价的1%计算运输及相关费用、保险费。

（3）出口货物。

其销售价格包括离境口岸之间的运输、保险费的，该运输、保险费应当扣除。

（二）应纳税额的计算

1. 从价税应纳税额的计算

关税税额 = 应税进（出）口货物数量 × 单位完税价格 × 税率

进口货物的成交价格常用的有离岸价格、离岸加运费价格、到岸价格三种。

离岸价格（FOB）是指卖方在合同规定的装运港把货物装到买方指定的船上，并负责货物装到船上为止的一切费用和风险。

离岸加运费价格（CFR）是指卖方负责将合同规定的货物装到买方指定运往目的港的船上，负责货物装到船上为止的一切费用和风险，并支付运费。

到岸价格（CIF）是指卖方负责将合同规定的货物装到买方指定运往目的港的船上，办理保险手续，并负责支付运费和保险费。

以到岸价格成交的进口货物，如果申报价格符合规定的“成交价格条件”，可直接以到岸价格作为关税完税价格计算出应纳关税。

以离岸价格和离岸加运费价格成交的进口货物，应先把进口货物的申报价格折算成到岸价格，然后再计算关税税额。

【例 7-1】某进出口公司从德国进口一批钢材，以采购地离岸价格成交，成交总价为1 200万元人民币，运达我国输入地点的运费、保险费、手续费等共计40万元，适用税率为

12%。经海关审定，其成交价格正常，据以计算完税价格和应纳进口关税税额。

解 关税完税价格 = 1 200 + 40 = 1 240（万元）

应纳关税税额 = 1 240 × 12% = 148.8（万元）

2. 从量税应纳税额的计算

关税税额 = 应税进（出）口货物数量 × 单位货物税额

【例 7-2】 某公司进口美国产啤酒600箱，每箱24瓶，每瓶容积500毫升，到岸价格为20美元/箱。征税日人民币与美元的外汇折算率为1:6.94，适用关税优惠税率为3元人民币/升。计算该公司当月应纳关税。

解 应纳关税税额 = 600 × 24 × 500/1 000 × 3 = 21 600（元人民币）

四、关税减免

关税减免分为法定减免税、特定减免税和临时减免税。

（一）法定减免税

法定减免税是税法中明确列出的减税或免税。下列货物、物品予以减免关税：

（1）关税税额在人民币50元以下的一票货物，可免征关税。

（2）无商业价值的广告品和货样，可免征关税。

（3）外国政府、国际组织无偿赠送的物资，可免征关税。

（4）进出境运输工具装载的途中必需的燃料、物料和饮食用品，可免征关税。

（5）经海关核准暂时进境或者暂时出境，并在6个月内复运出境或者复运进境的货样、展览品、施工机械、工程车辆等，在货物收发货人向海关缴纳相当于税款的保证金或者提供担保后，可予暂时免税。

（6）为境外厂商加工、装配成品和为制造外销产品而进口的原材料、辅料、零件、部件、配套件和包装物料，海关按照实际加工出口的成品数量免征进口关税。

（7）因故退还的我国出口货物，经海关审查属实，可免征进口关税，但已征收的出口关税不予退还。

（8）因故退还的境外进口货物，经海关审查属实，可免征出口关税，但已征收的进口关税不予退还。

（9）进口货物如有以下情形，经海关查明属实，可酌情减免进口关税：① 在境外运输途中或者在起卸时遭受损坏或者损失的；② 起卸后海关放行前，因不可抗力遭受损坏或者损失的；③ 海关查验时已经破漏、损坏或者腐烂，经证明不是保管不慎造成的。

（10）法律规定减征、免征的其他货物。

（二）特定减免税

特定或政策性减免税是指在法定减免税之外，国家按照国际通行规则和我国实际情况，制定发布的有关进出口货物减免关税的政策。

1. 科教用品

对符合条件的科学研究机构和学校，在合理数量范围内进口国内不能生产的科学研究和教学用品，直接用于科学研究或者教学的，免征进口关税和进口环节增值税、消费税。

2. 残疾人专用品

对残疾人个人专用品免征进口关税和进口环节增值税、消费税；对康复和福利机构、假肢厂以及荣誉军人康复医院进口国内不能生产的、有关规定明确的残疾人专用品，免征进口关税和进口环节增值税。

3. 扶贫、慈善性捐赠物资

对境外自然人、法人或者其他组织等境外捐赠人，无偿向经国务院主管部门依法批准成立的社会团体以及国务院有关部门和各省、自治区、直辖市人民政府捐赠的，直接用于扶贫、慈善事业的物资，免征进口关税和进口环节增值税。

（三）临时减免税

临时减免税是指以上法定和特定减免税以外的其他减免税，即由国务院根据《中华人民共和国海关法》对某个单位、某类商品、某个项目或某批进出口货物的特殊情况给予特别照顾，一案一批，专文下达的减免税。一般有单位、品种、期限、金额或数量等限制，不能比照执行。

五、关税的征收管理

（一）关税缴纳

进口货物自运输工具申报进境之日起 14 日内，出口货物在货物运抵海关监管区后装货的 24 小时以前，应由进（出）口货物的纳税人向货物进（出）境地海关申报，海关根据税则归类和完税价格计算应缴纳的关税和进口环节代征税，并填发税款缴款书。

纳税人应当自海关填发税款缴款书之日起 15 日内，向指定银行缴纳税款。

关税纳税人因不可抗力或者在国家税收政策调整的情形下，不能按期缴纳税款的，经海关总署批准，可以延期缴纳税款，但最长不得超过 6 个月。

（二）关税强制执行

纳税人未在关税缴纳期限内缴纳税款，将构成关税滞纳。《中华人民共和国海关法》赋予海关对滞纳关税的纳税人强制执行的权力。强制措施主要有两类：

一是征收关税滞纳金。滞纳金自关税缴纳期限届满之日起，至纳税人缴纳关税之日止，按滞纳税款万分之五的比例按日征收，周末或法定节假日不予扣除。具体计算公式为：

$$关税滞纳金金额 = 滞纳关税税额 \times 滞纳金征收比率 \times 滞纳天数$$

二是强制征收。若纳税人自海关填发缴款书之日起 3 个月仍未缴纳税款，经海关关长批准，海关可以采取强制扣缴、变价抵缴等强制措施。

（三）关税退还

关税退还是指纳税人按海关核定的税额缴纳关税后，海关将实际征收多于应当征收的税额退还给原纳税人的一种行政行为。

（1）海关多征的税款，海关发现后应当立即退还。

（2）有下列情形之一的，进出口货物的纳税人可以自缴纳税款之日起 1 年内，书面声明理由，连同原纳税收据向海关申请退税并加算银行同期活期存款利息，逾期不予受理：① 因海关误征，多纳税款的；② 海关核准免验进口的货物，完税后发现有短缺情形，经海关审查认可的；③ 已征出口关税的货物，因故未出口，申报退关，经海关查验属实的。

海关应当自受理退税申请之日起 30 日内，做出书面答复并通知退税申请人。

（四）关税补征和追征

补征和追征是海关在关税纳税人按海关核定的税额缴纳关税后，发现实际征收税额少于应当征收的税额时，责令纳税人补缴所差税款的一种行政行为。《中华人民共和国海关法》根据产生原因分为补征和追征两种。由于纳税人违反海关规定造成短征关税的为追征；非因纳税人违反海关规定造成短征关税的为补征。

（1）进出境货物和物品放行后，海关发现少征或者漏征税款，应当自缴纳税款或者货物、物品放行之日起 1 年内向纳税人补征。

（2）因纳税人违反规定而造成的少征或者漏征的税款，自纳税人应缴纳税款之日起 3 年以内可以追征，并从缴纳税款之日起按日加收少征或者漏征税款万分之五的滞纳金。

第二节　资源税

小提示

本节内容包括资源税的概念、税收要素、计算及其征收管理。资源税主要对初级且未经加工的应税资源征收；按从价定率计算时，其作为计税依据的销售额与增值税的概念相同，但资源税属于价内税，即计税依据中含有资源税税款。

一、资源税的概念

资源税是对在我国境内从事开采应税矿产品或者生产盐的单位和个人课征的一种税。

现行资源税法的基本规范是国务院公布的《中华人民共和国资源税暂行条例》及《中华人民共和国资源税暂行条例实施细则》。

二、纳税人

纳税人是指在中华人民共和国境内开采应税矿产品或者生产盐的单位和个人。

单位是指国有企业、集体企业、私营企业、股份制企业、其他企业和行政单位、事业单位、军事单位、社会团体及其他单位；个人是指个体经营者和其他个人；其他单位和其他个人包括外商投资企业、外国企业及外籍人员。

自 2011 年 11 月 1 日起，中外合作开采石油资源的企业依法缴纳资源税，不再缴纳矿区使用费。

收购未税矿产品的单位为资源税的扣缴义务人。

三、税目

1. 原油

开采的天然原油征税，人造石油不征税。

2. 天然气

专门开采的天然气或与原油同时开采的天然气征税。

3. 煤炭

原煤征税，洗煤、选煤和其他煤炭制品不征税。

4. 金属矿

金属矿主要包括铁矿、金矿、铜矿、铝土矿、铅锌矿、镍矿、锡矿以及未列举名称的其他金属矿产品。

5. 非金属矿

非金属矿是指原油、天然气、煤炭和海盐以外的非金属矿，包括石墨、硅藻土、高岭土、萤石、石灰石、硫铁矿、磷矿、氯化钾、硫酸钾、井矿盐、湖盐、提取地下卤水晒制的盐、煤层（成）气、黏土和砂石以及未列举名称的其他非金属矿产品。

6. 海盐

海盐是指海水晒制的盐，不包括提取地下卤水晒制的盐。

四、税率

（一）资源税税率

资源税具体的税目、税率情况如表 7-1 所示。

表 7-1 资源税税目、税率表

税目		征税对象	税率
原油		原油	6%～10%
天然气		天然气及开采原油伴生的天然气	6%～10%
煤炭		原煤	2%～10%
金属矿	铁矿	精矿	1%～6%
	金矿	金锭	1%～4%
	铜矿	精矿	2%～8%

续表

税目		征税对象	税率
金属矿	铝土矿	原矿	3%～9%
	铅锌矿	精矿	2%～6%
	镍矿	精矿	2%～6%
	锡矿	精矿	2%～6%
	未列举名称的其他金属矿产品	原矿或精矿	不超过20%
非金属矿	石墨	精矿	3%～10%
	硅藻土	精矿	1%～6%
	高岭土	原矿	1%～6%
	萤石	精矿	1%～6%
	石灰石	原矿	1%～6%
	硫铁矿	精矿	1%～6%
	磷矿	原矿	3%～8%
	氯化钾	精矿	3%～8%
	硫酸钾	精矿	6%～12%
	井矿盐	氯化钠初级产品	1%～6%
	湖盐	氯化钠初级产品	1%～6%
	提取地下卤水晒制的盐	氯化钠初级产品	3%～15%
	煤层(成)气	原矿	1%～2%
	黏土、砂石	原矿	每吨或每立方米0.1～5元
	未列举名称的其他非金属矿产品	原矿或精矿	从量税率每吨或每立方米不超过30元；从价税率不超过20%
海盐		氯化钠初级产品	1%～5%

注：① 铝土矿包括耐火级矾土、研磨级矾土等高铝黏土；② 氯化钠初级产品是指井矿盐、湖盐原盐、提取地下卤水晒制的盐和海盐原盐，包括固体和液体形态的初级产品。

（二）扣缴义务人适用的税率

（1）独立矿山、联合企业收购的未税矿产品，按照本单位应税产品税额、税率标准，依据收购的数量代扣代缴资源税。

（2）其他收购单位收购的未税矿产品，按税务机关核定的应税产品税额、税率标准，依据收购的数量代扣代缴资源税。

对于划分资源等级的应税产品，未列举名称的纳税人适用的税率，由省、自治区、直辖市人民政府根据纳税人的资源状况，参照邻近矿山或者资源状况、开采条件相近矿山的税率标准，在浮动30%的幅度内核定，并报财政部和国家税务总局备案。

纳税人开采或者生产不同税目应税产品的，应当分别核算不同税目应税产品的销售额或者销售数量；未分别核算或者不能准确提供不同税目应税产品的销售额或者课税数量的，从高适用税率。

五、税收优惠

（一）减税、免税项目

（1）开采原油过程中用于加热、修井的原油，免税。

（2）纳税人开采或者生产应税产品过程中，因意外事故或者自然灾害等原因遭受重大损失的，由省、自治区、直辖市人民政府酌情决定减税或者免税。

（3）铁矿石资源税减按 80%征收。

（4）尾矿再利用的，不再征收资源税。

（5）从 2007 年 1 月 1 日起，对地面抽采煤层气暂不征收资源税。

（6）自 2010 年 6 月 1 日起，纳税人在新疆开采的原油、天然气，自用于连续生产原油、天然气的，不缴纳资源税；自用于其他方面的，视同销售，依照规定计算缴纳资源税。

（7）有下列情形之一的，免征或者减征资源税：① 油田范围内运输稠油过程中用于加热的原油、天然气，免征资源税；② 稠油、高凝油和高含硫天然气资源税减征 40%；③ 三次采油资源税减征 30%。

（二）出口应税产品不退（免）资源税的规定

资源税规定仅对在我国境内开采或生产应税产品的单位和个人征收，进口的矿产品和盐不征收资源税。由于对进口应税产品不征收资源税，相应地对出口应税产品也不免征或不退还已纳资源税，即“进口不征，出口不退”。

六、应纳资源税的计算

（一）计税依据

1. 销售额的认定

销售额是指纳税人销售应税产品向购买方收取的全部价款和价外费用，不包括增值税销项税额和运杂费用。“运杂费用”是指应税产品从坑口或洗选（加工）地到车站、码头或购买方指定地点的运输费用、建设基金以及随运销产生的装卸、仓储、港杂费用。运杂费用应与销售额分别核算，凡未取得相应凭据或不能与销售额分别核算的，应当一并计征资源税。

2. 原矿销售额与精矿销售额的换算或折算

为公平原矿与精矿之间的税负，对同一种应税产品，征税对象为精矿的，纳税人销售原矿时，应将原矿销售额换算为精矿销售额缴纳资源税；征税对象为原矿的，纳税人销售自采原矿加工的精矿时，应将精矿销售额折算为原矿销售额缴纳资源税。换算比或折算率原则上应通过原矿售价、精矿售价和选矿比计算，也可通过原矿销售额、加工环节平均成本和利润计算。

金矿以标准金锭为征税对象，纳税人销售金原矿、金精矿的，应比照上述规定将其销售额换算为金锭销售额缴纳资源税。

换算比或折算率应根据简便可行、公平合理的原则由省级财税部门确定，并报财政部、国家税务总局备案。

（二）应纳税额的计算

应纳税额 = 销售额（销售数量）× 适用税率

【例 7-3】北方某油田 2015 年 2 月份生产销售原油 5 万吨，不含增值税销售额 1 500 万元，另有 2 吨在采油过程中用于加热、修井；销售人造石油 1 万吨，不含增值税销售额 300 万元；销售与原油同时开采的天然气 2 000 万米^3，不含增值税销售额 500 万元。已知原油和天然气资源税税率为 8%，计算该油田 2015 年 2 月份应缴纳的资源税。

解 油田销售原油以及采油伴生的天然气征收资源税，用于加热、修井的原油免税，人造石油不征收资源税。

应纳资源税 =（1 500 + 500）× 8% = 160（万元）

【例 7-4】一家开采铝土矿的矿山 2016 年 7 月开采铝土矿原矿 20 000 吨，对外销售 15 000 吨。已知该矿山铝土矿原矿不含增值税的销售额为 210 元，适用税率为 5%，计算该矿山应缴纳的资源税。

解 应纳资源税 = 15 000 × 210 × 5% = 157 500（元）

七、征收管理

（一）纳税义务发生时间

（1）纳税人销售应税产品的纳税义务发生时间为：① 纳税人采取分期收款结算方式的，其纳税义务发生时间为销售合同规定的收款日期的当天；② 纳税人采取预收货款结算方式的，其纳税义务发生时间为发出应税产品的当天；③ 纳税人采取其他结算方式的，其纳税义务发生时间为收讫销售款或者取得索取销售款凭据的当天。

（2）纳税人自产自用应税产品的纳税义务发生时间，为移送使用应税产品的当天。

（3）扣缴义务人代扣代缴税款的纳税义务发生时间，为支付首笔货款或首次开具支付货款凭据的当天。

（二）纳税期限

纳税期限是纳税人发生纳税义务后缴纳税款的期限。资源税的纳税期限为 1 日、3 日、5 日、10 日、15 日或者 1 个月，纳税人的纳税期限由主管税务机关根据实际情况具体核定。不能按固定期限计算纳税的，可以按次计算纳税。

纳税人以 1 个月为一期纳税的，自期满之日起 10 日内申报纳税；以 1 日、3 日、5 日、10 日或者 15 日为一期纳税的，自期满之日起 5 日内预缴税款，于次月 1 日起 10 日内申报纳税并结清上月税款。

（三）纳税地点

（1）资源税的纳税人，应当向应税产品的开采或者生产所在地主管税务机关缴纳税款。

（2）纳税人在本省、自治区、直辖市范围内开采或者生产应税产品，其纳税地点需要调整的，由所在地省、自治区、直辖市税务机关决定。

（3）纳税人应纳的资源税属于跨省开采，其下属生产单位与核算单位不在同一省、自治区、直辖市的，对其开采或者生产的应税产品一律在开采地或者生产地纳税。

（4）扣缴义务人代扣代缴的资源税，应当向收购地主管税务机关缴纳。

第三节 印花税

小提示

本节内容包括印花税的概念、税收要素、计算及其征收管理。印花税属于行为税类，主要对经济活动中的立合同人、立据人、立账簿人、领受人及使用人征收；应税凭证有10类合同、产权转移书据、营业账簿及权利、许可证照；其计算有从价定率和从量定额之分，是计税依据与适用税率的乘积。计算印花税时，需要特别注意易货合同、加工承揽合同、货物运输合同、营业账簿等计税依据的确定。

一、印花税的概念和特点

印花税是对经济活动和经济交往中书立、使用、领受应税凭证的行为征收的一种税。印花税是一种具有行为税性质的税，凡发生书立、使用、领受应税凭证的行为，就必须依照税法的有关规定履行纳税义务。

印花税具有以下几个特点：

1. 覆盖面广

印花税的应税凭证等覆盖面广，涉及经济活动的各个方面。

2. 税率低，税负轻

印花税最高税率为1‰，最低税率为0.05‰。

3. 纳税人自行完税

印花税与其他税种不同，实行“三自”的纳税办法。即纳税人在书立、使用、领受应税凭证及发生纳税义务的同时，先根据凭证所载计税金额和适用的税目、税率自行计算其应纳税额，然后自行购买印花税票并一次足额粘贴在应税凭证上，最后按规定对已粘贴的印花税票自行注销或者划销。至此，纳税人的纳税义务才算履行完毕。

二、纳税人

纳税人是在我国境内书立、使用、领受税法所列举的凭证并应依法履行纳税义务的单位和个人。“单位和个人”是指国内各类企业、事业、机关、团体、部队以及中外合资企业、中外合作企业、外资企业、外国公司和其他经济组织及其在华机构等单位和个人。

印花税纳税人一般按照书立、使用、领受应税凭证的不同，分别确定为立合同人、立据人、立账簿人、领受人、使用人和各类电子应税凭证的签订人六种。

1. 立合同人

立合同人指签订合同的当事人。当事人是指对凭证有直接权利义务关系的单位和个人，但不包括合同的担保人、证人、鉴定人。各类合同的纳税人是立合同人。

2. 立据人

立据人是指书立产权转移书据的单位和个人。例如，某企业销售其一幢闲置厂房，与购买方签订了产权转移书据，则该企业与购买方同为印花税的纳税人。

3. 立账簿人

立账簿人是指设立并使用营业账簿的单位和个人。例如，企业因生产经营需要设立了营业账簿，则该企业即为纳税人。

4. 领受人

领受人是指领取或接受并持有该项凭证的单位和个人。例如，某人因其发明创造，经申请依法取得国家专利机关颁发的专利证书，该个人即为纳税人。

5. 使用人

使用人是指在国外书立、领受，但在国内使用应税凭证的单位和个人。

6. 各类电子应税凭证的签订人

各类电子应税凭证的签订人是指以电子形式签订的各类应税凭证的当事人。

值得注意的是，凡由两方或两方以上当事人共同书立的应税凭证，其当事人各方都是印花税的纳税人，应各就其所持凭证履行纳税义务。

三、税目

（一）合同或具有合同性质的凭证

1. 购销合同

包括供应、预购、采购、购销结合及协作、调剂、补偿、贸易等合同；出版单位与发行单位之间订立的图书、报纸、期刊和音像制品的应税凭证，如订购单、订书单等；发电厂与电网之间、电网与电网之间签订的购销电合同，但电网与用户之间签订的供用电合同不征收印花税。

2. 加工承揽合同

包括加工、定做、修缮、修理、印刷、广告、测绘、测试等合同。

3. 建设工程勘察设计合同

包括勘察和设计合同。

4. 建筑安装工程承包合同

包括建筑和安装工程承包合同。

5. 财产租赁合同

包括租赁房屋、船舶、飞机、机动车辆、机械、器具、设备等合同。

6. 货物运输合同

包括民用航空运输、铁路运输、海上运输、内河运输、公路运输和联运合同，以及作为合同使用的单据。

7. 仓储保管合同

包括仓储和保管合同，以及作为合同使用的仓单、栈单等。

8. 借款合同

包括银行及其他金融组织与借款人(不包括银行同业拆借)所签订的合同，以及只填开借据并作为合同使用、取得银行借款的借据。银行及其他金融机构经营的融资租赁业务是一种以融物方式达到融资目的的业务，实际上是分期偿还的固定资金借款，因此融资租赁合同也属于借款合同。

9. 财产保险合同

包括财产、责任、保证、信用等保险合同，以及作为合同使用的单据。财产保险合同分为企业财产保险、机动车辆保险、货物运输保险、家庭财产保险和农牧业保险五大类。

10. 技术合同

包括技术开发、转让、咨询、服务等合同，以及作为合同使用的单据。

(二)产权转移书据

产权转移书据包括财产所有权和版权、商标专用权、专利权、专有技术使用权等转移书据以及土地使用权出让合同、土地使用权转让合同、商品房销售合同等权力转移合同。

(三)营业账簿

营业账簿指单位或者个人记载生产经营活动的财务会计核算账簿。营业账簿按其反映内容的不同，可分为记载资金的账簿和其他账簿。记载资金的账簿是指反映生产经营单位资本金数额增减变化的账簿；其他账簿是指除上述账簿以外反映其他生产经营活动的账簿，包括日记账簿和各明细分类账簿。

(四)权利、许可证照

权利、许可证照包括政府部门发给的房屋产权证、工商营业执照、商标注册证、专利证、土地使用证。

四、税率

(一)比例税率

在印花税的税目中，各类合同以及具有合同性质的凭证、产权转移书据、营业账簿中记载资金的账簿适用比例税率。

（1）适用 0.05‰税率的为借款合同。

（2）适用 0.3‰税率的为购销合同、建筑安装工程承包合同、技术合同。

（3）适用 0.5‰税率的是加工承揽合同、建设工程勘察设计合同、货物运输合同、产权转移书据、营业账簿中记载资金的账簿。

（4）适用 1‰税率的为财产租赁合同、仓储保管合同、财产保险合同。

（二）定额税率

在印花税的税目中，权利、许可证照和营业账簿中的其他账簿适用定额税率，均为按件贴花，税额为 5 元。

印花税税目、税率表如表 7-2 所示。

表 7-2　印花税税目、税率表

税　目	范　围	税　率	纳税人
购销合同	包括供应、预购、采购、购销结合及协作、调剂、补偿、贸易等合同	按购销金额 0.3‰贴花	立合同人
加工承揽合同	包括加工、定做、修缮、修理、印刷、广告、测绘、测试等合同	按加工或承揽收入 0.5‰贴花	立合同人
建设工程勘察设计合同	包括勘察和设计合同	按收取费用 0.5‰贴花	立合同人
建筑安装工程承包合同	包括建筑和安装工程承包合同	按承包金额 0.3‰贴花	立合同人
财产租赁合同	包括租赁房屋、船舶、飞机、机动车辆、机械、器具、设备等合同	按租赁金额 1‰贴花，税额不足 1 元的按 1 元贴花	立合同人
货物运输合同	包括民用航空运输、铁路运输、海上运输、内河运输、公路运输和联运合同	按运输费用 0.5‰贴花	立合同人
仓储保管合同	包括仓储和保管合同	按仓储保管费用 1‰贴花	立合同人
借款合同	包括银行及其他金融组织与借款人（不包括银行同业拆借）所签订的合同	按借款金额 0.05‰贴花	立合同人
财产保险合同	包括财产、责任、保证、信用等保险合同	按保险费收入 1‰贴花	立合同人
技术合同	包括技术开发、转让、咨询、服务等合同	按所记载金额 0.3‰贴花	立合同人
产权转移书据	包括财产所有权和版权、商标专用权、专利权、专有技术使用权等转移书据以及土地使用权出让合同、土地使用权转让合同、商品房销售合同	按所记载金额 0.5‰贴花	立据人
营业账簿	生产经营用账册	记载资金的账簿，按实收资本和资本公积的合计金额 0.5‰贴花；其他账簿按件贴花 5 元	立账簿人
权利、许可证照	包括政府部门发给的房屋产权证、工商营业执照、商标注册证、专利证、土地使用证	按件贴花 5 元	领受人

五、税收优惠

(1) 对已缴纳印花税凭证的副本或者抄本免税。

(2) 对无息、贴息贷款合同免税。

(3) 对房地产管理部门与个人签订的用于生活居住的租赁合同免税。

(4) 对农牧业保险合同免税。

(5) 对与高校学生签订的高校学生公寓租赁合同免税。

(6) 对公租房经营管理单位建造管理公租房涉及的印花税免征。

(7) 其他免税项目。

六、应纳印花税的计算

(一) 计税依据的一般规定

印花税的计税依据为各种应税凭证上所记载的计税金额。具体规定为:

(1) 购销合同的计税依据为合同记载的购销金额。

(2) 加工承揽合同的计税依据是加工或承揽收入的金额。

① 由受托方提供原材料的加工、定做合同,凡在合同中分别记载加工费金额和原材料金额的,应分别按加工承揽合同、购销合同计税,两项税额相加数即为合同应贴印花;若合同中未分别记载,则应就全部金额依照加工承揽合同计税贴花。

② 由委托方提供主要材料或原料,受托方只提供辅助材料的加工合同,无论加工费和辅助材料金额是否分别记载,均以辅助材料与加工费的合计数依照加工承揽合同计税贴花。对委托方提供的主要材料或原料金额不计税贴花。

(3) 建设工程勘察设计合同的计税依据为收取的费用。

(4) 建筑安装工程承包合同的计税依据为承包金额。

(5) 财产租赁合同的计税依据为租赁金额。

(6) 货物运输合同的计税依据为取得的运输费金额,不包括所运货物的金额、装卸费和保险费等。

(7) 仓储保管合同的计税依据为收取的仓储保管费用。

(8) 借款合同的计税依据为借款金额。

① 一项信贷业务既签订借款合同,又一次或分次填开借据的,只以借款合同所载金额为计税依据计税贴花;只填开借据并作为合同使用的,应以借据所载金额为计税依据计税贴花。

② 对借款方以财产作抵押,从贷款方取得一定数量抵押贷款的合同,应按借款合同贴花;在借款方因无力偿还借款而将抵押财产转移给贷款方时,应再就双方书立的产权书据,按产权转移书据的有关规定计税贴花。

③ 对银行及其他金融组织的融资租赁业务签订的融资租赁合同,应按合同所载租金总额暂按借款合同计税。

（9）财产保险合同的计税依据为支付（收取）的保险费，不包括所保财产的金额。

（10）技术合同的计税依据为合同所载的价款、报酬或使用费。

（11）产权转移书据的计税依据为书据所载转让金额。

（12）营业账簿中记载资金账簿的计税依据为实收资本与资本公积两项的合计金额，其他账簿的计税依据为应税凭证件数。

（13）权利、许可证照的计税依据为应税凭证件数。

（二）计税依据的特殊规定

（1）上述凭证作为计税依据的，应当全额计税，不得进行任何扣除。

（2）同一凭证载有两个或两个以上经济事项而适用不同税目、税率，分别记载金额的，应分别计算应纳税额，相加后按合计税额贴花；未分别记载金额的，按税率高的计税贴花。

（3）应纳税额不足 1 角的，免征印花税；1 角以上的，其税额尾数不满 5 分的不计，满 5 分的按 1 角计算。

（4）合同在签订时无法确定计税金额的，如技术转让合同中的转让收入是按销售收入的一定比例收取或按实现利润分成的，可在签订时先按定额 5 元贴花，以后结算时再按实际金额计税，补贴印花。

（5）应税合同在签订时纳税义务即已产生，应计算应纳税额并贴花。所以，不论合同是否兑现或是否按期兑现，均应贴花。

（6）对已履行并贴花的合同，所载金额与合同履行后实际结算金额不一致的，只要双方未修改合同金额，一般不再办理完税手续。

必须明确的是，印花税票为有价证券，其票面金额以人民币为单位，分为 1 角、2 角、5 角、1 元、2 元、5 元、10 元、50 元、100 元 9 种。

（三）应纳税额的计算

$$应纳税额 = 应税凭证计税金额（或应税凭证件数）\times 适用税率$$

【例 7-5】某公司受托加工制作广告牌，双方签订的加工承揽合同中分别注明加工费 40 000 元，委托方提供价值 60 000 元的主要材料，受托方提供价值 2 000 元的辅助材料。计算该公司此项合同应纳印花税。

解 $$应纳税额 = (40\ 000 + 2\ 000) \times 0.5‰ = 21（元）$$

【例 7-6】甲公司与乙公司分别签订了两份合同：一是以货换货合同，甲、乙公司的货物价值均为 200 万元；二是采购合同，乙公司购买甲公司 50 万元货物，但合同因故未能兑现。计算甲公司应纳印花税。

解 $$应纳税额 = (2\ 000\ 000 + 2\ 000\ 000) \times 0.3‰ + 500\ 000 \times 0.3‰ = 1\ 350（元）$$

【例 7-7】某交通运输企业 2015 年 2 月签订以下合同：

（1）与某银行签订融资租赁合同购置新车 15 辆，合同载明租赁期限为 3 年，每年支付租金 100 万元；

(2) 与某客户签订货物运输合同,合同载明货物价值500万元,运输费用65万元(含装卸费5万元,货物保险费10万元);

(3) 与某运输企业签订租赁合同,合同载明将本企业闲置的总价值300万元的10辆货车出租,每辆车月租金4 000元,租期未定;

(4) 与某保险公司签订保险合同,合同载明为本企业的50辆车上第三方责任险,每辆车每年支付保险费4 000元。

计算该企业当月应纳印花税。

解 (1) 融资租赁合同属于借款合同,适用税率为0.05‰:

$$应纳印花税 = 3\,000\,000 \times 0.05‰ = 150(元)$$

(2) 属于货物运输合同,计税依据不包括装卸费、保险费等,适用税率为0.5‰:

$$应纳印花税 = (650\,000 - 50\,000 - 100\,000) \times 0.5‰ = 250(元)$$

(3) 属于租赁合同,由于未确定租金总额,暂按5元贴花:

$$应纳印花税 = 5(元)$$

(4) 属于保险合同,按保费计税,适用税率1‰:

$$应纳印花税 = 4\,000 \times 50 \times 1‰ = 200(元)$$

$$该企业当月应纳印花税 = 150 + 250 + 5 + 200 = 605(元)$$

七、征收管理

(一) 纳税办法

1. 自行贴花办法

这种办法适用于应税凭证较少或者贴花次数较少的纳税人。纳税人书立、领受或者使用税法列举的应税凭证的同时,纳税义务即已产生,应当根据应税凭证的性质和适用的税目、税率自行计算应纳税额,自行购买印花税票,自行一次贴足印花税票并加以注销或划销,这样纳税义务才算全部履行完毕。这就是通常所说的"三自"纳税办法。

对已贴花的凭证,修改后所载金额增加的,其增加部分应当补贴印花税票。凡多贴印花税票者,不得申请退税或者抵用。

2. 汇贴或汇缴办法

这种办法适用于应纳税额较大或者贴花次数频繁的纳税人。

一份凭证应纳税额超过500元的,应向当地税务机关申请填写缴款书或者完税凭证,将其中一联粘贴在凭证上或者由税务机关在凭证上加注完税标记代替贴花。这就是通常所说的汇贴办法。

同一种类应税凭证需频繁贴花的,纳税人可以根据实际情况自行决定是否采用按期汇总缴纳印花税的方式,汇总缴纳的期限为1个月。

凡汇总缴纳印花税的凭证,应加注税务机关指定的汇缴戳记、编号并装订成册,将已贴印花或者缴款书的一联粘附册后,盖章注销,保存备查。

3. 委托代征办法

这种办法是通过税务机关的委托，经由发放或者办理应税凭证的单位代收代缴印花税税款。税务机关应与代征单位签订代征委托书，按印花税金额5%的比例支付手续费。

（二）纳税环节

印花税应当在书立、领受或使用时贴花，具体是指在合同签订时、账簿启用时和证照领受时贴花。如果合同在国外签订，应在将合同带入境时办理贴花纳税手续。

（三）纳税地点

印花税一般实行就地纳税。全国性商品物资订货会（包括展销会、交易会等）上所签订合同应纳的印花税，由纳税人回其所在地后及时办理贴花完税手续；对地方主办、不涉及省际关系的订货会、展销会上所签合同的印花税，其纳税地点由各省、自治区、直辖市人民政府自行确定。

（四）违章处罚

印花税纳税人有下列行为之一的，由税务机关根据情节轻重予以处罚：

（1）在应税凭证上未贴或者少贴印花税票的或者已粘贴在应税凭证上的印花税票未注销或者未划销的，由税务机关追缴其不缴或者少缴的税款、滞纳金，并处不缴或者少缴的税款50%以上、5倍以下的罚款。

（2）已贴用的印花税票揭下重用造成未缴或少缴印花税的，由税务机关追缴其不缴或者少缴的税款、滞纳金，并处不缴或者少缴的税款50%以上、5倍以下的罚款；构成犯罪的，依法追究刑事责任。

（3）伪造印花税票的，由税务机关责令改正，处以2 000元以上、1万元以下的罚款；情节严重的，处以1万元以上、5万元以下的罚款；构成犯罪的，依法追究刑事责任。

（4）按期汇总缴纳印花税的纳税人，超过税务机关核定的纳税期限，未缴或少缴印花税款的，由税务机关追缴其不缴或者少缴的税款、滞纳金，并处不缴或者少缴税款50%以上、5倍以下的罚款；情节严重的，同时撤销其汇缴许可证；构成犯罪的，依法追究刑事责任。

（5）纳税人违反以下规定的，由税务机关责令限期改正，可处以2 000元以下的罚款；情节严重的，处以2 000元以上、1万元以下的罚款。

① 凡汇总缴纳印花税的凭证，应加注税务机关指定的汇缴戳记、编号并装订成册，将已贴印花或者缴款书的一联粘附册后，盖章注销，保存备查。

② 纳税人对纳税凭证应妥善保存。凭证的保存期限，凡国家已有明确规定的，按规定办理；没有明确规定的其余凭证均应在履行完毕后保存1年。

（6）代售户对取得的税款逾期不缴或者挪作他用，或者违反合同将所领印花税票转托他人代售或者转至其他地区销售，或者未按规定详细提供领、售印花税票情况的，税务机关可视其情节轻重，给予警告或者取消其代售资格的处罚。

第四节 车辆购置税

小提示

本节内容包括车辆购置税的概念、税收要素、计算及其征收管理。车辆购置税主要对在我国境内购置的汽车、摩托车、电车、挂车及农用运输车征收；应纳税额按从价定率计算，是计税依据与适用税率的乘积，其计税依据中不含增值税税款。

一、车辆购置税的概念

车辆购置税是以在我国境内购置规定的车辆为课税对象，在特定环节向车辆购置者征收的一种税。

二、纳税人

车辆购置税的纳税人是指在我国境内购置应税车辆的单位和个人。其中，"购置"是指购买使用行为、进口使用行为、受赠使用行为、自产自用行为、获奖使用行为以及以拍卖、抵债、走私、罚没等方式取得并使用的行为；"单位"包括国有企业、集体企业、私营企业、股份制企业、外商投资企业、外国企业以及其他企业和事业单位、社会团体、国家机关、部队以及其他单位；"个人"包括个体工商户及其他个人，包含我国公民和外国公民。

三、征税范围

车辆购置税的征收范围包括各种汽车、摩托车、电车、挂车、农用运输车。

四、税率

我国车辆购置税实行统一的比例税率，税率为10%。

五、税收优惠

（1）外国驻华使馆、领事馆和国际组织驻华机构及其外交人员自用车辆免税。

（2）我国人民解放军和人民武装警察部队列入军队武器装备订货计划的车辆免税。

（3）设有固定装置的非运输车辆免税。

（4）防汛部门和森林消防部门用于指挥、检查、调度、报汛（警）、联络的设有固定装置的指定型号的车辆。

（5）回国服务的留学人员用现汇购买1辆自用国产小汽车。

（6）长期来华定居专家进口1辆自用小汽车。

（7）三轮农用运输车免征车辆购置税。

六、应纳车辆购置税的计算

（一）计税依据

（1）购买自用应税车辆的计税依据。纳税人购买自用应税车辆的计税依据为纳税人购买应税车辆而支付给销售方的全部价款和价外费用，但不包括支付的增值税税款。

（2）进口自用应税车辆的计税依据。纳税人进口自用应税车辆以组成计税价格为计税依据。组成计税价格的计算公式为：

$$组成计税价格 = 关税完税价格 + 关税 + 消费税$$

（3）其他自用应税车辆的计税依据。纳税人自产自用、受赠使用、获奖使用和以其他方式取得并自用的应税车辆一般以国家税务总局核定的最低计税价格为计税依据。

（4）最低计税价格的确定。纳税人购买和进口自用的应税车辆，首先应分别按前述计税价格、组成计税价格确定计税价格，申报的计税价格偏低又无正当理由的，应以最低计税价格作为计税依据。

最低计税价格由国家税务总局依据全国市场的平均销售价格制定，具体规定如下：

① 对已缴纳车辆购置税并办理了登记注册手续的车辆，其发动机和底盘发生更换的，最低计税价格按同类型新车最低计税价格的 70% 计算。

② 免税、减税条件消失的车辆，其最低计税价格的确定方法为：

$$最低计税价格 = 同类型新车最低计税价格 \times \left(1 - \frac{已使用年限}{规定使用年限}\right) \times 100\%$$

公式中，“规定使用年限”国产车辆按 10 年计算，进口车辆按 15 年计算。超过规定使用年限的车辆不再征收车辆购置税。

③ 非贸易渠道进口车辆的最低计税价格为同类型新车的最低计税价格。

（二）应纳税额的计算

1. 购买自用应税车辆应纳税额的计算

$$应纳税额 = 计税价格 \times 税率$$

【例 7-8】张某 2015 年 1 月 8 日从上海大众汽车有限公司购买一辆轿车供自己使用，支付含增值税价款 106 000 元，另支付代收临时牌照费 150 元、代收保险费 352 元，支付购买工具件和零配件价款 2 035 元、车辆装饰费 250 元。试计算车辆购置税应纳税额。

解 计税价格 =（106 000 + 150 + 352 + 2 035 + 250）/（1 + 17%）= 92 980.34（元）

应纳税额 = 92 980.34 × 10% = 9 298.03（元）

2. 进口自用应税车辆应纳税额的计算

$$应纳税额 =（关税完税价格 + 关税 + 消费税）\times 税率$$

【例 7-9】某外贸进出口公司 2015 年 1 月 12 日从国外进口 10 辆宝马小轿车。该公司报关进口时经海关审查确定关税计税价格为人民币 198 000 元 / 辆，海关课征关税 217 800 元 / 辆，并代征进口消费税 21 884 元 / 辆、增值税 74 406 元 / 辆。由于业务工作的需要，该公司将2辆小轿车用于本单位使用。试计算应纳的车辆购置税。

解 进出口公司自用的小轿车征税：

$$每辆小轿车的组成计税价格 = 198\,000 + 217\,800 + 21\,884 = 437\,684（元）$$

$$应纳税额 = 2 \times 437\,684 \times 10\% = 87\,536.8（元）$$

3. 其他自用应税车辆应纳税额的计算

$$应纳税额 = 最低计税价格 \times 税率$$

【例7-10】 某客车制造厂将自产的一辆19座客车用于本厂后勤生活服务，该厂在办理车辆上牌落籍前，出具该车的发票注明金额为44 300元，并按此金额向主管税务机关申报纳税。经审核，国家税务总局对该车同类型车辆核定的最低计税价格为47 000元，该厂对作价问题提不出正当理由。计算该车应纳的车辆购置税税额。

解 纳税人自产自用的应税车辆，按核定的最低计税依据计算：

$$应纳税额 = 47\,000 \times 10\% = 4\,700（元）$$

七、征收管理

（一）纳税申报

车辆购置税实行一车一申报制度。纳税人在办理纳税申报时应如实填写车辆购置税纳税申报表，同时提供车主身份证明、车辆价格证明、车辆合格证明及税务机关要求提供的其他资料的原件和复印件。主管税务机关应对纳税申报资料进行审核，确定计税依据，征收税款，核发完税证明。

（二）纳税环节

车辆购置税的纳税环节为使用环节，即最终消费环节。纳税人在向公安机关等车辆管理机构办理车辆登记注册手续前应缴纳车辆购置税。

（三）纳税地点

纳税人购置应税车辆，应当向车辆登记注册地的主管税务机关申报纳税；购置不需办理车辆登记注册手续的应税车辆，应当向纳税人所在地的主管税务机关申报纳税。车辆登记注册地是指车辆的上牌落籍地或落户地。

（四）纳税期限

纳税人购买自用的应税车辆，自购买之日起60日内申报纳税；进口自用的应税车辆，应当自进口之日起60日内申报纳税；自产、受赠、获奖和以其他方式取得并自用的应税车辆，应当自取得之日起60日内申报纳税。

第五节　车船税

小提示

本节内容包括车船税的概念、税收要素、计算及其征收管理。车船税主要对我国境内的车辆和船舶征收；应纳税额按从量定额计算，是应税数量与适用税率的乘积。

一、车船税的概念

车船税是以车辆、船舶（以下简称车船）为征税对象，向拥有车船的单位和个人征收的一种税。

我国对车船课税历史悠久，早在汉代就开征了算商车，新中国成立后开征了车船使用牌照税，1984 年改名为车船使用税。2006 年 12 月 29 日国务院颁布了《中华人民共和国车船税暂行条例》，并于 2007 年 1 月 1 日实施。《中华人民共和国车船税法》（以下简称《车船税法》）于 2011 年 2 月 25 日经国务院常务会议通过，自 2012 年 1 月 1 日起施行。

二、纳税人

车船税的纳税人是指在中华人民共和国境内的车船的所有人或者管理人。

三、征税范围

车船税的征收范围是指在中华人民共和国境内属于《车船税法》规定的车船，包括依法应当在车船管理部门登记的机动车辆和船舶；依法不需要在车船管理部门登记，在单位内部场所行驶或者作业的机动车辆和船舶。

四、税率

车船税实行定额税率，其税目、税额如表 7-3 所示。

表 7-3　车船税税目、税额表

税　目		计税单位	年基准税额/元	备　注
乘用车（按发动机气缸容量/排气量分档）	1.0 升（含）以下的	每　辆	60～360	核定载客人数 9 人（含）以下
	1.0 升以上至 1.6 升（含）的		300～540	
	1.6 升以上至 2.0 升（含）的		360～660	
	2.0 升以上至 2.5 升（含）的		660～1 200	
	2.5 升以上至 3.0 升（含）的		1 200～2 400	
	3.0 升以上至 4.0 升（含）的		2 400～3 600	
	4.0 升以上的		3 600～5 400	

续表

税目			计税单位	年基准税额/元	备注
商用车	客车		每辆	480～1 440	核定载客人数9人(包括电车)以上
	货车		整备质量每吨	16～120	包括半挂牵引车、挂车、客货两用汽车、三轮汽车和低速载货汽车等;挂车按照货车税额的50%计算
其他车辆	专用作业车		整备质量每吨	16～120	不包括拖拉机
	轮式专用机械车		整备质量每吨	16～120	
摩托车			每辆	36～180	
船舶	机动船舶	净吨位小于或等于200吨的	净吨位每吨	3	拖船、非机动驳船分别按照机动船舶税额的50%计算
		净吨位201～2 000吨的		4	
		净吨位2 001～10 000吨的		5	
		净吨位10 001吨及以上的		6	
	游艇	艇身长度不超过10米的	艇身长度每米	600	
		艇身长度超过10米但不超过18米的		900	
		艇身长度超过18米但不超过30米的		1 300	
		艇身长度超过30米的		2 000	
		辅助动力帆艇		600	

注意:《车船税法》及其实施条例涉及的整备质量、净吨位、艇身长度等计税单位,有尾数的一律按照含尾数的计税单位据实计算车船税应纳税额。计算得出的应纳税额小数点后超过两位的可四舍五入保留两位小数。

五、税收优惠

1. 法定减免

捕捞、养殖渔船;军队、武装警察部队专用的车船;警用车船;依照法律规定应当予以免税的外国驻华使领馆、国际组织驻华代表机构及其有关人员的车船;其他符合条件的车船。

2. 特定减免

经批准临时入境的外国车船和香港特别行政区、澳门特别行政区、台湾地区的车船;按照规定缴纳船舶吨税的机动船舶,自《车船税法》实施之日起5年内免征车船税;机场、港口、铁路站场内部行驶或作业的车船,自《车船税法》实施之日起5年内免征车船税。

六、应纳车船税的计算

$$年应纳税额 = 计税依据 \times 定额税率$$

（1）购置的新车船，当年应纳税额自纳税义务发生的当月起按月计算。计算公式为：

$$应纳税额 = \frac{年应纳税额}{12} \times 应纳税月份数$$

（2）在一个纳税年度内，纳税人在非车辆登记地由保险机构代收代缴机动车船税且能够提供合法有效完税证明的，纳税人不再向车辆登记地的地方税务机关缴纳车船税。

（3）已缴纳车船税的车船在同一纳税年度内办理转让过户的，不另纳税，也不退税。

【例 7-11】 某交通运输企业拥有载货汽车（净吨位 40 吨）35 辆、大型客车 10 辆，该企业所在省规定载货汽车年税额每吨 40 元，大型客车年税额每辆 480 元。计算该企业一年应缴纳的车船税。

解 应纳车船税 = 35 × 40 × 40 + 10 × 480 = 60 800（元）

【例 7-12】 某航运公司拥有机动船 22 艘（其中，净吨位为 200 吨的 12 艘，2 000 吨的 8 艘，5 000 吨的 2 艘），200 吨的单位税额 3 元、2 000 吨的单位税额 4 元、5 000 吨的单位税额 5 元。请计算该航运公司当年应纳的车船税。

解 应纳车船税 = 12 × 200 × 3 + 8 × 2 000 × 4 + 2 × 5 000 × 5 = 121 200（元）

【例 7-13】 某单位 2015 年 4 月 3 日购买奥迪车一辆，4 月 6 日车管所核发了行驶证书，该省小轿车每辆年税额为 360 元。计算该单位这辆轿车当年应纳车船税。

解 应纳车船税 = 360/12 × 9 = 270（元）

七、征收管理

车船税的纳税义务发生时间为取得车船所有权或者管理权的当月。以购买车船的发票或其他证明文件所载日期的当月为准。

车船税按年申报，分月计算，一次性缴纳。车船税按年申报缴纳，具体申报纳税期限由省、自治区、直辖市人民政府规定。

车船税由地方税务机关负责征收。车船税的纳税地点为车船的登记地或者车船税扣缴义务人所在地；依法不需要办理登记的车船，车船税的纳税地点为车船的所有人或者管理人所在地。

第六节 契 税

小提示

本节内容包括契税的概念、税收要素、计算及其征收管理。契税主要对在我国承受土地、房屋权属的单位和个人征收，即对受让方征收；应纳税额按从价定率计算，是计税依据与适用税率的乘积。需要特别注意国有土地使用权出让、房屋交换、房产抵债或投资的纳税人的确定。

一、契税的概念

契税是对在我国境内转移土地、房屋权属，向产权承受人征收的一种财产税。

契税是一个古老的税种，最早起源于东晋的“估税”，至今已有1 600多年的历史。新中国成立以后颁布的第一个税收法规就是《契税暂行条例》。现行契税法规是1997年7月7日国务院发布并于同年10月1日施行的《中华人民共和国契税暂行条例》。

二、纳税人

契税的纳税人是境内转移土地、房屋权属，承受的单位和个人。“土地、房屋权属”是指土地使用权和房屋所有权；“单位”是指企业和事业单位、国家机关、军事单位、社会团体及其他组织；“个人”是指个体经营者及其他个人，包括我国公民和外籍人员。

三、征税对象

契税的征税对象是境内转移土地、房屋权属，具体包括以下五项内容：

（一）国有土地使用权出让

国有土地使用权出让是指土地使用者向国家交付土地使用权出让费用，国家将国有土地使用权在一定年限内让与土地使用者的行为。

国有土地使用权出让，受让者应向国家缴纳出让金，以出让金为依据计算缴纳契税，不得因减免土地出让金而减免契税。

（二）土地使用权转让

土地使用权转让是指土地使用者以出售、赠与、交换或者其他方式将土地使用权转移给其他单位和个人的行为。土地使用权转让不包括农村集体土地承包经营权的转移。

（三）房屋买卖

房屋买卖是指以货币为媒介，出卖者向购买者让渡房产所有权的交易行为。以下几种特殊情况视同买卖房屋：

1. 以房产抵债或实物交换房屋

经当地政府和有关部门批准，以房产抵债和实物交换房屋均视同房屋买卖，应由产权承受人按房屋现值缴纳契税。例如，甲因无力偿还乙债务，以自有房产折价抵偿债务，经双方同意、有关部门批准，乙取得甲的房屋产权，在办理产权过户手续时，乙应按房产折价款缴纳契税。

2. 以房产作投资或作股权转让

这种交易业务属房屋产权转移，应根据国家房地产管理的有关规定办理房屋产权交易和产权变更登记手续，视同房屋买卖，由产权承受方计算缴纳契税。例如，甲以自有房产投资于乙企业，其房屋产权变为乙企业所有，产权所有人发生变化，乙企业在办理产权登记手续后，应按甲入股房产现值缴纳契税。如果丙以股份方式购买乙企业房屋产权，则丙在办理产权登记后，应按取得房产买价缴纳契税。

以自有房产作股投入本人独资经营企业的，免纳契税。因为以自有的房地产投入本人独资经营的企业，产权所有人和使用权人未发生变化，无须办理房产变更手续，也不办理契税手续。

3. 买房拆料或翻建新房，应照章征收契税

例如，甲购买乙房产，不论其目的是取得该房产的建筑材料还是翻建新房，只要实际构成房屋买卖关系，甲就应办理房屋产权变更手续，并按买价缴纳契税。

（四）房屋赠与

房屋赠与是指房屋产权所有人将房屋无偿转让给他人所有。受赠人按规定缴纳契税。

（五）房屋交换

房屋交换是指房屋所有者之间互相交换房屋的行为。

有些特殊方式转移土地、房屋权属的，也将视同土地使用权转让、房屋买卖或者房屋赠与：一是以土地、房屋权属作价投资、入股；二是以土地、房屋权属抵债；三是以获奖方式承受土地、房屋权属；四是以预购方式或者预付集资建房款方式承受土地、房屋权属。

四、税率

契税实行 3% ～ 5% 的幅度税率。实行幅度税率是考虑到我国经济发展不平衡、各地经济差别较大的实际情况，各省、自治区、直辖市人民政府可以在 3% ～ 5% 的幅度税率规定范围内，按照本地区的实际情况决定。

五、税收优惠

（1）国家机关、事业单位、社会团体、军事单位承受土地、房屋用于办公、教学、医疗、科研和军事设施的，免征契税。

（2）城镇职工按规定第一次购买公有住房，免征契税。

（3）因不可抗力灭失住房而重新购买住房的，酌情减免。

（4）土地、房屋被县级以上人民政府征用、占用后，重新承受土地、房屋权属的，由省级人民政府确定是否减免。

（5）承受荒山、荒沟、荒丘、荒滩土地使用权，并用于农、林、牧、渔业生产的，免征契税。

（6）其他符合规定的免税项目。

六、应纳契税的计算

（一）计税依据

契税的计税依据为不动产的价格。

（1）国有土地使用权出让、土地使用权出售、房屋买卖，以成交价格为计税依据。

（2）土地使用权赠与、房屋赠与，由征收机关参照土地使用权出售、房屋买卖的市场价格核定。

（3）土地使用权交换、房屋交换，计税依据为所交换的土地使用权、房屋的价格差额。

（4）以划拨方式取得土地使用权，经批准转让房地产时，由房地产转让者补缴契税，计税依据为补交的土地使用权出让费用或者土地收益。

（5）房屋附属设施征收契税的依据：① 采取分期付款方式购买房屋附属设施土地使用权、房屋所有权的，应按合同规定的总价款计征契税；② 承受的房屋附属设施权属单独计价的，按照当地确定的适用税率征收契税。

（6）个人无偿赠与不动产行为（法定继承人除外），应对受赠人全额征收契税。

（二）应纳税额的计算

$$应纳税额 = 计税依据 \times 税率$$

【例 7-14】 某运动员 2015 年受赠一栋房屋，市场价值 40 万元，该省契税税率为 5%；同年，外省某单位奖励其住宅一套，市场价值 60 万元，房产所在地契税税率为 4%。计算该运动员当年应纳契税。

解

$$应纳契税 = 40 \times 5\% + 60 \times 4\% = 4.4（万元）$$

【例 7-15】 某外商投资企业 A 的房地产交易情况如下：

（1）接受某国有企业以房产投资入股，房产市场价值为 1 000 万元；

（2）以自有房产与另一企业交换一处房产，收到差价款 300 万元；

（3）政府部门批准向其出让土地一块，其支付土地出让金 1 500 万元。

该地规定契税税率为 5%，计算该外商投资企业应纳契税。

解 （1）A 接受投资入股，其作为接受方应纳契税：

$$应纳契税 = 1\,000 \times 5\% = 50（万元）$$

（2）房屋交换，支付差价方为契税的纳税人，A 是收到差价方，不缴契税。

（3）A 从国家手里获得土地使用权，按土地出让金计税：

$$应纳契税 = 1\,500 \times 5\% = 75（万元）$$

七、征收管理

契税的纳税义务发生时间是纳税人签订土地、房屋权属转移合同的当天，或者纳税人取得其他具有土地、房屋权属转移合同性质凭证的当天。

纳税人应当自纳税义务发生之日起 10 日内，向土地、房屋所在地的契税征收机关办理纳税申报，并在契税征收机关核定的期限内缴纳税款。

契税在土地、房屋所在地的征收机关缴纳。

纳税人办理纳税事宜后，征收机关应向纳税人开具契税完税凭证。纳税人持契税完税凭证和其他规定的文件材料依法向土地管理部门、房产管理部门办理有关土地、房屋权属的变更登记手续。土地管理部门和房产管理部门应向契税征收机关提供有关资料，并协助契税征收机关依法征收契税。

第七节　房产税

小提示

本节内容包括房产税的概念、税收要素、计算及其征收管理。房产税主要对在我国城市、县城、建制镇及工矿区的房产征收，对农村的房产不征收。房产税的计算有从价定率和从租定率之分：自用房产适用从价定率征收，计税依据是房产原值减除10%～30%后的余值，税率为1.2%；出租房产适用从租定率征收，计税依据是房产租金，税率为12%。

一、房产税的概念

房产税是以房屋为征税对象，按照房屋的计税余值或租金收入向产权所有人征收的一种财产税。房产税具有以下三个特点：房产税属于财产税中的个别财产税；征税范围限于城镇的经营性房屋；区别房屋的经营使用方式规定征税办法。

二、纳税人

房产税以在征税范围内的房屋产权所有人为纳税人。

（1）产权属国家所有的，由经营管理单位纳税；产权属集体和个人所有的，由集体单位和个人纳税。

（2）产权出典的，由对房屋具有支配权的承典人依照房产余值缴纳房产税。所谓产权出典，是指产权所有人将房屋、生产资料等的产权在一定期限内典当给他人使用而取得资金的一种融资业务。

（3）产权所有人、承典人不在房屋所在地的，或者产权未确定及租典纠纷未解决的，由房产代管人或者使用人纳税。

（4）无租使用其他房产的问题。纳税单位和个人无租使用房产管理部门、免税单位及纳税单位的房产，应由使用人代为缴纳房产税。

三、征税范围

房产税的征税范围为城市、县城、建制镇和工矿区，不包括农村。

“城市”是指国务院批准设立的市；“县城”是指县人民政府所在地的地区；“建制镇”是指经省、自治区、直辖市人民政府批准设立的建制镇；“工矿区”是指工商业比较发达、人口比较集中、符合国务院规定的建制镇标准但尚未设立建制镇的大中型工矿企业所在地，开征房产税的工矿区须经省、自治区、直辖市人民政府批准。

四、税率

我国现行房产税采用的是比例税率，自用房产税率为1.2%，出租房产税率为12%。

从2001年1月1日起，对个人出租住房，不区分用途，按4%的税率征收房产税。

五、税收优惠

（1）国家机关、人民团体、军队自用的房产免征房产税，但上述免税单位的出租房产以及非自身业务使用的生产经营用房，不属于免税范围。

（2）由国家财政部门拨付事业经费的单位，如学校、医疗卫生单位、托儿所、幼儿园、敬老院、文化、体育、艺术这些实行全额或差额预算管理的事业单位所有的，本身业务范围内使用的房产免征房产税。

（3）宗教寺庙、公园、名胜古迹自用的房产免征房产税。

（4）个人所有的非营业用房产免征房产税。个人所有的非营业用房产是指居民住房，无论面积多少，一律免征房产税；个人所有的营业用房产或者出租的房产不属于免税房产，应照章纳税。

（5）经财政部批准免税的其他房产。

六、应纳房产税的计算

（一）计税依据

1. 从价计征

纳税人自己使用的房产，房产税依照房产原值一次减除10%～30%后的余值计算缴纳，各地扣除比例由当地省、自治区、直辖市人民政府确定。

（1）房产原值是指纳税人按照会计制度规定，在账簿“固定资产”科目中记载的房屋原价。房产原值包括与房屋不可分割的各种附属设备或一般不单独计算价值的配套设施。

（2）纳税人对原有房屋进行改建、扩建的，要相应增加房屋的原值。

（3）对投资联营的房产区别对待。对以房产投资联营，投资者参与投资利润分红，共担风险的，由接受投资方按房产余值计征房产税；对以房产投资，收取固定收入，不承担联营风险的，由出租方按租金收入计缴房产税。

（4）融资租赁的房产，由承租人自融资租赁合同约定开始日的次月起依照房产余值缴纳房产税。合同未约定开始日的，由承租人自合同签订的次月起依照房产余值缴纳房产税。

2. 从租计征

房产出租的，以房产租金收入为房产税的计税依据。房产租金收入是房屋产权所有人出租房产使用权所得的报酬，包括货币收入和实物收入。

对出租房产，租赁双方签订的租赁合同约定有免收租金期限的，免收租金期间由产权所有人按照房产原值缴纳房产税。

出租的地下建筑，按照出租地上房屋建筑的有关规定计算征收房产税。

(二)应纳税额的计算

1. 从价计征的计算

从价计征是按房产的原值减除一定比例后的余值计征,其公式为:

$$应纳税额 = 应税房产原值 \times (1 - 扣除比例) \times 1.2\%$$

【例 7-16】 某企业的经营用房原值为 6 000 万元,按照当地规定允许以减除 20% 后的余值计税,适用税率为 1.2%。试计算其应纳房产税。

解 $$应纳税额 = 6\,000 \times (1 - 20\%) \times 1.2\% = 57.6(万元)$$

2. 从租计征的计算

从租计征是按房产的租金收入计征,其公式为:

$$应纳税额 = 租金收入 \times 12\%(或 4\%)$$

【例 7-17】 某企业 2015 年度自有房屋 10 栋,其中 8 栋用于经营生产,房产原值 1 060 万元;2 栋房屋租给某公司作经营用房,年租金收入 50 万元。该省规定按房产原值一次扣除 20% 后的余值计税,试计算该企业当年应纳的房产税。

解 $$自用房产应纳税额 = 1\,060 \times (1 - 20\%) \times 1.2\% = 10.176(万元)$$

$$租金收入应纳税额 = 50 \times 12\% = 6(万元)$$

$$全年应纳房产税 = 10.176 + 6 = 16.176(万元)$$

七、征收管理

房产税实行按年计算、分期缴纳的征收方法,具体纳税期限由省、自治区、直辖市人民政府确定。

房产税在房产所在地缴纳。房产不在同一地方的纳税人,应按房产的坐落地点分别向房产所在地的税务机关纳税。

本章小结

本章介绍了增值税、消费税和所得税以外的其他税种,包括关税、资源税、印花税、车辆购置税、车船税、契税和房产税。

关税是海关依法对进出关境的货物和物品征收的一种流转税。计算进出口货物的关税时以完税价格为计税依据,区分从价计税和从量计税等方式。

资源税是对在我国境内从事开采应税矿产品或者生产盐的单位和个人课征的一种税。原油、天然气和煤炭从价定率征收资源税,其他非金属矿原矿、黑色金属矿原矿、有色金属矿原矿、盐从量定额征收资源税。

印花税是对经济活动和经济交往中书立、使用、领受应税凭证的行为征收的一种税。印花税属于行为税,只要纳税人发生了书立、使用、领受应税凭证的行为,就必须缴纳印花税。

车辆购置税是以在我国境内购置规定的车辆为课税对象,在特定环节向车辆购置者征收的一种税。购置行为包括购买使用、进口使用、受赠使用、自产自用、获奖使用及以拍卖、抵债、走私、罚没等方式取得并使用的行为。

车船税是以车船为征税对象,向拥有车船的单位和个人征收的一种税。

契税是对在我国境内转移土地、房屋权属,向产权承受人征收的一种税。契税的征税对象是境内转移土地、房屋权属,具体包括国有土地使用权出让、土地使用权转让、房屋买卖、房屋赠与、房屋交换五类。

房产税是以房屋为征税对象,按照房屋的计税余值或租金收入向产权所有人征收的一种税。自用房产从价计征房产税,税率为 1.2%;出租房产从租计征房产税,税率为 12%。

➢ 习　题 ≺

一、单项选择题

1. 进口货物的完税价格是指货物的(　　)。
   A. 成交价格　　B. 以成交价格为基础的到岸价格
   C. 到岸价格　　D. 以到岸价格为基础的成交价格
2. 下列项目中,属于进口关税完税价格组成部分的是(　　)。
   A. 进口人向自己的境外采购代理人支付的购货佣金
   B. 进口人负担的向中介机构支付的经纪费
   C. 进口设备报关后的安装调试费用
   D. 货物运抵境内输入地点起卸之后的运输费用
3. 甲公司进口一台机器设备,成交价格为 4 500 万元,运入我国境内输入地点起卸前的运费和保险费为 1.5 万元,购货佣金 4 万元,进口关税税率为 15%,则甲公司进口应纳关税为(　　)。
   A. 675.6 万元　　B. 675 万元　　C. 675.225 万元　　D. 675.825 万元
4. 某外贸企业收购一批货物出口,离岸价格为 6 万元,关税税率为 20%,该批货物出口应纳关税为(　　)。
   A. 0.8 万元　　B. 1.5 万元　　C. 1 万元　　D. 1.2 万元
5. 下列企业既是增值税纳税人又是资源税纳税人的是(　　)。
   A. 销售洗煤的贸易公司　　B. 进口石油的企业
   C. 在境内开采销售原矿的企业　　D. 在境外开采销售原矿的企业
6. 下列油类产品中应征收资源税的是(　　)。
   A. 人造石油　　B. 原油　　C. 汽油　　D. 柴油
7. 某矿山 7 月份开采原矿 50 000 吨,当月销售原矿 20 000 吨,取得不含增值税售价 450 000 元,另移送入选精矿 5 000 吨,选矿比为 20%。已知此原矿适用的资源税税额为 5 元/吨,其当月应缴纳的资源税为(　　)。
   A. 250 000 元　　B. 225 000 元　　C. 100 000 元　　D. 125 000 元
8. 下列各项属于印花税纳税人的是(　　)。
   A. 合同的保证人　　B. 权利、许可证照的发放人

C. 合同的代理人
D. 电子形式签订应税凭证的当事人

9. 下列合同和凭证应当缴纳印花税的是（　　）。

A. 企业将财产赠给政府所书立的书据
B. 未按期兑现的购销合同
C. 农牧保险合同
D. 贴息贷款合同

10. 某学校委托一服装加工企业为其定做一批校服，合同载明原材料金额为 80 万元，由服装加工企业提供，学校另支付加工费 40 万元。服装加工企业应纳印花税（　　）。

A. 240 元　B. 360 元　C. 440 元　D. 600 元

11. 甲公司与乙公司分别签订了两份合同：一是以货换货合同，甲公司的货物价值 200 万元，乙公司的货物价值 150 万元；二是采购合同，甲公司购买乙公司 50 万元货物，但因故合同未能兑现。甲公司应缴纳的印花税是（　　）。

A. 150 元　B. 600 元　C. 1 050 元　D. 1 200 元

12. 某公司受托加工制作广告牌，双方签订的加工承揽合同中注明加工费 40 000 元，委托方提供价值 60 000 元的主要材料，受托方提供价值 2 000 元的辅助材料。该公司应纳印花税为（　　）。

A. 20 元　B. 21 元　C. 38 元　D. 39 元

13. 车辆购置税的纳税人不包括（　　）。

A. 购买者　B. 获奖者　C. 馈赠人　D. 受赠人

14. 车辆购置税的征收范围不包括（　　）。

A. 大卡车　B. 摩托车　C. 无轨电车　D. 自行车

15. 下列行为中，不属于车辆购置税应税行为的有（　　）。

A. 进口使用应税车辆的行为
B. 购买使用应税车辆的行为
C. 自产自用应税车辆的行为
D. 销售应税车辆的行为

16. 甲公司购买一辆北京现代小汽车，支付含增值税的价款 175 500 元，另支付订车费用 5 000 元、车辆装饰费 4 000 元，支付销售公司代收保险费等 5 000 元，支付的各项价款均由销售公司开具统一发票。甲公司应纳车辆购置税（　　）。

A. 16 000 元　B. 16 100 元　C. 16 186.25 元　D. 16 196.58 元

17. 下列车辆应纳车船税的是（　　）。

A. 养殖渔船
B. 企业接送员工的班车
C. 警车
D. 企业已报废的汽车

18. 某公司拥有船舶 3 艘，净吨位分别为 320.4 吨、200.5 吨、180.7 吨，该地船舶车船税税额为净吨位每吨年税额 5 元。该公司应缴纳的车船税为（　　）。

A. 3 500 元　B. 3 505 元　C. 3 508 元　D. 3 515 元

19. 某公司购买写字楼应缴纳的税金有（　　）。

A. 房产税　B. 契税　C. 增值税　D. 城建税

20. A、B 两单位互换经营性用房，A 的房屋价值 500 万元，B 的房屋价值 550 万元，A 支付差价 50 万元。当地契税税率为 3%，则契税缴纳正确的是（　　）。

A. 双方均不缴纳契税
B. A 单位缴纳 1.5 万元

C. B单位缴纳1.5万元　　D. A单位缴纳15万元

21. 某运动员获得政府奖励房屋一套，市场价值42万元，税务机关核定房屋价值40万元。当地契税税率为5%，则运动员受赠房屋契税缴纳正确的是（　　）。

A. 缴纳契税2万元　　B. 不缴纳契税

C. 缴纳契税2.1万元　　D. 缴纳契税0.1万元

22. 甲、乙两人需要互换房产，经评估部门确认，甲的房产价值为400万元，乙的房产价值为500万元。该地契税适用税率为3%，则关于契税的缴纳正确的是（　　）。

A. 甲应纳契税12万元　　B. 乙应纳契税15万元

C. 甲应纳契税3万元　　D. 乙应纳契税3万元

23. 下列关于房产税纳税人的说法中错误的是（　　）。

A. 房屋出租的，由承租人纳税

B. 房屋产权出典的，由承典人依照房产余值缴纳房产税

C. 房屋产权未确定的，由代管人或使用人纳税

D. 房屋融资租赁的，由承租人依照房产余值缴纳房产税

24. 某企业有原值为5 000万元的房产，2015年1月1日将其中的40%用于对外投资联营，投资期限10年，每年固定利润分红200万元，不承担投资风险。已知当地政府规定的扣除比例为20%，该企业2015年度应纳房产税（　　）。

A. 24万元　　B. 3.8万元　　C. 4.25万元　　D. 52.8万元

二、多项选择题

1. 下列各项中，属于关税纳税人的是（　　）。

A. 进口货物收货人　　B. 出口货物发货人

C. 携带物品进境的入境人员　　D. 进口货物的代理人

2. 下列进口货物中，免征关税的有（　　）。

A. 无商业价值的广告品

B. 进出境运输工具装载的途中必需的燃料

C. 外国政府无偿赠送的物资

D. 关税税额在人民币50元以下的一票货物

3. 下列货物中，应征收资源税的有（　　）。

A. 井矿盐　　B. 煤炭制品　　C. 进口铁矿石　　D. 原油

4. 实行从价定率计征资源税的是（　　）。

A. 原油　　B. 煤炭　　C. 天然气　　D. 盐

5. 某煤矿开采销售原煤，应纳税金有（　　）。

A. 资源税　　B. 增值税　　C. 消费税　　D. 城建税

6. 下列关于从量定额征收资源税的计税依据，说法正确的有（　　）。

A. 纳税人开采或者生产应税产品销售的，以生产数量为课税数量

B. 纳税人开采或者生产应税产品销售的，以销售数量为课税数量

C. 纳税人开采或者生产应税产品自用的，以视同销售的自用数量为课税数量

D. 纳税人开采或者生产应税产品抵偿债务的，以生产数量为课税数量

7. 下列属于印花税纳税人的有(　　)。

A. 签订加工承揽合同的两家中外合资企业

B. 发放专利证的国家专利局

C. 在国外书立、在国内使用技术合同的单位

D. 借款合同的担保人

8. 下列适用于印花税定额税率的有(　　)。

A. 房屋产权证　　B. 专利证　　C. 工商营业执照　　D. 商标注册证

9. 记载资金的账簿以(　　)合计金额为印花税的计税依据。

A. 实收资本　　B. 长期投资　　C. 资本公积　　D. 盈余公积

10. 下列各项中，按照产权转移书据贴花的有(　　)。

A. 土地使用权转让合同　　B. 商品房销售合同

C. 土地使用权出让合同　　D. 土地使用证

11. 车辆购置税的应税行为包括(　　)。

A. 购买自用行为　　B. 受赠行为　　C. 获奖自用行为　　D. 进口自用行为

12. 车辆购置税的征收范围包括(　　)。

A. 摩托车　　B. 电车　　C. 农用运输车　　D. 汽车

13. 某机关购入一部轿车，支付的下列款项中应计入车辆购置税计税依据的是(　　)。

A. 购车价款　　B. 增值税税款　　C. 零部件价款　　D. 车辆装饰费

14. 以成交价格作为契税计税依据的有(　　)。

A. 房屋交换　　B. 房屋赠与　　C. 房屋买卖　　D. 土地使用权出售

15. 下列各项中，应当征收房产税的有(　　)。

A. 城市居民出租的房产　　B. 城市居民投资联营的房产

C. 农村居民自住用房　　D. 城市居民拥有的营业用房

16. 下列各项中，应依照房产余值缴纳房产税的有(　　)。

A. 企业生产经营的房产　　B. 融资租入的房产

C. 经营租出的房产　　D. 投资联营风险共担的房产

三、简答题

1. 进口货物关税完税价格如何确定？
2. 简述关税补征和追征的区别以及关税滞纳金的计算方法。
3. 简述资源税的征税范围和计税依据。
4. 简述印花税的纳税人和计税依据。
5. 简述契税计税依据的确定。
6. 简述房产税的计税依据及适用税率。

四、计算题

1. 某商贸公司为增值税一般纳税人，具有进出口经营权。2015年4月从国外进口小轿车一辆，支付买价400 000元，国外税金30 000元，支付到达我国海关前的运输费用40 000元、保险费用20 000元。已知进口小轿车关税税率为20%，计算进口小轿车应纳关税。

2. 某进出口公司进口摩托车1 000辆，经海关审定的货价为180万美元，另外，运抵我国境内输入地点起卸前的包装费10万美元、运输费8万美元、保险费2万美元。已知人民币基准汇价为1美元＝7元人民币，摩托车关税税率为80%，计算该批摩托车应纳关税。

3. 进出口公司从A国进口货物一批，成交价（离岸价）折合人民币9 000万元，另支付运费180万元、保险费90万元。货物运抵我国口岸之后纳税人及时缴纳税款，货物适用的关税税率为100%，消费税税率为5%。分别计算该公司应纳关税、消费税、增值税。

4. 某油田2015年3月销售原油20 000吨，开具增值税专用发票注明金额10 000万元；销售天然气2 000万米^3，开具增值税专用发票注明金额500万元。该油田原油税率为8%、天然气税率为6%，计算油田3月应纳资源税。

5. 某钨矿企业2014年8月共开采钨矿石原矿80 000吨，直接对外销售钨矿石原矿40 000吨，以部分钨矿石原矿入选精矿9 000吨，选矿比为40%。钨矿石适用税率为1.2元/吨，计算该企业8月份应纳资源税。

6. 某运输公司2014年7月开具运输结算单据300份，结算运费总金额1 000万元；与保险公司签订运输保险合同一份，投保金额3 000万元，交纳保险费10万元；与税务师事务所签订税务代理协议一份，代理费2万元；开立一个新的银行账号，设立银行存款日记账一本，账面记录存款额10万元。计算该运输公司当月应纳印花税。

7. A市某公司2015年4月开业，领取工商营业执照、房产证、专利权证书、商标注册证及土地使用权证书各一份；注册资本1 000万元，实收资本750万元；除资金账簿外，启用了其他营业账簿19本；转让一项专利，取得转让收入150万元。计算该公司应纳印花税。

8. 某高校丁教授购买了一套商品房，价格为120万元，因一次性付款，售房单位给予1万元优惠，同时按当地政策规定对教师按正常售价优惠5%。丁教授又以8万元购买小区内有产权的地下车位一个。当地契税税率为3%，要求计算丁教授买房应缴契税。

9. 某集团公司将一套原值200万元的商品房用于投资联营，每年固定收取40万元；该集团自有办公楼两栋，原值共计3 000万元。请计算该公司当年应纳的房产税（该地区规定允许按原值一次扣除30%）。

第八章

税收征收管理

学习目的

通过本章的学习，应了解税收征收管理法的概念和主要内容，理解税务登记制度、纳税申报制度、税务检查制度，掌握税款征收制度尤其是滞纳金的计算、税款的退还与追征、税收保全措施和税收强制执行措施。

学习重点

本章重点是税款退还与追征起止时间的确定、税收保全措施和税收强制执行措施的适用条件及内容。

第一节　税收征收管理法概述

小提示

本节内容包括《中华人民共和国税收征收管理法》的内容、适用范围及其主体的权利和义务。《中华人民共和国税收征收管理法》的内容可以概括为“管、征、查”，适用于由税务机关征收的税种的管理，明确了税务机关及税务人员、纳税人和扣缴义务人的权利和义务。

为了加强税收征收管理，规范税收征收和缴纳行为，保障国家税收收入，保护纳税人的合法权益，促进经济和社会发展，我国于1992年9月4日第七届全国人民代表大会常务委员会第二十七次会议上通过了《中华人民共和国税收征收管理法》，自1993年1月1日起施行。2001年4月28日，第九届全国人民代表大会常务委员会第二十一次会议通过了修订后的《中华人民共和国税收征收管理法》（以下简称《税收征管法》），于2001年5月1日起施行。

一、《税收征管法》的主要内容

《税收征管法》总结了税收征管改革的成功经验，按照税收征收管理的基本程序和内在要求，设置了总则、税务管理、税款征收、税务检查、法律责任、附则六章，对税务机关的管、征、查、处等职权以及征纳双方承担的法律责任均做了明确规定。

《税收征管法》的主要内容可以用“管、征、查”三个字概括。其中，“管”是指税务管理制度，包括税务登记管理、账簿和凭证管理、纳税申报管理等内容；“征”是指税款征收制度，包括纳税人和扣缴义务人纳税的方法、享有的权利以及纳税人违犯税法时税务机关有权采取的措施等内容；“查”是指税务检查制度，包括税务机关进行税务检查的内容以及纳税人、扣缴义务人及有关部门的权利与义务等内容。

二、《税收征管法》的适用范围

我国税收的征收机关有税务、海关等部门，税务机关征收各种工商税，海关征收关税并代征进口环节的增值税和消费税。《税收征管法》只适用于由税务机关征收的各种税的管理。

三、《税收征管法》的遵守主体及其权利和义务

（一）税务机关及税务人员的权利和义务

1. 税务机关及税务人员的权利

税务机关及税务人员负责税收征收管理工作；税务机关及税务人员依法执行职务，任何单位和个人不得阻挠。

2. 税务机关及税务人员的义务

税务机关应当广泛宣传税收法律、行政法规，普及纳税知识，无偿地为纳税人提供纳税咨询服务；税务机关应当加强队伍建设，提高税务人员的政治业务素质；税务机关及税务人员必须秉公执法、忠于职守、清正廉洁、礼貌待人、文明服务，尊重和保护纳税人、扣缴义务人的权利，依法接受监督；税务人员不得索贿受贿、徇私舞弊、玩忽职守，不征或者少征应征税款，不得滥用职权多征税款或者故意刁难纳税人及扣缴义务人。

各级税务机关应当建立、健全内部制约和监督管理制度；上级税务机关应当对下级税务机关的执法活动依法进行监督；各级税务机关应当对其工作人员执行法律、行政法规和廉洁自律准则的情况进行监督检查；税务机关负责征收、管理、稽查、行政复议的人员的职责应当明确并相互分离、相互制约；税务机关应为检举人保密，并按照规定给予奖励。

税务人员在核定应纳税额、调整税收定额、进行税务检查、实施税务行政处罚、办理税务行政复议时，与纳税人、扣缴义务人或者其法定代表人、直接责任人有关系的，应当回避。

（二）纳税人及扣缴义务人的权利和义务

1. 纳税人及扣缴义务人的权利

纳税人及扣缴义务人有权向税务机关了解国家税收法律、行政法规的规定以及与纳税程序有关的情况；纳税人及扣缴义务人有权要求税务机关为其商业秘密及个人隐私保密；纳税人依法享有申请减税、免税、退税的权利；纳税人及扣缴义务人对税务机关所做出的决定享有陈述权、申辩权，依法享有申请行政复议、提起行政诉讼、请求国家赔偿等权利；纳税人及扣缴义务人有权控告和检举税务机关及税务人员的违法违纪行为。

2. 纳税人及扣缴义务人的义务

纳税人及扣缴义务人必须依照法律、行政法规的规定缴纳税款以及代扣代缴、代收代缴税款；纳税人及扣缴义务人和其他有关单位应当按照国家有关规定如实向税务机关提供与纳税和代扣代缴、代收代缴税款有关的信息；纳税人及扣缴义务人和其他有关单位应当接受税务机关依法进行的税务检查。

第二节　税务管理制度

小提示

本节内容包括税务登记管理，账簿、凭证管理，纳税申报管理。税务登记管理包含开业税务登记，变更、注销税务登记，停业、复业税务登记；账簿、凭证管理包含账簿、凭证及发票管理；纳税申报管理包含申报方式、时间等的管理，需要注意纳税人延期申报的有关规定。

一、税务登记管理

税务登记是税务机关对纳税人的生产经营活动进行登记并据此对纳税人实施税务管理的一种法定制度。税务登记是税务机关对纳税人实施税收管理的首要环节和基础工作，是征纳双方法律关系成立的依据和证明，也是纳税人必须依法履行的义务。

（一）税务登记的种类

1. 开业税务登记

从事生产经营的纳税人，应当自领取营业执照之日起 30 日内，向生产经营地或者纳税义务发生地的主管税务机关申报办理税务登记，如实填写税务登记表并按照税务机关的要求提供有关证件、资料。除上述规定以外的其他纳税人，应当自纳税义务发生之日起 30 日内，持有关证件向所在地主管税务机关申报办理税务登记。

开业税务登记由纳税人按照规定的期限向当地主管税务机关及时申报办理税务登记手续，实事求是地填报登记项目，全面提供所需资料；税务机关对纳税人填报的税务登记表及附送资料、证件审核无误，应在30日内发给税务登记证（或注册税务登记证）及其副本，对不符合规定的不予登记，也应在30日内予以答复。

2. 变更、注销税务登记

（1）变更税务登记。

变更税务登记是纳税人税务登记内容发生重要变化时向税务机关申报办理的税务登记手续。税务登记内容发生的重要变化包括改变名称、改变法定代表人、改变经济性质或经济类型、改变住所和经营地点、改变生产经营方式、增减注册资金（资本）、改变隶属关系、改变生产经营期限、改变或增减银行账号、改变生产经营权属以及改变其他税务登记内容。

纳税人税务登记内容发生变化的，应当自工商行政管理机关或者其他机关办理变更登记之日起30日内，持有关证件向原税务登记机关申报办理变更税务登记；纳税人税务登记内容发生变化，不需要到工商行政管理机关或者其他机关办理变更登记的，应当自发生变化之日起30日内，持有关证件向原税务登记机关申报办理变更税务登记。

（2）注销税务登记。

注销税务登记是指纳税人发生解散、破产、撤销、吊销营业执照等情形，需终止履行纳税义务时向税务机关申报办理的税务登记手续。

纳税人依法终止纳税义务的，应当在向工商行政管理机关办理注销登记前，持有关证件向原税务登记管理机关申报办理注销税务登记；按照规定不需要在工商行政管理机关办理注销登记的，应当自有关机关批准或者宣告终止之日起15日内，持有关证件向原税务登记管理机关申报办理注销税务登记；纳税人被工商行政管理机关吊销营业执照的，应当自营业执照被吊销之日起15日内，向原税务登记管理机关申报办理注销税务登记。

3. 停业、复业税务登记

实行定期定额征收方式的纳税人，在营业执照核准的经营期限内需要停业的，应当向税务机关提出停业登记，说明停业的理由、时间、停业前的纳税情况和发票的领、用、存情况，并如实填写申请停业登记表。税务机关经过审核，应当责成申请停业的纳税人结清税款并收回税务登记证、发票领购簿和发票，办理停业登记。纳税人停业期间发生纳税义务，应当及时向主管税务机关申报，依法补缴应纳税款。

纳税人应当于恢复生产经营之前向税务机关提出复业登记申请，经确认后，办理复业登记，领回或启用税务登记证、发票领购簿和发票，纳入正常管理。

纳税人停业期满不能及时恢复生产经营的，应当在停业期满前向税务机关提出延长停业登记。纳税人停业期满未按期复业又不申请延长停业的，税务机关应当视为已恢复营业，实施正常的税收征收管理。

（二）税务登记证的作用和管理

1. 税务登记证的作用

纳税人办理下列事项时必须持税务登记证：① 开立银行账户；② 申请减税、免税、退税；③ 申请办理延期申报、延期缴纳税款；④ 领购发票；⑤ 申请开具外出经营活动税收管理证明；⑥ 办理停业、歇业；⑦ 其他有关税务事项。

2. 税务登记证的管理

税务机关对税务登记证实行定期验证和换证制度。纳税人应当在规定的期限内持有关证件到主管税务机关办理验证或者换证手续。纳税人应当将税务登记证正本在其生产经营场所或者办公场所公开悬挂，接受税务机关的检查。

二、账簿、凭证管理

账簿是纳税人、扣缴义务人连续记录其各种经济业务的账册或簿籍；凭证是纳税人用来记录经济业务、明确经济责任并据以登记账簿的书面证明。

（一）对账簿、凭证设置的管理

所有的纳税人和扣缴义务人都必须按照规定设置账簿。从事生产经营的纳税人应当自领取营业执照或者发生纳税义务之日起 15 日内设置账簿；扣缴义务人应当自税收法律、行政法规规定的扣缴义务发生之日起 10 日内，按照所代扣、代收的税种分别设置代扣代缴、代收代缴税款账簿。

（二）对财务会计制度的管理

凡从事生产经营的纳税人必须将所采用的财务会计制度和具体的财务会计处理办法，按税务机关的规定，自领取税务登记证之日起 15 日内报送主管税务机关备案。

（三）对账簿、凭证的保管

从事生产经营的纳税人和扣缴义务人必须按照国务院财政、税务主管部门规定的保管期限保管账簿、记账凭证、完税凭证及其他有关资料。

（四）对发票的管理

税务机关是发票的主管机关，负责发票的印制、领购、开具、取得、保管、缴销的管理和监督。

增值税专用发票由国务院税务主管部门指定的企业印制；其他发票按照国务院税务主管部门的规定，分别由省、自治区、直辖市国家税务局、地方税务局指定企业印制。

依法办理税务登记的单位和个人，在领取税务登记证后，向主管税务机关申请领购发票。纳税人可以根据自己的需要申请领购普通发票。增值税专用发票只限于增值税一般纳税人领购使用。

单位及个人在购销商品、提供或者接受经营服务以及从事其他经营活动中，应当按照规定开具、使用、取得发票。

发票保管分为税务机关保管和用票单位、个人保管两个层次，都必须建立严格的发票保管制度，包括专人保管制度、专库保管制度、专账登记制度、保管交接制度、定期盘点制度。

发票缴销包括发票收缴和发票销毁。发票收缴是指用票单位和个人按照规定向税务机关上缴已经使用或者未使用的发票；发票销毁是指由税务机关统一将自己或者他人已使用或者未使用的发票进行销毁。

三、纳税申报管理

纳税申报是纳税人按照税法规定的期限和内容，向税务机关提交有关纳税事项书面报告的法律行为。

纳税申报的对象为纳税人和扣缴义务人。纳税人在纳税期内没有应纳税款的，也应当按照规定办理纳税申报。纳税人享受减税、免税待遇的，在减税、免税期间应当按照规定办理纳税申报。

纳税申报的内容在各税种的纳税申报表和代扣代缴、代收代缴税款报告表中体现，或在随纳税申报表附报的财务报表和有关纳税资料中体现。

纳税人和扣缴义务人都必须按照法定的期限办理纳税申报。申报期限有两种：一种是法律、行政法规明确规定的；另一种是税务机关按照法律、行政法规的原则规定，结合纳税人生产经营的实际情况及其所应缴纳的税种等相关问题予以确定的。

纳税人和扣缴义务人可以直接到税务机关办理纳税申报或者报送代扣代缴、代收代缴税款报告表，也可以按照规定采取邮寄、数据电文或者其他方式办理上述申报、报送事项。

纳税人因有特殊情况不能按期进行纳税申报的，经县以上税务机关核准，可以延期申报。但应当在规定的期限内向税务机关提出书面延期申请，经税务机关核准，在核准的期限内办理。

第三节 税款征收制度

小提示

本节内容包括税款征收原则、税款征收方式以及税款征收制度。税款征收制度有延期纳税、税收滞纳金征收、税额核定、税收保全措施、税收强制执行措施以及税款退还和追征制度等。需要特别注意税收保全措施与强制执行措施的适用范围、程序以及区别，税款追征产生的原因及追征期限。

税款征收是税收征收管理工作的中心环节，是全部税收征管工作的目的和归宿，在整个税收工作中占据着极其重要的地位。

一、税款征收原则

1. 税务机关是征税的唯一行政主体

除税务机关、税务人员以及经税务机关依照法律、行政法规委托的单位和个人外，任何单位和个人不得进行税款征收活动。采取税收保全措施、强制执行措施的权力，不得由法定的税务机关以外的单位和个人行使。

2. 税务机关只能依照法律、行政法规的规定征收税款

税务机关代表国家向纳税人征收税款，只能依照法律、行政法规的规定征收，不能任意征收，未经法定机关和法定程序调整，征纳双方均不得随意变动。

3. 税务机关不得违背法律、行政法规的规定开征、停征、多征、少征、提前征收或延缓征收税款以及摊派税款

税务机关是执行税法的专职机构，既不得在税法生效之前先行向纳税人征收税款，也不得在税法尚未失效时停止征收税款，更不得擅立章法，新开征一种税。在税款征收过程中，税务机关应当按照税收法律、行政法规预先规定的征收标准进行征税，不得擅自增减或改变税目、调高或降低税率、加征或减免税款、提前征收或延缓征收税款以及摊派税款。

4. 税务机关征收税款必须遵守法定权限和法定程序

税务机关执法必须遵守法定权限和法定程序。例如，采取税收保全措施或强制执行措施，办理减税、免税、退税，核定应纳税额，进行纳税调整，针对纳税人的欠税进行清理、采取各种措施时，税务机关都必须按照法律或者行政法规规定的审批权限和程序进行操作，否则就是违法。

5. 税务机关征收税款或扣押、查封商品、货物或其他财产时，必须向纳税人开具完税凭证或开付扣押、查封的收据或清单

税务机关征收税款时，必须向纳税人开具完税凭证；税务机关扣押商品、货物或其他财产时，必须开付收据；查封商品、货物或其他财产时，必须开付清单。

6. 税款、滞纳金、罚款统一由税务机关上缴国库

国家税务局和地方税务局应当按照国家规定的税收征管范围和税款入库预算级次，将征收的税款缴入国库。

7. 税款优先的原则

税法确定了税款优先的地位，确定了税款征收在纳税人支付各种款项和偿还债务时的顺序：

(1) 税收优先于无担保债权。税收优先于无担保债权是有条件的，并不是优先于所有的无担保债权，对于法律上另有规定的无担保债权不能行使税收优先权。

(2) 纳税人发生欠税在前的，税收优先于抵押权、质权和留置权的执行。这里有两个前提条件：其一，纳税人有欠税；其二，欠税发生在前。即纳税人的欠税发生在以其财产设定抵押、质押或被留置之前。纳税人在有欠税的情况下设置抵押权、质权、留置权时，纳税人应当向抵押权人、质权人说明其欠税情况。

(3) 税收优先于罚款、没收非法所得。纳税人欠缴税款，同时又被处以罚款、没收非法所得的，税收优先于罚款、没收非法所得。

二、税款征收方式

1. 查账征收

查账征收是指税务机关按照纳税人提供的账表所反映的经营情况，依照适用税率计算缴纳税款的方式。这种方式适用于财务会计制度较为健全、能够认真履行纳税义务的纳税单位。

2. 核定征收

核定征收是指税务机关根据纳税人的从业人员、生产设备、采用原材料等因素，对其产制的应税产品查实核定产量、销售额并据以征收税款的方式。这种方式适用于账册不够健全，但是能够控制原材料或进销货的纳税单位。

3. 查验征收

查验征收是指税务机关通过查验纳税人应税商品的数量，按市场一般销售单价计算其销售收入并据以征税的方式。这种方式适用于经营品种比较单一，经营地点、时间和商品来源不固定的纳税单位。

4. 定期定额征收

定期定额征收是指税务机关通过典型调查，逐户确定营业额和所得额并据以征税的方式。这种方式适用于无完整考核依据的小型纳税单位。

5. 委托代征税款

委托代征税款是指税务机关委托代征人以税务机关的名义征收税款，并将税款缴入国库的方式。这种方式适用于小额、零散税源的征收。

6. 邮寄纳税

邮寄纳税是一种新的纳税方式。这种方式适用于那些有能力按期纳税，但采用其他方式纳税又不方便的纳税人。

7. 其他方式

其他方式是指利用网络申报、利用 IC 卡纳税等方式。

三、税款征收制度

（一）代扣代缴、代收代缴税款制度

税法规定扣缴义务人必须依法履行代扣、代收税款义务，不履行义务就要承担法律责任。除按《税收征管法》及其实施细则的规定给予处罚外，应当责成扣缴义务人限期将应扣未扣、应收未收的税款补扣或补收。

扣缴义务人依法履行代扣、代收税款义务时，纳税人不得拒绝。纳税人拒绝的，扣缴义务人应当及时报告主管税务机关处理。不及时向主管税务机关报告的，扣缴义务人应承担应扣未扣、应收未收税款的责任。

（二）延期缴纳税款制度

纳税人和扣缴义务人必须在税法规定的期限内缴纳、解缴税款。但纳税人因有特殊困难，不能按期缴纳税款的，经省、自治区、直辖市国家税务局、地方税务局批准，可以延期缴纳税款，但最长不得超过 3 个月。

特殊困难的主要内容包括：一是因不可抗力，导致纳税人发生较大损失，正常生产经营活动受到较大影响的。二是当期货币资金在扣除应付职工工资、社会保险费后，不足以缴纳税款的。其中，“当期货币资金”是指纳税人申请延期缴纳税款之日的资金余额，其中不含国家法律和行政法规明确规定企业不可动用的资金；“应付职工工资”是指当期计提数。

纳税人在申请延期缴纳税款时应当注意以下几个问题：

（1）在规定期限内提出书面申请。纳税人需要延期缴纳税款的，应当在缴纳税款期限届满前提出申请，并报送下列材料：申请延期缴纳税款报告、当期货币资金余额情况及所有银行存款账户的对账单、资产负债表、应付职工工资和社会保险费等税务机关要求提供的支出预算。税务机关应当自收到申请延期缴纳税款报告之日起 20 日内做出批准或者不予批准的决定；不予批准的，从缴纳税款期限届满之次日起加收滞纳金。

（2）税款的延期缴纳必须经省、自治区、直辖市国家税务局、地方税务局批准，方为有效。

（3）延期期限最长不得超过 3 个月，同一笔税款不得滚动审批。

（4）批准延期内免予加收滞纳金。

（三）税收滞纳金征收制度

纳税人未按照规定期限缴纳税款的，扣缴义务人未按照规定期限解缴税款的，税务机关除责令限期缴纳外，从滞纳税款之日起，按日加收滞纳税款万分之五的滞纳金。

$$\text{应征滞纳金} = \text{滞纳税款} \times \text{滞纳天数} \times 0.5‰$$

公式中，“滞纳天数”是指加收滞纳金的起止时间，一般为法律、行政法规规定或者税务机关依照法律、行政法规的规定确定的税款缴纳期限届满次日起至纳税人、扣缴义务人实际缴纳或者解缴税款之日止。

加收滞纳金的具体操作程序：税务机关发出催缴税款通知书，责令限期缴纳或解缴税款，告知纳税人如不按期履行纳税义务，将依法按日加收滞纳税款万分之五的滞纳金；拒绝缴纳滞纳金的，可以按不履行纳税义务实行强制执行措施，强行划拨或者强制征收。

（四）减免税收制度

（1）减免税必须有法律、行政法规的明确规定。地方各级人民政府、各级人民政府主管部门、单位和个人违犯法律、行政法规，擅自做出的减税、免税决定无效，税务机关不得执行，并向上级税务机关报告。

（2）纳税人申请减免税，应向主管税务机关提出书面申请，并按规定附送有关资料；减免税的申请须经法律、行政法规规定的减税、免税审查批准机关审批；纳税人在享受减免税待遇期间，仍应按规定办理纳税申报；减税、免税期满，纳税人应当自期满次日起恢复纳税。

(3) 纳税人享受减税、免税的条件发生变化时，应当自发生变化之日起15日内向税务机关报告，经税务机关审核后，停止其减税、免税；对不报告又不再符合减税、免税条件的，税务机关有权追回已减免的税款。

(4) 纳税人同时从事减免项目与非减免项目的，应分别核算，独立计算减免项目的计税依据以及减免税额度。不能分别核算的，不能享受减免税；核算不清的，由税务机关按合理方法核定。

(五) 税额核定和税收调整制度

1. 税额核定制度

纳税人有下列情形之一的，税务机关有权核定其应纳税额：① 依照法律、行政法规的规定可以不设置账簿的；② 依照法律、行政法规的规定应当设置但未设置账簿的；③ 擅自销毁账簿或者拒不提供纳税资料的；④ 虽设置账簿，但账目混乱或者成本资料、收入凭证、费用凭证残缺不全，难以查账的；⑤ 发生纳税义务，未按照规定的期限办理纳税申报，经税务机关责令限期申报，逾期仍不申报的；⑥ 纳税人申报的计税依据明显偏低，又无正当理由的。

目前税务机关核定税额的方法主要有以下四种：① 参照当地同类行业或者类似行业中经营规模和收入水平相近的纳税人的收入额和利润率核定；② 按照成本加合理费用和利润的方法核定；③ 按照耗用的原材料、燃料、动力等推算或者测算核定；④ 按照其他合理的方法核定。

税务机关采用以上一种方法不足以正确核定应纳税额时，可以同时采用两种以上的方法核定。纳税人对税务机关采取规定的方法核定的应纳税额有异议的，应当提供相关证据，经税务机关认定后，调整应纳税额。

2. 税收调整制度

税收调整制度主要是关联企业的税收调整制度。企业或者外国企业在我国境内设立的从事生产经营的机构、场所与其关联企业之间的业务往来，应当按照独立企业之间的业务往来收取或者支付价款、费用；不按照独立企业之间的业务往来收取或者支付价款、费用，而减少其应纳税的收入或者所得额的，税务机关有权进行合理调整。

(六) 未办理税务登记从事生产经营的纳税人，临时从事生产经营的纳税人的税款征收制度

对未按照规定办理税务登记从事生产经营的纳税人以及临时从事生产经营的纳税人，由税务机关核定其应纳税额，责令缴纳；不缴纳的，税务机关可以扣押其价值相当于应纳税款的商品、货物。扣押后缴纳应纳税款的，税务机关必须立即解除扣押，并归还所扣押的商品、货物；扣押后仍不缴纳应纳税款的，经县以上税务局(分局)局长批准，依法拍卖或者变卖所扣押的商品、货物，以拍卖或者变卖所得抵缴税款。

(七) 税收保全措施

税收保全措施是指税务机关对可能由于纳税人的行为或者某种客观原因，致使以后税

款的征收不能保证或难以保证的案件，采取限制纳税人处理或转移商品、货物或其他财产的措施。

税务机关有根据认为从事生产经营的纳税人有逃避纳税义务行为的，可以在规定的纳税期之前责令限期缴纳税款。在限期内发现纳税人有明显的转移、隐匿其应纳税的商品、货物以及其他财产迹象的，税务机关应责令其提供纳税担保。纳税人不能提供纳税担保的，经县以上税务局（分局）局长批准，税务机关可以采取下列税收保全措施：书面通知纳税人开户银行或者其他金融机构冻结纳税人相当于应纳税款的存款；扣押、查封纳税人相当于应纳税款的商品、货物或者其他财产。

根据上述规定，采取税收保全措施应注意以下几个方面：

1. 采取税收保全措施的前提和条件

税务机关采取税收保全措施的前提是从事生产经营的纳税人有逃避纳税义务的行为。也就是说，税务机关税收保全措施是针对逃税的纳税人所采取的。采取税收保全措施时，应当符合下列两个条件：

（1）纳税人有逃避纳税义务的行为。逃避纳税义务行为的最终目的是不缴或少缴税款，采取的方法主要是转移、隐匿可以用来缴纳税款的资金或实物。

（2）必须是在规定的纳税期之前和责令限期缴纳应纳税款的限期内。如果纳税期和责令缴纳应纳税款的限期届满，纳税人仍没有缴纳应纳税款，税务机关可以按规定采取强制执行措施，就不能采用税收保全措施了。

2. 采取税收保全措施的法定程序

（1）责令纳税人提前缴纳税款。税务机关有根据认为从事生产经营的纳税人有逃避纳税义务行为的，可以在规定的纳税期之前责令其限期缴纳应纳税款。在责令限期缴纳税款时，主管税务机关应下达给有逃税行为的纳税人执行，同时主管税务机关填制由纳税人签章的《税务文书送达回证》。

（2）责成纳税人提供纳税担保。在限期内，纳税人有明显转移、隐匿应纳税的商品、货物以及其他财产或者应纳税的收入迹象的，税务机关可以责成纳税人提供纳税担保。

（3）冻结纳税人的存款。纳税人不能提供纳税担保的，经县以上税务局（分局）局长批准，书面通知纳税人开户银行或者其他金融机构冻结纳税人相当于应纳税款的存款。

（4）扣押、查封纳税人的商品、货物或其他财产。纳税人在开户银行或其他金融机构中没有存款，或者税务机关无法掌握其存款情况的，税务机关可以扣押、查封纳税人相当于应纳税款的商品、货物或其他财产。

3. 税收保全措施的终止

税收保全措施的终止有两种情况：一是纳税人在规定的期限内缴纳了应纳税款的，税务机关必须立即解除税收保全措施；二是纳税人超过规定的期限仍不缴纳税款的，经税务局（分局）局长批准，终止保全措施，转入强制执行措施。

（八）税收强制执行措施

税收强制执行措施是指当事人不履行法律、行政法规规定的义务，有关国家机关采用法定的强制手段，强迫当事人履行义务的行为。

从事生产经营的纳税人、扣缴义务人未按照规定的期限缴纳或者解缴税款，纳税担保人未按照规定的期限缴纳所担保的税款，由税务机关责令限期缴纳，逾期仍未缴纳的，经县以上税务局（分局）局长批准，税务机关可以采取下列强制执行措施：书面通知其开户银行或者其他金融机构从其存款中扣缴税款；扣押、查封、依法拍卖或者变卖其价值相当于应纳税款的商品、货物或者其他财产，以拍卖或者变卖所得抵缴税款。

根据上述规定，采取税收强制执行措施应注意以下五个方面：

1. 税收强制执行措施的适用范围

税收强制执行措施的适用范围仅限于未按照规定的期限缴纳或者解缴税款，经责令限期缴纳，逾期仍未缴纳的从事生产经营的纳税人。需要强调的是，税收强制执行措施适用于扣缴义务人、纳税担保人，税收保全措施则不适用。

2. 税收强制执行措施应坚持的原则

税务机关采取税收强制执行措施时，必须坚持告诫在先的原则，即纳税人、扣缴义务人、纳税担保人未按照规定的期限缴纳或者解缴税款的，应当先行告诫，责令限期缴纳。逾期仍未缴纳的，再采取税收强制执行措施。如果没有责令限期缴纳就采取强制执行措施，则违背了告诫在先的原则，所采取的措施和程序就是违法的。

3. 采取税收强制执行措施的程序

（1）税款的强制征收（扣缴税款）。纳税人、扣缴义务人、纳税担保人在规定的期限内未缴纳、解缴税款或者提供担保的，经主管税务机关责令限期缴纳，逾期仍未缴纳的，经县以上税务局（分局）局长批准，书面通知其开户银行或者其他金融机构从其存款中扣缴税款。在扣缴税款的同时，主管税务机关按照《税收征管法》的规定，可以处以不缴或者少缴税款50%以上、5倍以下的罚款。

（2）扣押、查封、拍卖或者变卖，以拍卖或者变卖所得抵缴税款。扣押、查封、拍卖或者变卖等行为具有连续性，即扣押、查封后不再给纳税人自动履行纳税义务的期间，税务机关可以直接拍卖或者变卖其价值相当于应纳税款的商品、货物或者其他财产，以拍卖或者变卖所得抵缴税款。

4. 滞纳金的强行划拨

采取税收强制执行措施时，对纳税人、扣缴义务人、纳税担保人未缴纳的滞纳金必须同时强制执行。对纳税人已缴纳税款但拒不缴纳滞纳金的，税务机关可以单独对纳税人应缴未缴的滞纳金采取强制执行措施。

5. 税收强制执行措施与税收保全措施的区别

（1）相同点。

从《税收征管法》规定的内容和实践看，税收保全措施与税收强制执行措施的实施主体均是税务机关及税务人员，均需县以上税务局(分局)局长批准，均需开具清单和收据。

(2) 不同点。

① 适用对象不同。税收保全措施仅适用于纳税人，而税收强制执行措施适用于纳税人、扣缴义务人和纳税担保人。

② 实施条件不同。对当期应纳税款实施税收保全措施的条件是责令限期缴纳在前，提供纳税担保居中，税收保全措施断后(对以前期限应纳税款可以直接采取税收保全措施)；税收强制执行措施实施的条件是责令限期缴纳在前，强制执行措施断后。注意，此处的“责令限期缴纳”对两种措施而言有所不同，税收保全措施的“限期”是指纳税期限，而税收强制执行措施的“限期”是指纳税期限结束后由税务机关规定的最长15日的期限。

③ 实施时间不同。税收保全措施是对当期的纳税义务在税法规定的纳税期限届满之前实施，而税收强制执行措施是在税法规定的纳税期限届满并且责令限期届满之后实施。

④ 执行金额不同。税收保全措施仅以纳税人当期应纳税款为执行金额，而税收强制执行措施以纳税人应纳税款连同滞纳金一并作为执行金额。

⑤ 采取的方式不同。税收保全措施的方式是书面通知金融机构冻结存款或扣押、查封商品、货物或其他财产，仅仅是冻结、查封、扣押纳税人财产，并未剥夺纳税人财产所有权，只是对纳税人的财产处分权的一种限制；税收强制执行措施的方式是书面通知金融机构从其存款中扣缴税款或以依法拍卖或者变卖商品、货物及其他财产所得抵缴税款，是扣缴、拍卖、变卖纳税人财产，可以直接使纳税人财产所有权发生变更。

(九) 欠税清缴制度

欠税是指纳税人或扣缴义务人未按照规定期限解缴税款的行为。

1. 严格控制缓缴税款的审批权限

缓缴税款的审批权限集中在省、自治区、直辖市的国家税务局和地方税务局。

2. 限期缴税时限

从事生产经营的纳税人、扣缴义务人未按照规定的期限缴纳或者解缴税款的，纳税担保人未按照规定的期限缴纳所担保的税款的，由税务机关发出限期缴纳税款通知书，责令缴纳或者解缴税款的最长期限不得超过15日。

3. 建立欠税清缴制度，防止税款流失

(1) 扩大阻止出境对象的范围。欠缴税款的纳税人及其法定代表需要出境的，应当在出境前向税务机关结清应纳税款或者提供担保。未结清税款又不提供担保的，税务机关可以通知出境管理机关阻止其出境。

(2) 建立改制纳税人欠税的清缴制度。纳税人有合并、分立情形的，应当向税务机关报告，并依法缴清税款。

(3) 建立大额欠税处分财产报告制度。欠缴税款数额在5万元以上的纳税人，在处分其不动产或者大额资产之前，应当向税务机关报告。

(4) 对欠缴税款的纳税人行使代位权、撤销权。对纳税人的到期债权等财产权利，税务机关可以依法向第三者追索以抵缴税款。

(5) 建立欠税公告制度。税务机关应当对纳税人欠缴税款的情况在办税场所或者广播、电视、报纸、期刊、网络等新闻媒体上定期予以公告。

(十) 税款退还和追征制度

1. 税款退还

纳税人超过应纳税额缴纳的税款，税务机关发现后应当立即退还；纳税人自结算缴纳税款之日起 3 年内发现的，可以向税务机关要求退还多缴的税款并加算银行同期存款利息，税务机关及时查实后应当立即退还；涉及从国库中退库的，依照法律、行政法规中有关国库管理的规定退还。

根据上述规定，税务机关在办理税款退还时应注意以下几个问题：

(1) 税款退还的前提：纳税人已经缴纳了超过应纳税额的税款。

(2) 税款退还的范围：技术差错和结算性质的退税；纳税人先按应纳税额如数缴纳入库，经核实后再从中退还应退的部分。

(3) 退还的方式：税务机关发现后立即退还；纳税人发现后申请退还。

(4) 退还的时限：① 纳税人发现的，可以自结算缴纳税款之日起 3 年内要求退还；税务机关发现的，无论多长时间都应当退还给纳税人。② 纳税人发现多缴税款，要求退还的，税务机关应当自接到纳税人退还申请之日起 30 日内查实并办理退还手续；税务机关发现纳税人多缴税款的，应当自发现之日起 10 日内办理退还手续。

2. 税款追征

因税务机关责任，致使纳税人、扣缴义务人未缴或者少缴税款的，税务机关在 3 年内可要求纳税人、扣缴义务人补缴税款，但是不得加收滞纳金。因纳税人、扣缴义务人计算错误等失误，未缴或者少缴税款的，税务机关在 3 年内可以追征税款、滞纳金，有特殊情况的追征期可以延长到 5 年。“特殊情况”是指纳税人或者扣缴义务人因计算错误等失误，未缴或者少缴、未扣或者少扣、未收或者少收税款，累计数额在 10 万元以上的。纳税人偷税、抗税、骗税的，税务机关可无限期追征其未缴或者少缴的税款、滞纳金或者所骗取的税款。

(十一) 税款入库制度

(1) 审计机关、财政机关依法进行审计、检查时，对税务机关的税收违法行为做出的决定，税务机关应当执行；发现被审计、检查单位有税收违法行为的，向被审计、检查单位下达决定、意见书，责成被审计、检查单位向税务机关缴纳应当缴纳的税款、滞纳金。税务机关应当根据有关机关的决定、意见书，依照税收法律、行政法规的规定，将应收的税款、滞纳金按照国家规定的税收征收管理范围和税款入库预算级次缴入国库。

(2) 税务机关应当自收到审计机关、财政机关的决定、意见书之日起 30 日内将执行情况书面回复审计机关、财政机关。有关机关不得将其履行职责过程中发现的税款、滞纳金自行征收入库或者以其他款项的名义自行处理、占压。

第四节　税务检查制度

税务检查与税务管理、税款征收共同构成了税收征收管理法律制度中的三个重要环节。管理是基础，征收是核心，检查是保障。纳税人缴纳税款后，税务机关依法实施税务检查，既可以发现税务登记、申报等事前监控中的漏洞和问题，也可以检查核实税款征收的质量，从而成为事后监控的一个重要环节。

一、税务检查的形式和方法

（一）税务检查的形式

1. 重点检查

重点检查是指对公民举报、上级机关交办或有关部门转来的有偷税行为或偷税嫌疑的，纳税申报与实际生产经营情况有明显不符的纳税人及有普遍逃税行为的行业进行的检查。

2. 分类计划检查

分类计划检查是指根据纳税人历来纳税情况、纳税人的纳税规模及税务检查间隔时间长短等综合因素，按事先确定的纳税人分类、计划检查时间及检查频率而进行的检查。

3. 集中性检查

集中性检查是指税务机关在一定时间、一定范围内，统一安排、统一组织的税务检查，这种检查一般规模比较大，如以前年度开展的全国范围内的税收、财务大检查就属于这类检查。

4. 临时性检查

临时性检查是指由各级税务机关根据不同的经济形势、偷逃税趋势、税收任务完成情况等综合因素，在正常的检查计划之外安排的检查，如行业性解剖、典型性调查等。

5. 专项检查

专项检查是指税务机关根据税收工作实际，对某一税种或税收征收管理某一环节进行的检查，如增值税一般纳税专项检查、漏征漏管户专项检查等。

（二）税务检查的方法

1. 全查法

全查法是指对被查纳税人一定时期内所有会计凭证、账簿、报表及各种存货进行全面、系统检查的一种方法。

2. 抽查法

抽查法是指对被查纳税人一定时期内的会计凭证、账簿、报表及各种存货，抽取一部分进行检查的一种方法。

3. 顺查法

顺查法是指对被查纳税人按照其会计核算的顺序，依次检查会计凭证、账簿、报表，并将其相互核对的一种检查方法。

4. 逆查法

逆查法是指逆着会计核算的顺序，依次检查会计报表、账簿及凭证，并将其相互核对的一种检查方法。

5. 现场检查法

现场检查法是指税务机关派人员到被查纳税人的办公地点对其账务资料进行检查的一种方法。

6. 调账检查法

调账检查法是指将被查纳税人的账务资料调到税务机关进行检查的一种方法。

7. 比较分析法

比较分析法是指将被查纳税人检查期有关财务指标的实际完成数进行纵向或横向比较，分析其异常变化情况，从中发现纳税问题线索的一种方法。

8. 控制计算法

控制计算法是指根据被查纳税人财务数据的相互关系，用可靠的或科学测定的数据验证其检查期账面记录或申报的资料是否正确的一种检查方法。

9. 审阅法

审阅法是指对被查纳税人的会计账簿、凭证等账务资料，通过直观地审查阅览，发现在纳税方面所存在问题的一种检查方法。

10. 核对法

核对法是指对被查纳税人的各种相关联的会计凭证、账簿、报表及实物进行相互核对，验证其在纳税方面存在问题的一种检查方法。

11. 观察法

观察法是指通过到被查纳税人的生产经营场所、仓库、工地等现场实地观察其生产经营及存货等情况，发现纳税问题或验证账中可疑问题的一种检查方法。

12. 外调法

外调法是指对被查纳税人有怀疑或已掌握一定线索的经济事项，通过向与其有经济联系的单位或个人进行调查，予以查证核实的一种方法。

13. 盘存法

盘存法是指通过对被查纳税人的货币资金、存货及固定资产等实物进行盘点清查，核实其账实是否相符，进而发现纳税问题的一种检查方法。

14. 交叉稽核法

交叉稽核法是国家为加强增值税专用发票管理，应用计算机将开出的增值税专用发票抵扣联与存根联进行交叉稽核，以查明虚开及假开发票行为的一种方法。目前这种方法通过“金税工程”体现，对利用增值税专用发票偷逃税款行为起到了极大的遏制作用。

二、税务检查的职责

（1）税务机关税务检查的内容。

① 检查纳税人的账簿、记账凭证、报表和有关资料，检查扣缴义务人代扣代缴、代收代缴税款账簿、记账凭证和有关资料。

② 到纳税人的生产经营场所和货物存放地检查纳税人应纳税的商品、货物或者其他财产，检查扣缴义务人与代扣代缴、代收代缴税款有关的经营情况。

③ 责成纳税人、扣缴义务人提供与纳税或者代扣代缴、代收代缴税款有关的文件、证明材料和有关资料。

④ 询问纳税人、扣缴义务人与纳税或者代扣代缴、代收代缴税款有关的问题和情况。

⑤ 到车站、码头、机场、邮政企业及其分支机构检查纳税人托运、邮寄应纳税商品、货物或者其他财产的有关单据、凭证和资料。

⑥ 经县以上税务局（分局）局长批准，凭全国统一格式的检查存款账户许可证明，查询从事生产经营的纳税人、扣缴义务人在银行或者其他金融机构的存款账户。

（2）税务机关对纳税人以前纳税期的纳税情况依法进行税务检查时，发现纳税人有逃避纳税义务行为，并有明显的转移、隐匿其应纳税的商品、货物以及其他财产或者应纳税收入迹象的，可以按照批准权限采取税收保全措施或者强制执行措施。

（3）纳税人、扣缴义务人必须接受税务机关依法进行的税务检查，如实反映情况，提供有关资料，不得拒绝、隐瞒。

（4）税务机关依法进行税务检查时，有权向有关单位和个人调查纳税人、扣缴义务人和其他当事人与纳税或者代扣代缴、代收代缴税款有关的情况，有关单位和个人有义务向税务机关如实提供有关资料及证明材料。

（5）税务机关调查税务违法案件时，对与案件有关的情况和资料可以记录、录音、录像、照相和复制。

（6）税务人员进行税务检查时，应当出示税务检查证和税务检查通知书，无税务检查证和税务检查通知书的，纳税人、扣缴义务人及其他当事人有权拒绝检查。税务机关对集贸市场及集中经营业主进行检查时，可以使用统一的税务检查通知书。

税务机关对纳税人、扣缴义务人及其他当事人处以罚款或者没收违法所得时，应当开具罚没凭证；未开具罚没凭证的，纳税人、扣缴义务人以及其他当事人有权拒绝支付。

对采用会计电算化系统的纳税人，税务机关有权对其会计电算化系统进行检查，并可复制与纳税有关的电子数据作为证据。税务机关进入纳税人会计电算化系统进行检查时，有责任保证纳税人会计电算化系统的安全性，并保守纳税人的商业秘密。

第五节 法律责任

一、违反税务管理基本规定行为的法律责任

（1）纳税人有下列行为之一的，由税务机关责令限期改正，可以处2 000元以下的罚款；情节严重的，处2 000元以上、1万元以下的罚款：

① 未按照规定的期限申报办理税务登记、变更或者注销登记的。

② 未按照规定设置、保管账簿或者保管记账凭证和有关资料的。

③ 未按照规定将财务、会计制度或者财务、会计处理办法和会计核算软件报送税务机关备查的。

④ 未按照规定将其全部银行账号向税务机关报告的。

⑤ 未按照规定安装、使用税控装置，或者损毁或擅自改动税控装置的。

⑥ 未按照规定办理税务登记证验证或者换证手续的。

（2）纳税人不办理税务登记的，由税务机关责令限期改正；逾期不改正的，由工商行政管理机关吊销其营业执照。

（3）纳税人未按照规定使用税务登记证，或者转借、涂改、损毁、买卖、伪造税务登记证的，处2 000元以上、1万元以下的罚款；情节严重的，处1万元以上、5万元以下的罚款。

二、扣缴义务人违反账簿、凭证管理规定的法律责任

扣缴义务人未按照规定设置、保管代扣代缴、代收代缴税款账簿或者记账凭证及有关资料的，由税务机关责令限期改正，可以处2 000元以下的罚款；情节严重的，处2 000元以上、5 000元以下的罚款。

三、纳税人、扣缴义务人未按规定进行纳税申报的法律责任

纳税人未按照规定的期限办理纳税申报和报送纳税资料的，或者扣缴义务人未按照规定的期限向税务机关报送代扣代缴、代收代缴税款报告表和有关资料的，由税务机关责令限期改正，可以处2 000元以下的罚款；情节严重的，可以处2 000元以上、1万元以下的罚款。

四、对偷税的认定及其法律责任

（1）纳税人伪造、变造、隐匿、擅自销毁账簿、记账凭证，或者在账簿上多列支出或不列、少列收入，或者经税务机关通知申报而拒不申报或进行虚假的纳税申报，不缴或者少缴应纳税款的，是偷税。

对纳税人偷税的，由税务机关追缴其不缴或者少缴的税款、滞纳金，并处不缴或者少缴的税款50%以上、5倍以下的罚款；构成犯罪的，依法追究刑事责任。

扣缴义务人采取上述手段，不缴或者少缴已扣、已收税款，由税务机关追缴其不缴或者少缴的税款、滞纳金，并处不缴或者少缴的税款50%以上、5倍以下的罚款；构成犯罪的，依法追究刑事责任。

（2）纳税人采取欺骗、隐瞒手段进行虚假纳税申报或者不申报，逃避缴纳税款数额较大并且占应纳税额10%以上的，处3年以下有期徒刑或者拘役，并处罚金；数额巨大并且占应纳税额30%以上的，处3年以上7年以下有期徒刑，并处罚金。

经税务机关依法下达追缴通知后，补缴应纳税款，缴纳滞纳金，已受行政处罚的不予追究刑事责任，但5年内因逃避缴纳税款受过刑事处罚或者被税务机关给予2次以上行政处罚的除外。

五、进行虚假申报或不进行申报行为的法律责任

纳税人、扣缴义务人编造虚假计税依据的，由税务机关责令限期改正，并处5万元以下的罚款。

纳税人不进行纳税申报，不缴或者少缴应纳税款的，由税务机关追缴其不缴或者少缴的税款、滞纳金，并处不缴或者少缴税款50%以上、5倍以下的罚款。

六、逃避追缴欠税的法律责任

纳税人欠缴应纳税款，采取转移或者隐匿财产的手段，妨碍税务机关追缴欠缴的税款的，由税务机关追缴欠缴的税款、滞纳金，并处欠缴税款50%以上、5倍以下的罚款；构成犯罪的，依法追究刑事责任。

纳税人欠缴应纳税款，采取转移或者隐匿财产的手段，致使税务机关无法追缴欠缴的税款，数额在1万元以上、不满10万元的，处3年以下有期徒刑或者拘役，并处或者单处欠缴税款1倍以上、5倍以下罚金；数额在10万元以上的，处3年以上、7年以下有期徒刑，并处欠缴税款1倍以上、5倍以下罚金。

七、骗取出口退税的法律责任

以假报出口或者其他欺骗手段骗取国家出口退税款的，由税务机关追缴其骗取的退税款，并处骗取税款1倍以上、5倍以下的罚款；构成犯罪的，依法追究刑事责任。

对骗取国家出口退税款的，税务机关可以在规定期间内停止为其办理出口退税。

以假报出口或者其他欺骗手段骗取国家出口退税款，数额较大的，处5年以下有期徒刑或者拘役，并处骗取税款1倍以上、5倍以下罚金；数额巨大或者有其他严重情节的，处5年以上、10年以下有期徒刑，并处骗取税款1倍以上、5倍以下罚金；数额特别巨大或者有其他特别严重情节的，处10年以上有期徒刑或者无期徒刑，并处骗取税款1倍以上、5倍以下罚金或者没收财产。

八、抗税的法律责任

以暴力、威胁方法拒不缴纳税款的，属于抗税行为，除由税务机关追缴其拒缴的税款、滞纳金外，依法追究刑事责任。

情节轻微、未构成犯罪的，由税务机关追缴其拒缴的税款、滞纳金，并处拒缴税款1倍以

上、5 倍以下的罚款；以暴力、威胁方法拒不缴纳税款的，处 3 年以下有期徒刑或者拘役，并处拒缴税款 1 倍以上、5 倍以下罚金；情节严重的，处 3 年以上、7 年以下有期徒刑，并处拒缴税款 1 倍以上、5 倍以下罚金。

九、在规定期限内不缴或者少缴税款的法律责任

纳税人、扣缴义务人在规定期限内不缴或者少缴应纳或者应解缴的税款，经税务机关责令限期缴纳，逾期仍未缴纳的，税务机关除依法采取强制执行措施追缴其不缴或者少缴的税款外，可以处不缴或者少缴税款 50% 以上、5 倍以下的罚款。

十、扣缴义务人不履行扣缴义务的法律责任

扣缴义务人应扣未扣、应收未收税款的，由税务机关向纳税人追缴税款，对扣缴义务人处应扣未扣、应收未收税款 50% 以上、3 倍以下的罚款。

十一、不配合税务机关依法检查的法律责任

（1）纳税人、扣缴义务人逃避、拒绝或者以其他方式阻挠税务机关检查的，由税务机关责令改正，可以处 1 万元以下的罚款；情节严重的，处 1 万元以上、5 万元以下的罚款。具体包括：

① 提供虚假资料，不如实反映情况，或者拒绝提供有关资料的。

② 拒绝或者阻止税务机关记录、录音、录像、照相和复制与案件有关的情况和资料的。

③ 在检查期间，纳税人、扣缴义务人转移、隐匿、销毁有关资料的。

④ 有不依法接受税务检查的其他情形的。

（2）税务机关到车站、码头、机场、邮政企业及其分支机构检查纳税人有关情况时，有关单位拒绝的，由税务机关责令改正，可以处 1 万元以下的罚款；情节严重的，处 1 万元以上、5 万元以下的罚款。

十二、非法印制发票的法律责任

（1）非法印制发票的，由税务机关销毁非法印制的发票，没收违法所得和作案工具，并处 1 万元以上、5 万元以下的罚款；构成犯罪的，依法追究刑事责任。单位非法印制发票的，对单位判处罚金，并对其直接负责的主管人员和其他直接责任人员处 3 年以下有期徒刑、拘役或者管制；数量较大或者有其他严重情节的，处 3 年以上、10 年以下有期徒刑；数量巨大或者有其他特别严重情节的，处 10 年以上有期徒刑或者无期徒刑。

（2）伪造或者出售伪造的增值税专用发票的，处 3 年以下有期徒刑、拘役或者管制，并处 2 万元以上、20 万元以下罚金；数量较大或者有其他严重情节的，处 3 年以上、10 年以下有期徒刑，并处 5 万元以上、50 万元以下罚金；数量巨大或者有其他特别严重情节的，处 10 年以上有期徒刑或者无期徒刑，并处 5 万元以上、50 万元以下罚金或者没收财产；伪造并出售伪造的增值税专用发票，数量特别巨大，情节特别严重，严重破坏经济秩序的，处无期徒刑

或者死刑，并处没收财产。

（3）伪造、擅自制造或者出售伪造、擅自制造的可以用于骗取出口退税、抵扣税款的其他发票的，处3年以下有期徒刑、拘役或者管制，并处2万元以上、20万元以下罚金；数量巨大的，处3年以上、7年以下有期徒刑，并处5万元以上、50万元以下罚金；数量特别巨大的，处7年以上有期徒刑，并处5万元以上、50万元以下罚金或者没收财产。

伪造、擅自制造或者出售伪造、擅自制造其他发票的，处2年以下有期徒刑、拘役或者管制，并处或者单处1万元以上、5万元以下罚金；情节严重的，处2年以上、7年以下有期徒刑，并处5万元以上、50万元以下罚金。

（4）非法印制、转借、倒卖、变造或者伪造完税凭证的，由税务机关责令改正，处2 000元以上、1万元以下的罚款；情节严重的，处1万元以上、5万元以下的罚款；构成犯罪的，依法追究刑事责任。

十三、银行及其他金融机构拒绝配合税务机关依法执行职务的法律责任

（1）银行及其他金融机构未依照规定在从事生产经营的纳税人的账户中登录税务登记证号码，或者未按规定在税务登记证中登录从事生产经营的纳税人的账户账号的，由税务机关责令其限期改正，处2 000元以上、2万元以下的罚款；情节严重的处2万元以上、5万元以下的罚款。

（2）为纳税人、扣缴义务人非法提供银行账户、发票、证明或者其他方便，导致未缴、少缴税款或者骗取国家出口退税款的，税务机关除没收其违法所得外，可以处未缴、少缴或者骗取的税款1倍以下的罚款。

（3）纳税人、扣缴义务人的开户银行或者其他金融机构拒绝接受税务机关依法检查纳税人、扣缴义务人存款账户，或者拒绝执行税务机关做出的冻结存款或者扣缴税款的决定，或者在接到税务机关的书面通知后帮助纳税人、扣缴义务人转移存款，造成税款流失的，由税务机关处10万元以上、50万元以下的罚款，对直接负责的主管人员和其他直接责任人员处1 000元以上、1万元以下的罚款。

十四、税务人员不依法行政的法律责任

税务人员与纳税人、扣缴义务人勾结，唆使或者协助纳税人、扣缴义务人，行为构成犯罪的，按照共同犯罪的规定处罚；尚不构成犯罪的，依法给予行政处分。

税务人员私分扣押、查封的商品、货物或者其他财产，情节严重、构成犯罪的，依法追究刑事责任；尚不构成犯罪的，依法给予行政处分。

十五、渎职行为的法律责任

（1）税务人员利用职务上的便利，收受或者索取纳税人、扣缴义务人财物或者谋取其他不正当利益，构成犯罪的，依法追究刑事责任；尚不构成犯罪的，依法给予行政处分。

（2）税务人员徇私舞弊或者玩忽职守，不征或者少征应征税款，致使国家税收遭受重大

损失，构成犯罪的，依法追究刑事责任；尚不构成犯罪的，依法给予行政处分。税务人员滥用职权，故意刁难纳税人、扣缴义务人的，调离税收工作岗位，并依法给予行政处分。税务人员对控告、检举税收违法违纪行为的纳税人、扣缴义务人以及其他检举人进行打击报复的，依法给予行政处分；构成犯罪的，依法追究刑事责任。

（3）税务人员徇私舞弊，不征或者少征应征税款，致使国家税收遭受重大损失的，处5年以下有期徒刑或者拘役；造成特别重大损失的，处5年以上有期徒刑。

（4）税务人员违背法律、行政法规的规定，在办理发售发票、抵扣税款、出口退税工作中徇私舞弊，致使国家利益遭受重大损失的，处5年以下有期徒刑或者拘役；致使国家利益遭受特别重大损失的，处5年以上有期徒刑。

十六、不按规定征收税款的法律责任

税务机关违背法律、行政法规的规定，提前征收、延缓征收或者摊派税款的，由其上级机关或者行政监察机关责令改正，对直接负责的主管人员和其他直接责任人员依法给予行政处分。

税务机关违背法律、行政法规的规定，擅自做出税收的开征、停征或者减税、免税、退税、补税以及其他同税收法律、行政法规相抵触的决定的，除依法撤销其擅自做出的决定外，还应补征应征未征税款、退还不用征收而征收的税款，并由上级机关追究直接负责的主管人员和其他直接责任人员的行政责任；构成犯罪的，依法追究刑事责任。

十七、违反税务代理规定的法律责任

税务代理人违背税收法律、行政法规的相关规定，造成纳税人未缴或者少缴税款的，除由纳税人缴纳或者补缴应纳税款、滞纳金外，对税务代理人处纳税人未缴或者少缴税款50%以上、3倍以下的罚款。

本章小结

本章主要介绍了《税收征管法》的内容。《税收征管法》包括“管、征、查”三部分，其中“管”是指税务管理制度，包括税务登记管理、账簿和凭证管理、纳税申报管理等；“征”是指税款征收制度，包括纳税人和扣缴义务人纳税的方法、享有的权利以及纳税人违犯税法时税务机关有权采取的措施等；“查”是指税务检查制度，包括税务机关进行税务检查以及纳税人、扣缴义务人及有关部门的权利与义务等。

➢习 题≺

一、单项选择题

1. 下列各项中，不适用《税收征管法》的是（　　）。

A. 城建税　　B. 关税　　C. 消费税　　D. 企业所得税

2. 从事生产经营的纳税人，应当自领取营业执照之日起（　　）内，向生产经营地或者纳税义务发生地的主管税务机关申报办理税务登记。

A. 7 日　　B. 10 日　　C. 15 日　　D. 30 日

3. 纳税人税务登记内容发生变化的，应当自工商行政管理机关或者其他机关办理变更登记之日起（　　）内，持有关证件向原税务登记机关申报办理变更税务登记。

A. 7 日　　B. 15 日　　C. 30 日　　D. 60 日

4. 纳税人遗失税务登记证的，应当在（　　）内书面报告主管税务机关，并登报声明作废。

A. 7 日　　B. 10 日　　C. 15 日　　D. 30 日

5. 下列说法不正确的是（　　）。

A. 税务机关对税务登记证实行定期验证和换证制度

B. 纳税人应当将税务登记证正本在其生产经营场所或者办公场所公开悬挂，接受税务机关检查

C. 纳税人遗失税务登记证的，应当在 30 日内书面报告主管税务机关，并登报声明作废

D. 纳税人被列入非正常户超过 3 个月的，税务机关可以宣布其税务登记证失效

6. 从事生产经营的纳税人应当自领取（　　）之日起 15 日内，将其财务会计制度或者财务会计处理办法报送主管税务机关备案。

A. 税务登记证　　B. 营业执照　　C. 发票领购簿　　D. 财务专用章

7. 实行定期定额缴纳税款的纳税人在法律、行政法规规定的期限内或税务机关依据法规的规定确定的期限内缴纳税款的，税务机关可以视同申报，这种申报方式为（　　）。

A. 直接申报　　B. 数据电文　　C. 简并征期　　D. 简易申报

8. 核定征收方式适用于（　　）。

A. 账册不健全，但是能够控制原材料或进销货的纳税单位

B. 经营品种比较单一，经营地点、时间和商品来源不固定的纳税单位

C. 无完整考核依据的小型纳税单位

D. 小额、零散税源

9. 查验征收方式适用于（　　）。

A. 账册不健全，但是能够控制原材料或进销货的纳税单位

B. 经营品种比较单一，经营地点、时间和商品来源不固定的纳税单位

C. 无完整考核依据的小型纳税单位

D. 财务会计制度较为健全，能够认真履行纳税义务的纳税单位

10. 下列关于减免税收制度的表述，错误的是（　　）。

A. 纳税人申请减免税，应向主管税务机关提出书面申请

B. 纳税人在享受减免税待遇期间仍应按规定办理纳税申报

C. 减免税分为报批类减免税和备案类减免税

D. 纳税人同时从事减免项目与非减免项目的，应分别核算，不能分别核算的，由税

务机关核定减免税数额

11. 下列关于税收保全措施的表述错误的是(　　)。

A. 税务机关采取税收保全措施的前提是从事生产经营的纳税人有逃避纳税义务行为

B. 个人及其所扶养家属维持生活必需的住房和用品不在税收保全措施的范围之内

C. 可以采取税收保全措施的纳税人仅限于从事生产经营的纳税人,不包括非从事生产经营的纳税人,也不包括扣缴义务人和纳税担保人

D. 如果纳税期和责令缴纳应纳税款的限期届满,纳税人仍没有缴纳应纳税款,税务机关可以按规定采取税收保全措施

12. 如果纳税人不能提供纳税担保,经(　　)批准,税务机关可以采取税收保全措施。

A. 国家税务总局　　B. 省、自治区、直辖市税务局局长

C. 县以上税务局(分局)局长　　D. 省级人民政府

13. 实施强制执行措施,以拍卖或者变卖所得抵缴税款、滞纳金、罚款以及扣押、查封、保管、拍卖、变卖等费用后,剩余部分应当在(　　)内退还被执行人。

A. 3 日　　B. 7 日　　C. 10 日　　D. 30 日

14. 纳税人不进行纳税申报,不缴或者少缴应纳税款的,由税务机关追缴其不缴或者少缴的税款、滞纳金,并处(　　)。

A. 2 000 元以下的罚款

B. 2 000 元以上、10 000 元以下的罚款

C. 纳税人不缴或者少缴税款 50%以上、3 倍以下的罚款

D. 纳税人不缴或者少缴税款 50%以上、5 倍以下的罚款

15. 扣缴义务人应扣未扣、应收未收税款的,由税务机关向纳税人追缴税款,对扣缴义务人(　　)。

A. 处应扣未扣、应收未收税款同等数额的罚款

B. 处应扣未扣、应收未收税款 50%以上、3 倍以下的罚款

C. 处应扣未扣、应收未收税款 50%以上、5 倍以下的罚款

D. 处应扣未扣、应收未收税款 1 倍以上、5 倍以下的罚款

16. 下列各项中,符合延期缴纳税款规定的是(　　)。

A. 延期期限最长不得超过 6 个月,同一笔税款不得滚动审批

B. 延期期限最长不得超过 3 个月,同一笔税款不得滚动审批

C. 延期期限最长不得超过 6 个月,同一笔税款经审批可再延期一次

D. 延期期限最长不得超过 3 个月,同一笔税款经审批可再延期一次

17. 下列各项表述中,正确的是(　　)。

A. 扣缴人不得采取邮寄申报的方式

B. 纳税人在纳税期内没有应纳税款的,不必办理纳税申报

C. 实行定期定额缴纳税款的纳税人可以实行简易申报、简并征期等申报方式

D. 主管税务机关根据纳税人实际情况及其所纳税种确定的纳税申报期限不具有法

律效力

18. 下列关于税款追征的表述中，正确的是(　　)。

A. 因税务机关责任，致使纳税人少缴税款的，税务机关在3年内可以要求纳税人补缴税款，但是不得加收滞纳金

B. 因税务机关责任，致使纳税人少缴税款的，税务机关在3年内可以要求纳税人补缴税款，并按银行同期利率加收滞纳金

C. 对于纳税人偷税、抗税和骗税的，税务机关在20年内可以追征税款、滞纳金；有特殊情况的，追征期可延长到30年

D. 因纳税人计算错误等失误，未缴或者少缴税款的，税务机关在3年内可以追征税款、滞纳金；有特殊情况的，追征期可延长到10年

19. 纳税人不办理税务登记的，由税务机关责令限期改正；逾期不改的，由(　　)。

A. 税务机关责令停业整顿

B. 税务机关处2 000元以下的罚款

C. 工商行政管理机关吊销其营业执照

D. 税务机关处2 000元以上、1万元以下的罚款

20. 税收保全措施适用的对象是(　　)。

A. 从事生产经营的纳税人　　B. 非从事生产经营的纳税人

C. 扣缴义务人　　D. 纳税担保人

二、多项选择题

1. 税务机关应当为纳税人、扣缴义务人的情况保密，是指对下列(　　)情况保密。

A. 商业秘密　　B. 个人隐私

C. 纳税人的偷税漏税情况　　D. 纳税人的欠税情况

2. 纳税人、扣缴义务人的权利包括(　　)。

A. 向税务机关了解国家税收法律、行政法规的规定以及与纳税程序有关的情况

B. 对税务机关所做出的决定享有陈述权、申辩权

C. 依法享有申请行政复议、提起行政诉讼、请求国家赔偿等权利

D. 有权控告和检举税务机关、税务人员的违法违纪行为

3. 纳税人、扣缴义务人对税务机关做出的决定享有(　　)。

A. 陈述权　　B. 控告权　　C. 检举权　　D. 申辩权

4. 纳税人办理税务登记后，如发生下列(　　)情形之一，应当办理变更税务登记。

A. 纳税人改变名称　　B. 纳税人改变法定代表人

C. 纳税人改变经济性质或经济类型　　D. 纳税人企业资不抵债而破产

5. 按照《税收征管法》的相关规定，除不需要发给税务登记证的外，纳税人办理下列(　　)事项时，必须持税务登记证。

A. 开立银行账户　　B. 办理停业、歇业

C. 申请办理延期申报、延期缴纳税款　　D. 申请开具外出经营活动税收管理证明

6. 下列各项中,属于税款征收原则的是(　　)。

A. 税务机关是征税的唯一行政主体

B. 税务机关征收税款必须遵守法定权限和法定程序

C. 税务机关征收税款或扣押、查封商品、货物或其他财产时,根据实际情况决定是否开具完税凭证或开付扣押、查封的收据或清单

D. 税款、滞纳金统一上缴国库,罚款由税务机关留用

7. 下列各项中,符合《税收征管法》延期缴纳税款规定的是(　　)。

A. 纳税人在缴纳税款期限届满之日起15日内不能缴纳税款的,应当向税务机关提出延期缴纳税款申请

B. 纳税人需要延期缴纳税款的,应当在缴纳税款期限届满前提出申请

C. 延期期限最长不得超过3个月,同一笔税款不得滚动审批

D. 延期期限最长不得超过6个月,同一笔税款不得滚动审批

8. 下列各项中,税务机关可以采取“核定征收”方式征税的有(　　)。

A. 企业开业初期、生产经营尚未走上正轨的

B. 企业财务会计管理人员严重不足的

C. 依照法律、行政法规的规定应当设置但未设置账簿的

D. 发生纳税义务,未按照规定的期限办理纳税申报,经税务机关责令限期申报,逾期仍不申报的

9. 根据《税收征管法》的规定,下列关于税收强制执行措施的表述正确的有(　　)。

A. 仅适用于从事生产经营的纳税人,对于扣缴义务人、纳税担保人不适用

B. 税收强制执行措施必须发生在责令期满之后

C. 税务机关采取税收强制执行措施时,必须坚持告诫在先的原则

D. 采取税收强制执行措施前,应当报经县以上税务局(分局)局长批准

10.《税收征管法》在欠税清缴方面采取的主要措施有(　　)。

A. 严格控制缓缴税款的审批权限

B. 大额欠税处分财产报告制度

C. 对欠缴税款的纳税人行使代位权、撤销权

D. 建立欠税公告制度

11.《税收征管法》规定税务机关可以采取的税收强制执行措施有(　　)。

A. 书面通知纳税人开户银行或者其他金融机构冻结纳税人相当于应纳税款的存款

B. 书面通知纳税人开户银行或者其他金融机构从其存款中扣缴税款

C. 扣押、查封纳税人相当于应纳税款的商品、货物或者其他财产

D. 扣押、查封、依法拍卖或者变卖相当于应纳税款的商品、货物或者其他财产,以拍卖或者变卖所得抵缴税款

12. 根据《税收征管法》的规定,税务机关有权(　　)。

A. 检查纳税人的账簿、记账凭证、报表和有关资料

B. 到纳税人的生活场所检查纳税人应纳税的商品、货物或者其他财产

C. 责成纳税人、扣缴义务人提供与纳税或者代扣代缴、代收代缴税款有关的文件、证明材料和有关资料

D. 经县以上税务局（分局）局长批准，凭全国统一格式的检查存款账户许可证明，查询从事生产经营的纳税人、扣缴义务人在银行或者其他金融机构的存款账户

13. 根据《税收征管法》及其实施细则的规定，纳税人有下列（　　）行为之一的，由税务机关责令限期改正，可以处 2 000 元以下的罚款；情节严重的，处 2 000 元以上、1 万元以下的罚款。

A. 未按照规定的期限申报办理税务登记、变更或者注销登记的

B. 未按照规定设置、保管账簿或者保管记账凭证和有关资料的

C. 未按照规定将其全部银行账号向税务机关报告的

D. 未按照规定安装、使用税控装置，或者损毁或擅自改动税控装置的

14. 下列关于账簿、凭证管理的说法中，正确的有（　　）。

A. 依法办理税务登记的单位和个人，在领取营业执照后，向主管税务机关申请领购发票

B. 无固定经营场地或者财务制度不健全的纳税人可以在提供担保后申请领购发票

C. 增值税专用发票由国务院税务主管部门指定的企业印制

D. 账簿、记账凭证、完税凭证的保管期限，除另有规定外，均为 10 年

15. 纳税人可以采用数据电文方式申报纳税，具体包括（　　）。

A. 电话语音　　B. 电子数据交换　　C. 网络传输　　D. 特快专递

三、简答题

1. 简述《税收征管法》的主要内容和适用范围。
2. 简述税收保全措施的前提及法定程序。
3. 简述税收强制执行措施的适用范围、原则、程序。

参考文献

[1] 徐梅．国家税收．东营：中国石油大学出版社，2016.

[2] 中国注册会计师协会．税法．北京：经济科学出版社，2015.

[3] 国家税务总局教材编写组．税收基础知识．北京：中国财政经济出版社，2015.

[4] 全国注册税务师执业资格考试教材编写组．税法（Ⅰ，Ⅱ）．北京：中国税务出版社，2015.

[5] 全国注册税务师执业资格考试教材编写组．涉税服务实务．北京：中国税务出版社，2015.

[6] 辛连珠，赵丽．营业税改征增值税政策讲解与案例分析．修订版．北京：中国税务出版社，2015.

[7] 国家税务总局货物和劳务税司．消费税业务操作手册．北京：中国税务出版社，2014.

[8] 马兆瑞．2016 年注册会计师考试机考题库与真题汇编——税法．北京：经济科学出版社，2015.

[9] 中国税网．税收新政与企业所得税汇算清缴答疑精选．北京：企业管理出版社，2015.

[10] 杨莹莹，朱利荣，李敏．税收理论与实务．第 2 版．大连：东北财经大学出版社，2015.

[11] 郑劬，李君．税收理论与实务．第 3 版．成都：西南财经大学出版社，2015.

[12] 杨虹．中国税制．第 2 版．北京：中国人民大学出版社，2014.

[13] 言谭．一本书读懂中国税．杭州：浙江大学出版社，2013.

[14] 米宁．税来税去：看漫画学税法．北京：经济科学出版社，2012.

[15] 刘佐．中国税制概览（2015 年）．北京：经济科学出版社，2015.